Johann Georg Kohl

Geschichte der Entdeckungen und Schiffahrten zur Magellan's-Strasse

und zu den benachbarten Ländern und Meeren

Johann Georg Kohl

Geschichte der Entdeckungen und Schiffahrten zur Magellan's-Strasse

und zu den benachbarten Ländern und Meeren

ISBN/EAN: 9783954272068
Erscheinungsjahr: 2012
Erscheinungsort: Bremen, Deutschland

© maritimepress in Europäischer Hochschulverlag GmbH & Co. KG, Fahrenheitstr. 1, 28359 Bremen. Alle Rechte beim Verlag und bei den jeweiligen Lizenzgebern.

www.maritimepress.de | office@maritimepress.de

Bei diesem Titel handelt es sich um den Nachdruck eines historischen, lange vergriffenen Buches. Da elektronische Druckvorlagen für diese Titel nicht existieren, musste auf alte Vorlagen zurückgegriffen werden. Hieraus zwangsläufig resultierende Qualitätsverluste bitten wir zu entschuldigen.

GESCHICHTE

DER

ENTDECKUNGSREISEN UND SCHIFFFAHRTEN

ZUR

MAGELLAN'S-STRASSE

UND ZU

DEN IHR BENACHBARTEN LÄNDERN UND MEEREN.

VON

J. G. KOHL.

MIT ACHT KARTEN.

MERIDIAN PUBLISHING CO
P.O. BOX 4061
AMSTERDAM, HOLLAND.
1967

Vorwort.

Die Schifffahrten und Entdeckungsreisen zur Magellan's-Strasse und Umgegend, durch welche allmälig die Geographie eines der für Völkerverkehr merkwürdigsten Partieen des Erdglobus, der Südspitze Amerika's, enthüllt wurde, bilden ein eigenthümliches und für sich ziemlich abgeschlossenes Kapitel der Entdeckungsgeschichte der Welt.

Diese Reisen wurden grossentheils von den kühnsten, geschicktesten und berühmtesten europäischen Seefahrern und Weltumseglern unternommen, die dabei die grössten Abenteuer und Gefahren bestanden und nicht selten als Märtyrer ihrer Unternehmungen den Tod erlitten. Dazu hingen diese Expeditionen mit wichtigen politischen Begebenheiten zusammen und führten auch ihrerseits wiederum bedeutsame politische, commercielle und wissenschaftliche Resultate herbei. Namentlich hat auch in neuester Zeit die Magellan's-Strasse seit dem Aufkommen der oceanischen Dampfschifffahrt wiederum an Wichtigkeit gewonnen. Ihre Betrachtung und ein Rückblick auf ihre alte Geschichte bietet daher ein mannigfaltiges Interesse, insbesondere auch für uns Deutsche, deren Kriegs- und Handelsdampfer seit einigen Jahren jenes Weltthor zu besuchen und zu besegeln angefangen haben.

Die Spanier, Franzosen und Engländer besitzen mehre umfangreiche Werke, in welchen die Geschichte der Magellan's-Strasse, wenn auch nicht als ausschliessliches Hauptthema doch nebenher sehr eingehend behandelt wird.

Von den historisch-geographischen Arbeiten der Spanier muss man ausser den allgemeinen von Oviedo, Herrera etc. noch besonders erwähnen die Schrift: „Conquista de las Malucas por B. L. de Argensola", vor allen Dingen aber das neuere, umfangreiche und inhaltvolle Werk von M. F. de Navarrete: „Coleccion de los viages y descubrimientos, que hicieron por mar los Españoles" etc., von dem die beiden Bände IV und V ganz den ersten Reisen zur Magellan's-Strasse gewidmet sind.

Die geographische Literatur der Franzosen besitzt neben einigen vortrefflichen kleinen unsern Gegenstand betreffenden Untersuchungen von C. P. C. Fleurieu und andern, das umfassende, aber nicht sehr ausgezeichnete und jetzt ziemlich veraltete Buch des Präsidenten Charles de Brosses: „Histoire des navigations aux Terres Australes."

Die Engländer haben in ihrem Hakluyt und ihrem Purchas die besten Quellen für die Geschichte ihrer Seereisen und sie haben uns für unser specielles Thema ausser den verschiedenen Arbeiten ihres Hydrographen Alexander Dalrymple das ganz vortreffliche, grossartige und man darf wohl sagen classische und mustergültige Werk von J. Burney: „A chronological history of the voyages and discoveries in the South-Sea" geliefert.

Auch finden sich in den Reisewerken mehrer englischer, französischer, spanischer etc. Weltumsegler und Entdecker gelegentlich kurze und übersichtliche Abhandlungen über die zur Magellan's-Strasse und zur Südspitze der Neuen Welt angestellten Reisen.

Unsere deutsche geographische Literatur weist zwar mehre Werke auf, welche sich mit der Geschichte der Entdeckungen und Schifffahrten im Norden Amerika's beschäftigen. So unter andern das bekannte Werk von J. R. Forster. Doch habe ich keines finden können, welches die allmählige Entdeckung der Meerengen,

Inseln und Halbinseln, mit denen Amerika gegen den Südpol ausläuft, zum Hauptthema gemacht hätte.

Ich habe es daher in der vorliegenden Schrift versucht, diesen Gegenstand zu behandeln und in derselben die Geschichte der Geographie der bezeichneten Erdgegend bis zu der Zeit fortzuführen, wo man ihre Existenz und Beschaffenheit in den Haupt-Umrissen als festgestellt und als so ziemlich allgemein bekannt geworden betrachten kann, d. h. bis zu denjenigen Schifffahrten und Reisen, durch welche die Insularität des Staaten-Landes erkannt, der phantastische südliche Continent zerstört und ein freies Meer in der Umgebung der Südspitze Amerika's constatirt und von den Geographen und der Welt fast allgemein anerkannt wurde, wo man also sagen kann, dass die geographischen Entdecker ihr Werk gethan hatten, und wo in der Folge nur noch speciellere wissenschaftliche Forschungen unternommen wurden.

Ich habe die von mir analysirten Reiseberichte möglichst chronologisch geordnet, in gewisse aus der Geschichte selbst hervorgehende überschauliche Gruppen zusammengefasst und bei jeder Unternehmung herausgestellt und bezeichnet, was sie dem Schatze der geographischen Erkenntniss hinzufügte.

Die wenigen Kartenbilder, welche ich meiner Geschichts-Erzählung beifügte, sind obwohl verkleinerte doch getreue Facsimiles der Karten, die in den Werken der Reisenden und früherer Geographen erschienen und welche die Erkenntnisse oder Vorstellungen, die man zu verschiedenen Zeiten von den betreffenden Gegenden hatte und hegte, bildlich darstellen. Nur die Schriftzüge der auf den Karten vorkommenden Namen und Inschriften habe ich modernisirt d. h. verdeutlicht.

Da im Uebrigen der Plan meiner Arbeit aus dem Buche selbst hinreichend hervorgeht, so habe ich hier nichts weiter hinzuzufügen als den Wunsch, dass dieselbe bei den Kennern der Geschichte der Geographie eine freundliche Aufnahme und nachsichtige Beurtheilung finden möge.

Ich erlaube mir noch die Bemerkung zu machen, dass die hier vorliegende Schrift nur ein kleiner Theil einer grösseren Arbeit über die gesammte Geschichte der Entdeckung und Geographie der Neuen Welt ist, welche ich während eines längeren Abschnitts meines Lebens betrieben, aber bis jetzt noch nicht zu einem gedeihlichen Ende und Abschlusse gebracht habe.

Bremen, im Juli 1876.

Der Verfasser.

Inhaltsverzeichniss.

Seite

Vorwort.

I. Vorläufer des Magellan.

1. Columbus und seine Zeitgenossen (1492—1506) . . .   1
Columbus sucht eine Strasse im Hintergrunde des Caraibischen Meeres. — Allmählig erkennt man die „Neue Welt" als einen Continent. —

2. Die Portugiesen Cabral, Coelho, Vespucci (1500—1504)   3
Portugiesen suchen nach einer freien Durchfahrt vom Osten zum Westen. — Coelho und Vespucci. —

3. Solis (1506—1516)   4
Die Spanier Pinzon und Solis suchen eine Meerenge im Süden Brasiliens. — Solis entdeckt den Rio de la Plata. — Cabo de Santa Maria. —

Karte No. I. — Karte von Amerika zu den Vorläufern Magellan's.   7
Kartographische Darstellung aller gesuchten und gehofften Amerikanischen Meerengen. — Das Land „Brasilia inferior". (Aus Schöner's Globus).

II. Magellan und seine nächsten Spanischen Nachfolger.

1. Magellan (1519—1522)   9
Magellan erlangt Kunde von den Gewürz-Inseln. — Magellan verlässt den Dienst des Königs von Portugal. — Der Astronom Faleiro, Magellan's Freund. — Magellan in Sevilla. — Magellan producirt eine Welt-Karte. — Magellan's Gründe für die Wahrscheinlichkeit der Existenz einer Strasse vom Osten zum Westen. — Der König von Spanien nimmt den Magellan und den Astronomen Faleiro in seine Dienste. — Die Portugiesen protestiren gegen Magellan's Vorhaben. — Der Bischof von Burgos, Fonseca, erklärt sich für Magellan. — König Carl I. von Spanien schliesst mit Magellan eine Capitulation ab. — Der Pöbel in Sevilla wird gegen Magellan aufgehetzt. — Die Portugiesen machen dem Magellan Verheissungen, um ihn dem Könige von Spanien abwendig zu machen. — Zwiespalt zwischen Magellan und Faleiro. — Faleiro soll später dem Magellan eine Hülfsflotte nachführen. — Der Kosmograph

Andres de St. Martin wird dem Magellan beigegeben. — Magellan segelt von San Lucar ab. — Magellan's Fahrt über den Atlantischen Ocean. — Uneinigkeit zwischen Magellan und seinem Vice-Admiral Cartagena. — Ankunft beim Rio de la Plata. — Monte Video. — Der Golf des heiligen Mathias. — Der St. Julian's-Hafen. — Ueberwinterung im St. Julian's-Hafen. — Meuterei der Officiere Magellan's. — Magellan's Sieg über die Rebellen. — Strafgericht. — Entdeckung des Hafens von Sta. Cruz. — Riesengrosse Eingeborne. — Entstehung des Namens „Patagonien". — Untersuchung des Hafens und Flusses von Santa Cruz. — Magellan erreicht eine weite Oeffnung der Küste. — „Das Cap der 11,000 Jungfrauen". — Magellan segelt in seine Strasse ein. — Der Berg „Roldan's Glocke". — Der Name „Feuerland". — Stephan Gomez verlässt den Magellan. — Magellan's Entschlossenheit. — Das „Cabo Deseado". — Magellan fährt in die Südsee hinaus. — Namen der Magellan's-Strasse. — Magellan segelt in nordwestlicher Richtung weiter. — Heimkehr des Schiffes „Victoria". — Del Cano. — „Magellanische Länder und Meere". — „Terra Australis sive terra Magellanica". — „Magellan's Wolken".

2. **Loaisa (1525—1526)** 37
Im Jahre 1522 beabsichtigte Expedition und Pläne. — Man will Coruña zum Haupthafen für Amerika machen. — Der König von Portugal protestirt gegen Spanische Unternehmungen zu den Molukken. — Die Versammlung Spanischer und Portugiesischer Kosmographen zu Badajoz. — Ausrüstung einer zweiten Fahrt zur Magellan's-Strasse. — Loaisa erreicht die Strasse. — Francisco de Hoces wird von Stürmen südwärts bis zur Le Maire's-Strasse verschlagen. — Von Loaisa ausgetheilte Namen. — Fahrt des Guevara von der Magellan's-Strasse nach Neu-Spanien. — Untergang Loaisa's und seiner Schiffe.

Karte No. II. Zu den Fahrten Magellan's und Loaisa's nach Ribero 43
Inschrift der Karte. — „Tiera de Patagones". — „Bahia sin fondo". — „Bahia de Trabajos". — „Cabo de XI (mil) Virgines". — „Estrecho de Fernã de Magellanes". — Estrecho de Todos Santos". — „Lago de los Estrechos". — „Tiera de los fuegos". — „Sierras Nevadas". — „Campana de Roldan". — „Cabo Deseado".

3. **Gomez (1525)** 51
Gomez sucht im Norden Amerika's nach einem der Magellan's-Strasse ähnlichen Canal. — Irrthümlich bejubelte Heimkehr des Gomez.

4. **Sebastian Cabot (1526)** 52
Zwei Genuesische Schiffe segeln zur Magellan's-Strasse.

5. **Cortes und Saavedra (1527)** 53
Erste Fahrt von Neu-Spanien nach Asien.

6. **Beabsichtigte Expedition zur Magellan's-Strasse im Jahre 1528** 54
Durch die Abtretung der Molukken an Spanien werden fernere Fahrten zur Magellan's-Strasse verhindert.

7. **Alcazava (1534—1535)** 56
Man beabsichtigt die Herstellung einer Verbindung mit Peru

durch die Magellan's-Strasse. — „Rio Gallejos". — „El puerto de los Leones". — Erste Landreise quer durch Patagonien. — Entdeckung des Rio Negro. — Erblickung der Cordilleras von der Ostseite. — Alcazava's Tod. — Rodrigo de Isla und Juan di Mori. — Heimkehr eines Theils von Alcazava's Leuten.

8. **Pedro de Mendoza (1535)** 62
Mendoza gründet Buenos Ayres.

9. **Camargo (1539)** 63
Die Schiffe des Bischofs von Placenzia. — Camargo erreicht Peru. — Camargo's Ende.

10. **Ladrilleros. — Ercilla. — Fernando Gallego. — Juan Fernandez (1557—1572)** 65
Die Spanier ziehen den Weg über den Isthmus von Panama dem durch die Magellan's-Strasse vor. — Ausbesserung der Wege über den Isthmus von Panama. — Die Colonisirung dringt von Chile aus weit nach Süden vor. — Die im Süden Chile's gestifteten Colonien. — Das „Ende der Christenheit". — Juan Ladrilleros fährt von Chile zur Magellan's-Strasse. — Er beweist, dass die Magellan's-Strasse auch von Westen nach Osten beschifft werden kann. — Land-Expedition zum Archipel von Ancud. — Andere Chilenische Expeditionen zum Süden. — Entdeckung der Juan Fernandez-Inseln.

III. **Drake und die durch seine Fahrt hervorgerufenen Expeditionen der Engländer und Spanier.**

1. **Drake (1577—1579)** 71
Die Existenz der Magellan's-Strasse wird bezweifelt. — Sogar in Chile kennt man sie nach der Mitte des 16. Jahrhunderts kaum. — Die Engländer erinnern sich ihrer. — Drake folgt der Reise-Route des Magellan. — Strafgericht in der St. Julians-Bai. — „Elizabeth-Inseln". — „Drake's Südland". — Drake erblickt das Süd-Ende Amerika's. — Drake's Bemerkungen über die Richtung der Westküste Südamerika's. — Drake sucht auch im Norden Amerika's eine Strasse. — Drake's Heimkehr. — Capitän Winter's Reise.

2. **Sarmiento (1579)** 79
Der Vicekönig von Peru Francisco de Toledo sendet Sarmiento aus. — Sarmiento's Instructionen. — Sarmiento's sorgfältige Erforschung der Archipele an der Westküste Patagoniens. — Der „Golfo de la Trinidad". — Spanische Besitzergreifung der westlichen Insel-Archipele Patagonien's. — Zwiespalt Sarmiento's mit seinem Vice-Admiral Villalobos. — Sarmiento erblickt die südliche Partie der Cordilleras. — Sarmiento von seinem Vice-Admiral Villalobos verlassen. — Versuchte Umtaufung der „Magellan's-Strasse". — Sarmiento entdeckt den für Colonisation am besten geeigneten Küstenstrich an der Magellan's-Strasse. — Sarmiento erreicht die Insel Ascension im Atlantischen Ocean. — Sarmiento's Verdienste für die Geographie der Magellan's-Strasse und Umgegend. — Die von Sarmiento ertheilten noch jetzt geltenden Benennungen. — Sarmiento kommt in Spanien an.

3. **Flores de Valdes und Sarmiento (1581—1583)** 88
Eine grosse Spanische Flotte zur Colonisirung der Magellan's-

Strasse ausgesandt. — Missgeschick des Befehlshabers Flores de Valdes. — Sarmiento setzt Colonisten an der Magellan's-Strasse an's Land. — Gründung der zwei Colonien „Nombre de Jesus" und „Ciudad del Rey Felipe". — Sarmiento's Anstrengungen zur Verproviantirung seiner Colonisten. — Sarmiento's Unglücksfälle. — Traurige Schicksale der Colonisten Sarmiento's. — Letzte Ueberbleibsel der Colonisten von Nombre de Jesus und der Philippsstadt.

4. Fenton (1582) 93
Fenton's Kreuz- und Querfahrten auf dem Atlantischen Ocean.

5. Withrington (1586) 94
Withrington kehrt vor Erreichung der Magellan's-Strasse um. — Er bringt die für die Geschichte der Magellan's-Strasse wichtige Abhandlung des Portugiesen Lopez Vaz heim.

6. Cavendish (1586—1587) 96
Der „Port Desire" entdeckt. — Der Name „Hungerhafen". — „Port Gallant". — Raub und Plünderung des Cavendish längs der Küste Peru's. — Entdeckungen des Cavendish. — John Davis entdeckt die Falklands-Inseln. — Heimkehr der „armen verlorenen Wanderer" zu den Küsten Irland's.

Karte No. III. Zu „Drake" und „Cavendish" 101
Der Kartenzeichner Jodocus Hondius. — Wahrscheinliches Datum der Karte. — Geographische Breite des Hafens St. Julian. — „The fortunate Cape". — Ziemlich richtige kartographische Darstellung der Südspitze Amerika's. — Warum diese Darstellung zur Zeit unbeachtet blieb.

7. Chidley (1589) 105
Chidley's Reise-Gefährte Merick erreicht die Magellan's-Strasse.

8. Hawkins (1593—1595) 106
Hawkins rüstet auf seine eigenen Kosten einige Schiffe aus. — Hawkins wird vom Sturm ostwärts getrieben, — erblickt die Falklands Inseln. — „Hawkins' Maidenland". — Verschiedene Benennungen der Falklands-Inseln. — Spätere Fahrten zu den Falklands-Inseln. — „Hawkins' Bay" in der Magellan's-Strasse. — „The long Reach". — Hawkins an den Küsten Chile's. — Hawkins' Ende.

IV. Reisen der Holländer zur Magellan's-Strasse, Entdeckung der Le Maire's-Strasse und die dadurch hervorgerufenen Fahrten der Spanier und Holländer.

1. Mahu, Cordes und Weert (1598—1600) 113
Die Holländer senden Expeditionen gegen die Portugiesischen und Spanischen Colonien auf dem Ost- und auf dem Westwege aus. — Jacob Mahu wird von Rotterdamer Kaufleuten westwärts ausgesandt. — Mahu stirbt. — Cordes übernimmt das Commando, erreicht die Magellan's-Strasse. — Die „Löwen-Ritter". — Dirk Gueritke wird weit südwärts hinaus verschlagen. — Sebald de Weert in der Magellan's-Strasse. — Die „Sebaldinen". — Balthasar de Cordes erreicht die Molukken. — Simon de Cordes geht verloren. — Beuningen, der Vice-Admiral des Cordes und sein Englischer Pilot Adams erreichen Japan. — Die „Ritter-Bai" und die „Cordes-Bai" in' der Magellan's-Strasse.

Inhalt. XI

2. Olivier van Noort (1598) 119
"Olivier's-Bai". — "Cape Holland". — "Guysen-Bai".

3. Spilberg (1614) 120
Geschicklichkeit und Glück Spilberg's auf seiner Fahrt.

4. Le Maire und Schouten (1615—1617) 122
Rückblick auf die Idee, die man vor Schouten und Le Maire über die Gestalt des Feuerlandes hegte. — Allmählige Erkenntniss der Insularität des Feuerlandes. — Auf der Westseite wird die Beschaffenheit des Feuerlandes in Folge der dort herrschenden Windrichtungen und Meeresströmungen früher erkannt, als auf der Ostseite. — Der Amsterdamer Kaufmann Jacob Le Maire vermuthet die Existenz einer zweiten Meerenge im Süden Amerika's. — Die Holländische Ostindische Compagnie verbietet die Schifffahrten zur Magellan's-Strasse. — Der "Schiffsführer" Schouten und der "Präsident" Le Maire. — Zweck der Expedition. — Die Empfehlungsbriefe, die Prinz Moritz dem Capitän Schouten und Le Maire mitgab. — Sie erblicken die gesuchte Strasse. — "Mauritius-Land". — "Staaten-Land". — "Barnevelt's Inseln". — Entdeckung und Benennung des "Caps Hoorn". — Der Name "Le Maire-Strasse". — Schicksal der beim Feuerlande ausgetheilten Holländischen Namen. — Die Juan Fernandez-Inseln. — Schouten und Le Maire langen in Ost-Indien an. — Le Maire stirbt auf der Heimreise.

Karte No. IV. — Zu Le Maire und Schouten 132
Das Staaten-Land als Halbinsel dargestellt.

5. Nodal (1618) 133
König Carl III. sendet die Brüder Nodal zu der neu entdeckten Le Maire-Strasse aus. — Verschiedene Punkte an der Nordostküste des Feuerlandes von den Nodals untersucht und benannt. — "Estrecho de San Vicente". — "Bahia del buen Suceso". — Entdeckung und Benennung des allersüdlichsten Landes der Neuen Welt. — Vollständige Umseglung des Feuerlandes durch die Nodals.

Karte No. V. — Zu der Reise der Nodals 137
"Aqui se perdio Diego Gallejo". — Die Diego-Ramires-Inseln zum ersten Male auf einer Karte. — Die Nodal'sche Karte wird von andern Kartenzeichnern nachgebildet.

Karte No. VI. Karte Patagonien's und des Feuerlandes von den Jesuiten Chile's 140
Verschiedene Karten der Jesuiten von Chile. — Ein Name der Jesuiten für das Cap Hoorn. — "Puerto del Inglese. — Die auf der Karte dargestellte Fauna Patagonien's. — Geschwänzte Menschen und Sonnenanbeter.

6. L'Hermite (1623—1626) 143
Grosse Erwartungen von der neu entdeckten Le Maire's-Strasse. — Die Holländer rüsten gegen Brasilien und Peru. — L'Hermite fährt mit einer grossen Flotte zur Le Maire-Strasse. — L'Hermite's wichtige Entdeckungen an der Südküste des Feuerlandes. — L'Hermite und Schapenham an den Küsten Peru's.

V. **Reisen der Holländer, der Bukkaniers und Anderer.** — Entdeckung der Insularität des Staaten-Landes und des freien Oceans im Süden Amerika's.
  1. Brouwer (1643) . . . . , ... 146
     Lange dauernde Zweifel über die Beschaffenheit des Staaten-Landes. — Brouwer umsegelt das Staaten-Land und beweist seine Insularität. — „Brouwer's Canal".
  Karte No. VII. — Zu Brouwer 149
     „Mare Magellanicum". — „Pepys-Insel". — „Falklands-Sound". — „Straat van Brouwer".
  2. Narborough (1669) 152
     Beabsichtigte aber vereitelte Entdeckung einer Meerenge im Norden Amerika's. — Narborough segelt durch die Magellan's-Strasse und längs der Westküste Patagoniens. — Die von Narborough in die Geographie eingeführten Namen. — Hochgespannte Erwartungen von dieser Reise.
  3. Vea (1675) 155
  4. Sharp, Cowley, Woodes Rogers, Dampier (kurz vor und nach 1700) 155
     Die Bukkaniers umsegeln wiederholt alle Länder und Inseln der Südspitze Amerika's. — Entdeckung des weithin freien Oceans im Süden Amerika's. — Der antarktische Continent zieht sich in enge Grenzen zurück. — Dampier's Verdienste um die Geographie jener Gegenden.

VI. **Schluss-Capitel** 158
    Kurze Uebersicht alles dessen, was seit 1700 für die Geographie der Magellanischen Länder und Meere bis auf das Jahr 1876 geschehen und unternommen ist.

Karte No. VIII. Die Magellan's-Strasse nach den neuesten Aufnahmen.

I. Vorläufer Magellan's.

1) Columbus und seine Zeitgenossen (1492—1506).

Als Columbus im Jahre 1492 von Europa aussegelte, um auf einem nach Westen gerichteten Seewege die vielgepriesenen, volk- und produktenreichen Länder des östlichen und südlichen Asiens (Japan, China, den ostindischen Insel-Archipel) zu erreichen, lag vor seinem Geiste als Fahrstrasse ein ganz freier Ocean, ein weites Meer, wie er es sich zwischen beiden Welttheilen dachte.

Bei seiner Ankunft in den Antillen glaubte er in der That schon diese breite Wasserkluft übersegelt zu haben und mitten zwischen den asiatischen Inseln in der Nähe von Japan oder in Japan selbst angelangt zu sein. Nachdem er auf seiner zweiten Reise (1493—1496) noch mehrere jener von uncivilisirten Wilden schwach bevölkerten Inseln gefunden hatte, erkannte er, dass sie zwar schön und anmuthig seien, doch aber nicht ganz dem Ideale, dem er zustrebte, den von Marco Polo und andern Vorgängern geschilderten reichen Provinzen des „Gross-Chans" (Kaisers von China) glichen. Diese beständig suchend, griff er daher auf seiner dritten und vierten Reise (1498—1504) noch weiter nach Westen aus, und stiess dabei auf die Küsten des Central-amerikanischen Continents im Hintergrunde des Karaibischen Meeres.

Er segelte längs dieser vor ihm auftretenden Barrière eine lange Strecke weit hin (von der Nähe Yucatans bis zum Isthmus von Panama) in der Hoffnung, sie irgendwo durchbrochen zu finden und zu den Ländern des Gross-Chans, denen er sich stets nahe glaubte, gelangen zu können. Er erwartete in jeder Bai oder Bucht des Landes eine freie Durchfahrt, eine Meerenge nach Westen und Asien zu finden. Doch starb er im Jahre 1506, ohne dieses Räthsel gelöst zu haben.

Wie Columbus von Spanien, so segelten mehre seiner Zeitgenossen von andern Ländern aus, um auf dem Westwege nach

"Katai" (Ost-Asien) zu gelangen, so namentlich die Engländer Johann und Sebastian Cabot (in den Jahren 1497 und 1498), so die Portugiesen Cortereal (1500—1501), die auf einem noch kürzeren mehr nördlichen Wege nach Asien gelangen zu können glaubten. Aber auch sie stiessen dort auf grosse Festlandstücke (die nördlichen Theile Amerika's), die ihnen in den Weg traten.

Auch noch viele spanische Seefahrer (Hojeda, Cosa, Pinzon etc.) folgten der Westfahrt des Columbus und entdeckten auf ihren Reisen (von 1499—1505) mehre Küstenstrecken Central-Amerika's und des nördlichen Theiles von Süd-Amerika. Dessgleichen stiess der Portugiese Cabral bei seiner Reise nach Ost-Indien (im Jahre 1500) auf die östlichen Partieen Brasiliens, welche er „Das Heilige-Kreuz-Land" nannte.

Wie Columbus, so ahnten auch alle diese ihm nachfolgenden Seefahrer anfänglich noch nichts von einem zusammenhängenden colossalen westlichen Festlande, hielten vielmehr die von ihnen entdeckten Länder für Inseln von grösserem oder geringerem Umfange. Sie sprachen daher von einer „Insel des Heiligen Kreuzes" (Brasilien), von einer „Insel Bimini" (Halbinsel Florida), von einer „Insel Yucatan", von einer „Insula Corterealis" (Canada und Umgegend) etc. und die damaligen Kosmographen und Kartenzeichner stellten auch auf ihren kartographischen Bildern von der Neuen Welt diese nicht als einen grossen Continent, sondern als aus einer Menge grosser und kleiner Inseln bestehend, dar, und verlegten diesen mächtigen Archipel ganz in die Nähe von Japan und Asien. „Erst allmählig", sagt Humboldt, „erkannte man den Zusammenhang dieser Theile", die ganze colossale Grösse der Neuen Welt und die weite Erstreckung dieser Barriere nach Norden und Süden.

Da man nach den Reisen des Columbus und seiner Zeitgenossen erfahren hatte, dass man im Karaibischen Meere in Central-Amerika mit Schiffen schwerlich durchkommen könne, so hoffte man denn auf solche Durchlasse im Norden und im Süden dieser Central-Partie, auf die Möglichkeit einer Durch- oder Umseglung sowohl des nördlichen als auch des südlichen grossen Länder-Flügels, und es entstanden so die viele Jahre lang fortgesetzten Bestrebungen zu der Auffindung einer nordwestlichen und einer südlichen Durchfahrt vom Osten zum Westen. Beide gaben Anlass zu ganz grossartigen Expeditionen, die allmählig die richtige geographische Kenntniss des Nordens und Südens Amerika's herbeiführten. — Ich beschäftige mich hier wie gesagt nur mit der dem Süden gewidmeten Reihenfolge von Unternehmungen.

2) Die Portugiesen Cabral, Coelho, Vespucci (1500—1504).

Die Portugiesen, die schon im Jahre 1497 unter Vasco da Gama das vielgesuchte Ost-Indien auf dem Ostwege um Afrika herum erreicht hatten, setzten sich doch auch in Bewegung, um an den Bestrebungen der Spanier, dasselbe Ost-Indien auf dem Westwege zu erreichen, ihrerseits Theil zu nehmen. Wie ihr Gaspar Cortereal (1500) zu diesem Zwecke nach dem Nordwesten ausgegangen war, so folgten andere portugiesische Seefahrer den Spuren des Cabral in südwestlicher Richtung.

Gleich nachdem die Auffindung des Heiligen Kreuzlandes (Brasilien's) in Portugal bekannt geworden war, liess der König Emanuel von Portugal drei Schiffe ausrüsten, um diese von Cabral eingeleitete Entdeckung fortzusetzen und neue Länder im Süden und Westen der von ihm beschifften Küstenstrecke aufzusuchen. Diese drei Schiffe, deren portugiesischen Befehlshaber wir nicht kennen, liefen am 10. Mai 1501 von Lissabon aus, und mit ihnen reiste der kundige Florentiner Handelsmann, Kosmograph und Seefahrer Amerigo Vespucci, der schon früher von Sevilla aus mit dem Spanier Hojeda an den nördlichen Küsten Süd-Amerika's zwei Entdeckungsreisen gemacht hatte. Auf dieser seiner dritten Reise im Dienste des Königs von Portugal kam Vespucci mit den Portugiesen nach seiner Behauptung bis zum 52.° südl. Br. hinab und entdeckte dort ein neues wüstes unbewohntes Land, dessen Küsten durch Klippen unzugänglich waren. Darnach wäre Vespucci bis zu den Breitengraden der Magellan's-Strasse und der Falklands-Inseln herabgekommen und einige neuere Geographen, die an die Richtigkeit der Angabe glaubten, haben die Vermuthung aufgestellt, dass er schon damals diese Inseln oder vielleicht gar das einsame in der südlichsten Partie des atlantischen Oceans schwimmende „Georgia"*) erblickt habe. Andere dagegen (so namentlich Humboldt) bezeichnen die Angabe — wohl mit Recht — als irrthümlich**).

Gewiss ist es, dass Vespucci mit seinen Portugiesen auf dieser Reise eine bedeutende Strecke der Ostküste Süd-Amerika's südwärts erblickt, und zugleich bemerkt hatte, dass sie nach Westen zurückwich. Er mochte daher die lebhafte Hoffnung hegen, dass man

---

*) Diese Vermuthung stellt Capt. Robert Fitz-Roy in dem „Appendix. S. 304 zu seiner „Narrative of the surveying voyage of the Ships Adventure and Beagle" auf. Er hält es sogar für möglich, dass den kundigen Vespucci der Plan, Asien durch „great circle sailing" auf dem kürzesten Wege zu erreichen, so weit nach Süden hinabgeführt habe, wie um dieselbe Zeit derselbe Plan die Cabots weit nach Norden hinausgreifen liess.

**) S. Humboldt. Kritische Untersuchungen (übersetzt von Ideler). III. 12.

hier nach Westen zu den asiatischen Inseln um Brasilien herum eben so gut durchsegeln könne, wie um Afrika herum. Gleich nach seiner Heimkehr rüstete der König von Portugal wieder eine Flotte von sechs Schiffen aus, um auf dem Westwege „die Insel Malacca" (oder vielmehr die Molukken) zu finden. Dieselbe wurde unter den Oberbefehl des Gonzalo Coelho gestellt und lief im Juni 1503 von Lissabon aus.

Diese Reise, die vierte, welche Vespucci mitmachte, war aber sehr unglücklich. Die Flotte wurde schon im Anfange der Fahrt von Stürmen überfallen. Eins der Schiffe ging zu Grunde. Die übrigen wurden von einander getrennt. Das Schiff, an dessen Bord Vespucci war, erreichte endlich an der Küste Brasiliens im 13.° südl. Br. einen Hafen, den er und die Seinen die „Allerheiligen Bai" (das jetzige Bahia) nannten. Von da segelten sie noch südwärts bis zum 18.° südl. Br. und kehrten dann, weil sie an allen Nothwendigkeiten Mangel litten, zum Tajo zurück.

Diese Reise erweiterte die Kenntniss der Küste Brasilien's nur wenig und war in Bezug auf ihren Hauptzweck, eine westliche Durchfahrt nach Indien zu finden, ganz resultatlos*). Der in seinen Hoffnungen getäuschte Vespucci trat aus dem Dienste des Königs von Portugal, der nun den Westweg nach Indien aufgab, dagegen für den so viel verheissenden Ostweg desto energischer rüstete, in den des Königs von Spanien über.

Ausser den erwähnten Expeditionen des Vespucci und Coelho mögen noch andere damalige Unternehmungen der Portugiesen nach Brasilien der Entdeckung einer Westfahrt nach Indien gegolten haben. Namentlich soll ein oft genannter Portugiese Christoph Jaquez auf diesem Wege weit nach Süden hinabgekommen sein. Doch schwebt über diese Reisen grosse Unsicherheit und Dunkel**).

3) Solis (1508—1516).

Während man nun in Portugal nach Coelho's und Vespucci's resultatloser Westfahrt sich ganz dem Osten zuwandte, fingen die Spanier in den folgenden Jahren wieder an, sich mit dem Plane der Auffindung „eines West-Weges zu den Specerei-Ländern" längs der Südküste Amerika's im Süden der von Portugal in Besitz genommenen Striche (Brasilien's) zu beschäftigen. Der König von Spanien Ferdinand nahm den in Portugal entlassenen Vespucci, der auf seinen mit den Portugiesen gemachten Fahrten mit jenen

---

*) S. über diese Reise Humboldt Kritische Untersuchungen II. 452. III. 74. 78. 81 ff. 100 ff.
**) S. Humboldt, Kritische Untersuchungen III. 78. und Ghillany, Geschichte des Seefahrers Behaim S. 64.

Gegenden vertraut geworden war, freundlich auf, ernannte ihn im Jahre 1508 zum Piloto Mayor*) und rüstete mit seinem Beirathe eine neue Expedition dahin aus, die unter den Oberbefehl des Juan Diaz de Solis und des Vicente Yañez Pinzon gestellt wurde. Schon früher im Jahre 1506 hatten diese beiden damals noch befreundeten und oft zusammen genannten Capitäne eine Umseglung Süd-Amerika's im Norden bei Honduras und Nicaragua vergebens versucht.

Im Jahre 1508 sollten sie nun dasselbe im Süden versuchen. Der Küste Brasilien's südwärts folgend, gelangten sie ihren Berichten zufolge auf dieser Reise bis zum 40.° südl. Br. Und darnach hätten sie schon damals sowohl die Breite der Mündung des La Plata, als auch die des Rio Colorado in Patagonien erreicht, ohne jedoch, wie es scheint, diese Flüsse selbst entdeckt und erkannt zu haben**).

Obgleich sie, ohne den gesuchten Durchlass nach Westen gefunden zu haben, zurückzukehren gezwungen waren, hielten sie doch an dem Glauben an eine solche Durchfahrt fest. Einige Zeit nach ihrer Rückkehr, im Jahre 1509, verhandelte Solis schon wieder mit der spanischen Regierung über eine neue Ausrüstung zu demselben Zwecke. Doch zogen sich diese Verhandlungen in die Länge, weil der König von Portugal dagegen protestirte. Mittlerweile entdeckte, im Jahre 1513, Vasco Nuñez de Balboa die Südsee beim Isthmus von Panama. Balboa hatte von den Küstenbewohnern in Erfahrung gebracht, dass dieses Meer unermesslich gross sei und dass die Küste Südamerika's sich weit nach Süden hinab erstrecke. Gleich nach dem Eingehen seiner Berichte hoffte man daher in Spanien, dass diese südlich gestreckte Küsten-Linie des Stillen Oceans, und die westlich zurückweichende Linie der Küste Brasilien's, die man kannte, irgendwo im Süden convergirend zusammentreffen würden. Man sprach daher von der Existenz einer Meerenge im Süden oder von der Möglichkeit der Umseglung Süd-Amerika's, als von einer nun fast unzweifelhaften Sache und nahm die Vorschläge und Pläne des Solis sehr bald wieder auf***).

Noch in demselben Jahre, in welchem die Berichte des Balboa über seine Entdeckung der Südsee in Spanien eingelaufen waren (1514), erhielt Solis drei wohlausgerüstete Schiffe und den Auftrag, „nach der andern Seite von Gold-Castilien zu segeln",

---

*) Humboldt, Krit. Unters. S. 109 ff.
**) Navarrete, Coleccion de los viages y descubrimientos, que hicieron por mar los Españoles. Tom. IV. pag. VI und Humboldt l. c. I. 262 ff.
***) S. Herrera. Dec. II. Liber I. Cap. VII.

(„a descubrir por la otra parte de Castilla del Oro"). „Gold-Castilien", nannte man damals alles Land, welches im Süden des Isthmus von Panama lag und in dem man statt des Entdeckers Balboa den Pedrarias zum Gouverneur gemacht hatte. Solis sollte südwärts längs der Küste von Brasilien hinab segeln und sehen, ob er nicht auf die andere Seite herumkommen und dahin gelangen könne, „wo eben jetzt Pedrarias stehe". — Sobald er bei Pedrarias in Gold-Castilien angelangt sei, solle er demselben einen Brief zur Beförderung an den König übergeben, nebst einem Berichte über Alles, was er gesehen und auch mit einer Figur (Karte) des bereisten Landes. Alsdann sollte er seinen Weg weiter in der Südsee nach Norden fortsetzen und versuchen, in's Antillen-Meer zurückzugelangen und so, wo möglich, ganz Süd-Amerika zu umsegeln (Mexico war damals noch nicht erforscht). Wenn er auf diese Weise gefunden hätte, dass ganz Gold-Castilien (Süd-Amerika) eine Insel sei, so solle er ebenfalls auf der Insel Cuba einen Brief und eine Figur des Landes für den König abgeben, und darnach selbst baldmöglichst nach Hause kommen *).

Solis konnte auf seiner im Jahre 1515 ausgeführten Reise nur einen geringen Theil von allen diesen Aufträgen ausführen. Denn er kam nicht einmal so weit wie auf seiner früheren in Gemeinschaft mit Pinzon unternommenen Fahrt nach Süden hinab. Doch untersuchte er dieses Mal die Küste etwas mehr in der Nähe und genauer. Mehre Buchten, Baien oder Häfen derselben hielt er bei ihrer Entdeckung für Einlässe seiner gesuchten Strasse zum Westen, so namentlich unter andern den grossen weiten Hafen von Rio Janeiro, den er zuerst entdeckte und in den er als der erste Europäer einlief.

Da er hier seine Hoffnungen getäuscht sah, ging er noch weiter südwärts und fand dann unter dem 36.° südl. Br. eine grosse Oeffnung des Landes. Es war der weite und tief nach Westen eindringende Mündungs-Busen des Rio de la Plata. Bei der Erforschung dieses viel verheissenden Busens, in welchem er wieder eine Meeresstrasse zu finden hoffte, büsste er (1516) sein Leben ein. Die dortigen wilden Bewohner, mit denen er in Streit gerieth, erschlugen ihn. Eins seiner Schiffe ging mit sammt der Mannschaft zu Grunde und die beiden übrigbleibenden kehrten mit einer Ladung Rothholz nach Spanien zurück, ohne etwas weiteres ausgeführt zu haben **).

Die Mündung des Rio de la Plata, damals zu Ehren jenes

---

*) Navarrete l. c. tom. III. pag. 134 und 136.
**) S. über diese Reise Navarrete, Coleccion etc. Tomo III. p. 46 ff.

berühmten dort umgekommenen Seefahrers „Rio de Solis" genannt und das „Cabo de Sta Maria", das Solis als den Eingangspunkt zu diesem Busen erkannt und benannt hatte, blieben gegen Süden einige Jahre hindurch das Non Plus Ultra der einstweilen wieder etwas entmuthigten spanischen Seefahrer. — Von einem Portugiesen ging dann der Antrieb zur ferneren Fortsetzung dieser Entdeckungsbranche und zu ihrer schliesslichen Durchführung aus.

Karte von Amerika zu den „Vorläufern Magellan's".
(Hierzu Tafel I.)

Johann Schöner, im ersten Viertel des 16. Jahrhunderts ein Professor der Mathematik in Nürnberg und der Verfasser mehrer Werke über mathematische, astronomische und geographische Gegenstände, entwarf im Jahre 1520 auf Einladung und Kosten seines wohlhabenden Freundes Johann Seyler eine Karte des ganzen Erdballs, die noch jetzt in Nürnberg existirt und von der Dr. F. W. Ghillany im Jahre 1853 in seinem bekannten Werke über Martin Behaim ein getreues Facsimile mitgetheilt hat. Unser Bild gibt eine verkleinerte Copie des Theils dieser Karte, der sich auf Amerika bezieht. Doch sind darauf nur die Umrisse der Länder und die Hauptnamen, die zur Orientirung nöthig waren, wiedergegeben, die Details dagegen weggelassen. Ich wählte diese Karte aus den ziemlich zahlreichen Darstellungen der Neuen Welt, die wir aus dem Anfange des 16. Jahrhunderts besitzen, weil auf ihr die verschiedenen Wasserstrassen oder Meerengen, von denen man sich die aufgefundenen Westländer durchbrochen dachte, recht gut dargestellt sind. Ich will in Kürze auf die Hauptpunkte aufmerksam machen.

Die Neue Welt ist auf unserer Karte in mehre grosse und kleine Inseln aufgelöst, die durch schmale und breite Klüfte getrennt sind. Im hohen Norden erscheinen Canada und Labrador als die grosse Insel „Terra Corterealis". Südwärts von dieser liegt die noch grössere Insel „Terra de Cuba" und „Parias", das Territorium der jetzigen Vereinigten Staaten Nord-Amerika's und Mexiko's. Beide sind durch ein breites Gewässer geschieden, das aus dem Atlantischen Ocean („Oceanus Occidentalis") in die Asiatischen Meere („Orientalis Oceanus") hinausführt, und zu welchem die Seefahrten der Cabots, Cortereals und später noch lange Zeit die Unternehmungen vieler anderer Entdecker gerichtet waren.

Auch im Hintergrunde des Karaibischen Meeres ist noch eine Meerenge dargestellt, die Nord-Amerika von der grossen Süd-Insel trennt. Es ist die Durchfahrt, welche Columbus so eifrig gesucht und die nach ihm auch noch Solis und Pinzon finden zu können geglaubt hatten. Noch lange nach Columbus und Solis wollte man die Hoffnung auf die Existenz einer solchen Strasse nicht aufgeben. Noch im Jahre 1522 glaubte Gil Gonzales d'Avila, als er längs der Küsten der Südsee nordwärts hinsegelte, dass die von ihm entdeckte Bai von Fonseca zu einer solchen Meerenge in den Mexikanischen Meerbusen führe *). Es kann demnach nicht auffallen, dass Schöner, im Innern von Deutschland, sie noch im Jahre 1520 zeichnete.

Die Umrisse Süd-Amerika's („Terra nova" und „America vel Brasilia" genannt) sind auf der Ostseite so gezeichnet, wie die spanischen und portugiesischen Nachfolger des Columbus und des Cabral sie herausgearbeitet hatten. Die Südost-Küste Brasiliens geht bis zum 40.° südl. Br. vor, bis wohin Solis und Pinzon auf ihrer ersten brasilianischen Reise gekommen sein sollen, und endigt hier mit dem oft als südliches Non Plus Ultra genannten Namen „Cananor".

Die West-Küste Süd-Amerika's ist zwar als unbekannt („Ultra incognita permansit") bezeichnet. Doch läuft sie in der Hauptsache ziemlich richtig in nord-südlicher Richtung, so wie man sie sich nach der Entdeckung des Süd-Meeres durch Balboa schon dachte oder zu finden hoffte, und Süd-Amerika spitzt sich so mit der südwestlich laufenden Küste Brasiliens zu.

In der Nähe des 40.° südl. Br. endigt das Land „Brasilia". Doch taucht gleich im Süden ein anderes grosses Land („Brasilia inferior"), die nachher so oft besprochene, phantastische „Terra Australis", auf. Zwischen beiden geht eine Meerenge hindurch. Es ist die Meerenge, welche Vespucci, Coelho und Solis zu finden hofften. Sehr wahrscheinlich enthielten die Karten, welche Magellan den Räthen des Königs von Spanien vorlegte, um sie zur Ausrüstung einer Expedition in dieser Richtung zu bewegen, eine ähnliche Darstellung jener Gegenden.

Im Westen der grossen Inseln der Neuen Welt liegen ganz nahe die Asiatischen Inseln, unter ihnen namentlich „Zipangri" (Japan), das lockende Ziel, zu welchem man durch alle bezeichnete Meerengen hinaus gelangen zu können hoffte. Der colossale Stille Ocean ist noch so schmal, wie man sich ihn von Columbus bis Magellan vorstellte **).

---

*) S. Herrera. Dec. III. Libr. IV. Cap. 5.
**) Ich habe in dem Obigen nur ganz im Allgemeinen über das vorliegende Kartenbild Das beigebracht, was mir für unsern Gegenstand das Wichtigste zu sein schien. Eingehendes über Schöner's Karte findet der Leser bei Ghillany, Martin Behaim. S. 65—69.

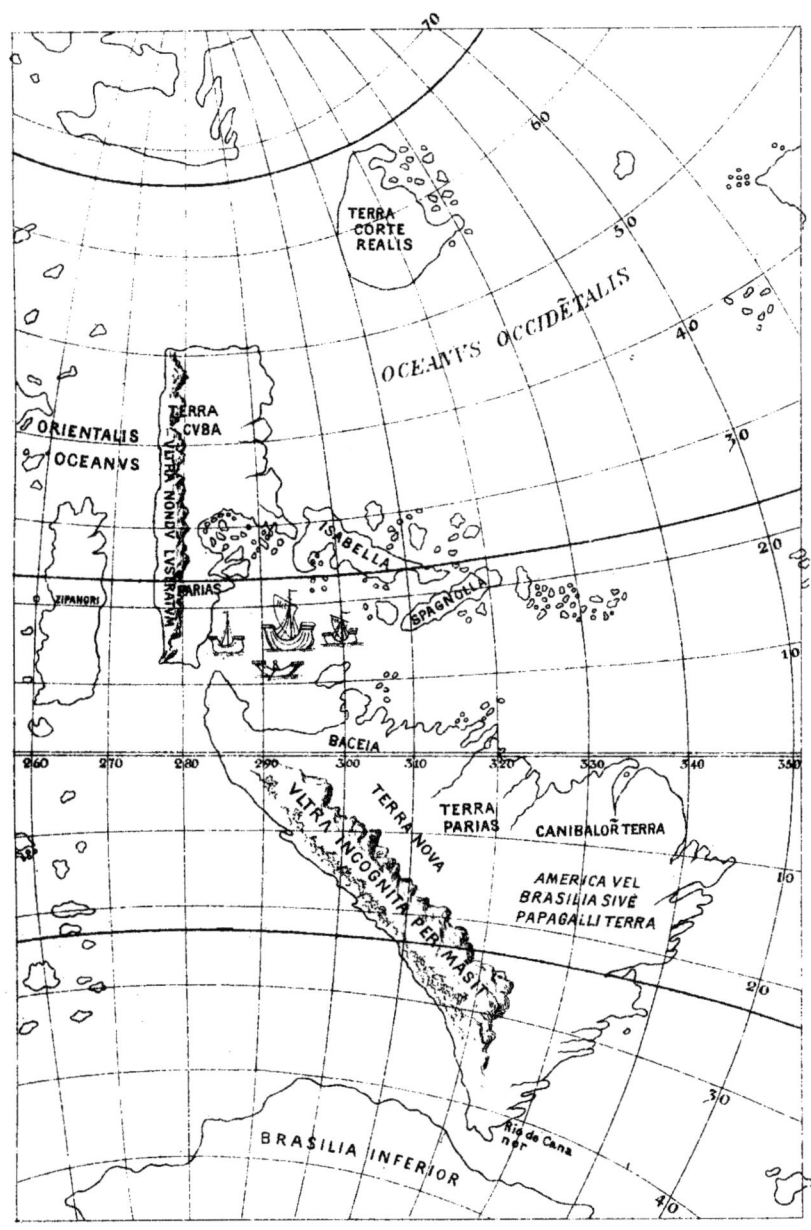

Karte von Amerika zu den Vorläufern Magellan's.

II. Magellan und seine nächsten spanischen Nachfolger.

1) Magellan (1519—1522).

Die Portugiesen hatten seit dem Anfange des 16. Jahrhunderts ihre 1498 begonnenen Eroberungen in Indien immer weiter ostwärts fortgesetzt. Im Jahre 1510 waren sie unter Alfonso de Albuquerque nach der Eroberung von Malakka, durch die nach dieser Stadt benannte Strasse in Gewässer eingedrungen, welche eigentlich schon als Neben-Bassins des gewaltigen Beckens des Stillen Oceans angesehen werden müssen. Sie hörten dort etwas Näheres über die Lage der so eifrig gesuchten Gewürz-Inseln im Osten, und schon im Jahre 1510 sandte der Eroberer von Malakka ein kleines Geschwader von drei Schiffen unter Antonio de Abreu aus, sie aufzufinden. Eins dieser Schiffe commandirte Francisco Serrão (oder Serrano, wie die Spanier und wir ihn nennen) und ein anderes sein Freund, der Capitän Fernão de Magalhãens (von uns „Magellan" genannt), der schon 1505 mit dem Vicekönig Almeida nach Indien gekommen war, und sich bereits bei der Eroberung von Malakka ausgezeichnet hatte*).

Ein Sturm zerstreute die kleine Flotte, und jedes der drei Schiffe nahm verschiedene Wege. Abreu, der Admiral, kam zur Insel Banda, von der er mit einer reichen Ladung nach Malakka zurückkehrte. Magellan gelangte zu einer andern Inselgruppe, von welcher er ebenfalls seinen Weg nach Malakka zurückfand. Nur Serrano erreichte die eigentlichen Gewürz-Inseln oder Molukken, wo er gut aufgenommen wurde, vortheilhafte Verbindungen anknüpfte und sich für mehre Jahre festsetzte**).

Die Gewürz-Inseln liegen so zu sagen hart am westlichen Rande des Stillen Oceans, bei dem also die Portugiesen beinahe zu derselben Zeit unter Serrano ankamen, in welcher die Spanier unter Balboa die Ostküste dieses Oceans erblickten.

Der Entdecker der Molukken Serrano schrieb an seinen Waffengefährten und Freund Magellan, der zugleich sein Verwandter war, mehre Briefe, in welchen er ihm seine Erfolge und seine Entdeckung schilderte, die Entfernung der Molukken nach Osten und folglich auch ihre Nähe bei Amerika als sehr gross darstellte, und zugleich aufforderte, sich, wenn er sein Glück

---

*) S. Navarrete, Coleccion de los viages y descubrimientos de los Espanoles. Tom. IV. pag. XXV ff.
**) Navarrete l. c. pag. XXVII ff.

machen wolle, zu diesen an allen kostbaren Dingen so reichen Inseln zu begeben. — Magellan folgte indess dieser Einladung nicht gleich, ging vielmehr erst nach Portugal zurück (1512), um dort Beförderung und Belohnung zu fordern. Doch unterhielt er auch von da aus die Correspondenz mit seinem Freunde Serrano und mit den Molukken „und nährte allerlei grossartige darauf gestützte Pläne".

Für seine in Indien und bei einer andern Gelegenheit auch in Afrika geleisteten Dienste verlangte er vom König von Portugal Emanuel eine Erhöhung seines Ranges und Gehaltes, namentlich seiner sogenannten „Moradia". — Diese „Moradia" war in Portugal ein gewisser Ehrengehalt, den die Edelleute aus dem königlichen Haushalte bezogen, und dessen Verleihung nicht wegen der Grösse des Gewinnstes, als vielmehr weil er einen Maasstab für ihre Achtung und Stellung abgab, sehr geschätzt wurde. „Wer in diesem Gehalte jährlich nur um einen Real sich vermehrt, sagt der portugiesische Geschichtsschreiber Barros, wächst dabei um Vieles in dem öffentlichen Ansehn". — Magellan verlangte nur eine geringe Zulage. Aber der ihm abgeneigte König Emanuel verweigerte ihm seine bescheidene und gerechte Forderung. —

Magellan, ein Edelmann von alter Familie aus Oporto, der andere minder verdienstvolle und jüngere Leute sich vorgezogen sah, fühlte sich dadurch tief gekränkt und sagte sich nun sowohl vom Dienste seines Königs, als auch von seinem Vaterlande los. Er that diess öffentlich mit feierlichen Akten und Demonstrationen*), damit ihn niemand hinterdrein beschuldigen könne, er habe sich seinem Lande auf eine heimliche und verrätherische Weise entzogen, und damit es ihm ganz frei stehe, in den Dienst irgend eines andern Potentaten zu treten.

Wie einst Columbus, als er Portugal verliess, wählte Magellan die Dienste des Königs von Spanien, der sowohl bei dieser als auch noch bei manchen anderen Gelegenheiten aus den Missgriffen seines Nachbarn Vortheil zog.

Mit Magellan zugleich kamen auch einige andere Portugiesen, die mit dem Könige Emanuel aus ähnlichen Ursachen unzufrieden waren, nach Spanien. Namentlich ein Astronom Ruy Faleiro (oder Rodrigo Falero) und ein wohlhabender Kaufmann Cristobal Haro aus Lissabon, der sich wahrscheinlich desswegen expatriirt hatte, weil die Kriegsschiffe des Königs einige seiner Handelsschiffe in Guinea geschädigt hatten und man ihm die dafür geforderte Entschädigungssumme verweigerte.

Mit dem Astronomen Faleiro hatte Magellan schon in Portu-

---

*) S. Barbosa bei Navarrete l. c. tom. IV. pag. XXXI.

gal, während die Differenzen mit seinem Könige Emanuel noch unentschieden waren, viel verkehrt, mit ihm die Bedeutsamkeit der Gewürz-Inseln, sowie ihre geographische Lage besprochen, und ihm die Briefe seines Freundes Serrano über dieselben mitgetheilt. Es scheint, dass Serrano selbst die geographische Lage der Inseln, auf denen er sich befand, nicht genau gewusst oder angegeben habe. Jetzt ist es uns bekannt, dass sie in der Nähe des Aequators, einige Grade südwärts, liegen. Magellan aber suchte sie später 14 Grade weit nördlich von demselben. Eben so wissen wir jetzt, dass sie um mehr als ein Drittel des Erdumfangs von Amerika westwärts entfernt sind, während Magellan und Serrano sie sich diesem Continente weit näher dachten. Diese letztere Ansicht theilte auch vermuthlich der Astronom Ruy Faleiro, und er und Magellan glaubten demnach beweisen zu können, dass sie im Osten der Demarkations-Linie, mit welcher der Papst Alexander VI. im Jahre 1493 die Welt zwischen Spanien und Portugal getheilt hatte, und über welche diese beiden Mächte mit einer kleinen Abänderung vertragsmässig im Jahre 1494 übereingekommen waren, mithin in die westliche spanische Welthälfte fielen.

Diese Idee war es, welche die beiden Männer in Spanien vortragen und ausbeuten wollten. Sie hofften damit natürlich dort, und namentlich in Sevilla, wo sie im Laufe des Jahres 1517 ankamen, offenes Gehör und bereitwillige Aufnahme zu finden. Sie trafen in dieser Stadt einige portugiesische Landsleute, die schon seit längerer Zeit in spanischen Diensten standen. Dieselben kannten die Verhältnisse des Magellan, und da sie wussten, dass er ein Edelmann von Ehre und Wort sei, so machten sie ihn den Beamten des indischen Hauses und den Räthen des Königs Carl I. (späteren Kaisers Carl V.), der damals eben in Spanien den Thron bestiegen hatte, bekannt.

Magellan verheirathete sich in Sevilla mit einer Verwandten seiner einflussreichen Landsleute, mit einer Barbosa, eben so wie sich einst Columbus mit einer Verwandten seiner in Lissabon angesiedelten italienischen Landsleute verheirathet hatte. — So bekamen denn Magellan und Faleiro, die immer zusammen agirten und die einer den andern nöthig zu haben glaubten, weil jener mehr praktische Seefahrtskunde, dieser mehr wissenschaftliche und astronomische Kenntnisse besass, Empfehlungen an den Hof, bei dem sie im Anfange des Jahres 1518 in Valladolid, wo derselbe damals residirte, erschienen.

Hier producirten nun Magellan und Faleiro (nach der Angabe einiger Berichterstatter) einen Erdglobus, auf dem sie die Lage und Gestalt der Welttheile, so wie sie dieselben sich vorstellten, verzeichnet, auch die Molukkischen Inseln dahin gesetzt hatten, wo sie sich dieselben dachten. Sie bemühten sich, den spanischen Ministern zu beweisen, dass dieselben innerhalb der spanischen Erdhälfte fielen, und dass man auf dem „Spanischen Wege", d. h. auf einer Westfahrt um die Welt, eben so leicht zu ihnen gelangen könne, wie auf dem „Portugiesischen Wege" oder der Ostfahrt um's Cap der Guten Hoffnung. Nur die Partie vom Süd-Ende Amerika's sollen sie auf diesem Globus unausgefüllt gelassen und nicht angezeigt haben, wie und wo sie sich die Strasse dachten, die sie aus den östlichen zu den westlichen Meeren zu benutzen hofften, „damit ihr Geheimniss nicht Anderen verrathen und von diesen benutzt werden möchte"*). In ähnlicher Weise soll ja auch Columbus bei seinem Examen in Salamanca einen Globus producirt, jedoch nicht Alles über den Weg, den er einzuschlagen dachte, offenbart haben. — Wie man von Columbus später sagte, ein vom Zufall nach Amerika verschlagener Schiffer habe ihm die Existenz dieses Landes verrathen, so behaupteten denn auch viele nachher von Magellan, er sei deswegen so sicher in seiner Ueberzeugung von der Existenz einer Strasse gewesen, weil er im Cabinete des Königs von Portugal eine von dem berühmten Martin Behaim gezeichnete Karte, auf welcher dieselbe dargestellt gewesen sei, gesehen habe. Manche haben daher geglaubt, dass Behaim schon vor dem Magellan die Strasse gefunden hätte, und dass sie daher auch „Behaim's-Strasse" („Fretum Martini Bohemi")**) genannt werden müsse. Aber es ist wohl als gewiss anzunehmen, dass wenn Behaim auf einer Karte im Süden Amerika's eine Strasse darstellte, er nur eine Vermuthung eintrug, die damals ja, wie ich oben zeigte, schon Andere gehegt hatten, nicht eine wirklich erkannte und bereiste Meerenge***).

Seit der Expedition des Solis scheint in Spanien bei Manchen die Meinung sich festgesetzt zu haben, dass Amerika ohne Unterbrechung von Norden nach Süden bis zum Pole fortlaufe, und dass es da gar keine Strasse von einem zum andern Meere gäbe†). Magellan und Faleiro hatten daher einige Mühe, bei den Spaniern den Glauben an die Wahrscheinlichkeit der Existenz einer solchen Strasse wieder zu beleben. Ihre Gründe für diese Ansicht waren folgende: vor allen Dingen die grosse Aehnlichkeit, die der Amerikanische Continent im Süden mit dem südlichen Afrika zu haben

---

*) Navarrete l. c. tom. IV. pag. XXXVI. Herrera. Dec. II. Libro II. Cap. XIX.
**) S. hierüber Ghillany's Werk über Martin Behaim, S. 63.
***) S. hierüber Navarrete l. c. pag. XXXVII not. 1. und Ghillany, Martin Behaim. Nürnberg 1853. pag. 62 ff., desgl. O. Peschel, Geschichte des Zeitalters der Entdeckungen S. 616 ff.
†) Navarrete l. c. pag. XXXVII.

scheine. Gleich wie dieses sich von den Küsten Guinea's an immer mehr nach Osten zurückziehe und endlich im Süden mit dem Vorgebirge der guten Hoffnung endige, so zögen sich Amerika's Küsten immer mehr nach Westen zurück, wie man dies aus der Fahrt der Portugiesen nach Brasilien und seit der Reise des Solis zum Rio Plata wisse, endige also wahrscheinlich auch im Süden auf ähnliche Weise wie Afrika, und man würde daher, die Route des Solis weiter verfolgend, gewiss zuletzt auf eine Landspitze stossen, welche dem Cap der guten Hoffnung entspräche. — Sollte man dies Südamerikanische Cap noch nicht erreichen können, so wäre es doch wenigstens beinahe gewiss, dass der Continent bei seiner so sehr wahrscheinlichen Zuspitzung und Abschmälerung im Süden irgendwo von einer Meeresstrasse, durch die man segeln könne, durchbrochen sei. Solis selbst habe schon einen solchen Durchbruch der Küsten in der weiten Mündung seines grossen Flusses gefunden. Dieser sogenannte „Fluss" sei entweder gar kein Fluss, sondern eine Meeresstrasse, oder es gäbe doch weiterhin noch ähnliche Durchbrüche, von denen dann der eine oder andere gewiss eine wirkliche Meeresstrasse sein würde*).

Zum ferneren Beweise der Existenz einer solchen Strasse beriefen sich Magellan und Faleiro auch noch auf die Meinungen anderer Seefahrer und Kosmographen. Sie hatten jenen oben erwähnten Brief ihres Landsmannes Serrano und ausserdem noch alte Reisebeschreibungen bei sich, z. B. die des Bolognesen Ludovico Bertoman, der durch ganz Asien bis zu den Molukkischen Inseln gereist sei**), und aus diesen Reisebeschreibungen und Briefen gehe hervor, dass jene Inseln im grossen Ocean weit nach Osten hinaus lägen, und dass hier mithin also im Westen Amerika's überall Wasser sei, in dessen Mitte man die Inseln bald finden müsse, vermuthlich nördlich vom Aequator und vielleicht nicht weit vom Isthmus von Panama***).

Der Bischof von Burgos, Fonseca, der schon seit lange an der Spitze der Leitung der Indischen Angelegenheiten stand, liess über alle diese Dinge mehre Versammlungen und Berathungen anstellen. Die Königlichen Räthe examinirten den Magellan und Faleiro selbst über ihre Ansichten von der Strasse „durch mancherlei Querfragen" sehr eingehend†) und „nachdem sie die Sache von allen Seiten erwogen hatten", gaben sie denn endlich auch

---

*) Dies Alles berichtet Gomara an verschiedenen Stellen der ersten Capitel seiner Historia general de las Indias.
**) Gomara l. c.
***) Gomara l. c.
†) Herrera.

dem jungen Könige Don Carlos (Carl V.) den Rath, die Propositionen dieser Portugiesen anzunehmen.

Diese vertrauten so fest auf die Ausführbarkeit ihres Vorhabens, dass sie sich sogar erboten, die ganze Expedition auf eigene Gefahr und Kosten zu unternehmen, wenn der König von Spanien ihnen nur seinen Schutz zusichern wolle. Der reiche Kaufmann Haro wollte das nöthige Geld vorschiessen und Magellan und Faleiro ihre Person und ihr Leben dabei in die Schanze schlagen. Der König fand es am Ende doch für angemessen („decoroso") das Ganze sowohl in seinem eigenen Namen, als auch auf seine eigenen Kosten unternehmen zu lassen und befahl, dass dazu fünf Schiffe mit allem Nöthigen ausgerüstet würden. Er nahm den Magellan und Faleiro in seinen Dienst und Sold, ernannte sie zu Anführern der auszusendenden Flotte, und gab ihnen, um ihnen mehr Ansehen zu verleihen, das „Gewand von St. Jago" („les dió el habito de St. Jago"), d. h. er machte sie zu Rittern des edlen St. Jacob-Ordens.

Dies Alles geschah noch in den Frühlingsmonaten des Jahres 1518. Dennoch ging noch mehr als ein Jahr darüber hin, bis die Expedition wirklich zum Auslaufen bereit war. Es tauchten allerlei Hindernisse und Bedenken auf. Namentlich fing der Portugiesische Hof an, zu intriguiren. Um diese Intriguen zu überwinden, musste Magellan seine ganze ihm eigene Standhaftigkeit aufbieten.

Es befand sich damals als Portugiesischer Gesandter in Spanien Dom Alvaro da Costa, der eben dahin geschickt war, um über die beabsichtigte Vermählung des Königs Emanuel von Portugal mit der Dona Leonor, Schwester Carl's V., zu verhandeln. Nebenher nahm dieser Gesandte von der Angelegenheit des Magellan Notiz und suchte sie, als seinem Lande und Hofe nachtheilig, auf alle Weise zu hintertreiben.

Zuerst wendete er sich an Magellan und stellte ihm vor, dass er durch dieses Unternehmen Anlass zum Zwiespalt zwischen beiden Reichen geben würde, dass er Gott und seinen König beleidige, weil das Interesse seines Vaterlandes dabei gefährdet werde, und dass er seine eigene Ehre und das Glück seiner Portugiesischen Verwandten auf's Spiel setze*). — Magellan hatte sich nur nach wiederholten vergeblichen Versuchen, in Portugal zu seinem Rechte zu gelangen, zur Auswanderung entschlossen und behauptete, dass jetzt, nachdem er einmal dem Könige von Spanien sein Wort gegeben, seine Ehre noch in viel höherem Grade nothwendig mache, dass er dieses erfülle. —

---

*) S. Navarrete l. c. pag. XI.

Als der Gesandte seinen Landsmann unerschütterlich fand, wandte er sich mit Vorstellungen an die Spanischen Minister und warf es ihnen vor, dass sie Portugiesische Flüchtlinge bei sich aufnähmen, die Reden derselben, die voll Eitelkeit und Beleidigungen gegen den König von Portugal wären, anhörten, und noch dazu Unternehmungen beförderten, welche die Rechte von Portugal zu beeinträchtigen drohten. — In eben diesem Sinne sprach er auch mit dem Könige Carl selbst. Aber auch diesen fand er jetzt fest in seinen einmal gefassten Beschlüssen. Zwar war ein mächtiger Günstling des Hofes, der Cardinal Adrian, dem ganzen Unternehmen nicht sehr gewogen, und dieser versprach auch dem Portugiesischen Gesandten, seinen Einfluss gegen dasselbe aufzuwenden. Aber der alte erfahrene Minister der Indischen Angelegenheiten, der Bischof von Burgos Fonseca, der von Anfang an der Sache geneigt war, hielt durch seine Ueberredungen den König in seiner dem Magellan günstigen Stimmung.

Als der Portugiesische Gesandte die Erfolglosigkeit seiner Bemühungen nach Lissabon meldete, hielt man dort mehrfache Berathungen über die Angelegenheit. Manche gaben den Rath, man solle dem Magellan Verheissungen machen, mit denen man ihn nach Portugal zurücklocken könne. Andere meinten, diese Nachgiebigkeit würde ein schlechtes Beispiel für die Zukunft sein, und es fehlte nicht an Einigen, welche sogar zu verstehen gaben, es sei besser, ihn ganz aus dem Wege zu räumen.

Dies letztere war ein Vorschlag, den man auch schon früher in Bezug auf Columbus, als er von seiner Entdeckungsreise nach Lissabon verschlagen war, gethan hatte. Magellan bekam von diesen bösen Absichten und Drohungen etwas zu hören. Er war daher auf seiner Hut, hielt sich möglichst verborgen, und liess sich, wenn ihn bei seinen Besprechungen mit dem Bischof von Burgos in Saragossa, wohin der Hof unterdess übergesiedelt war, die Nacht überfiel, von den Dienern desselben nach Hause begleiten.

Endlich erlangte er seine Abschieds-Audienz beim jungen Könige Karl, der ihn in seinen Würden bestätigte und die ihm vorgelegten Stipulationen und Kapitulationen schliesslich ratificirte, darnach auch an den König von Portugal einen Brief schrieb, in welchem er ihm auseinanderzusetzen suchte, dass die Magellansche Expedition den Interessen Portugals in keiner Weise zum Nachtheile gereichen solle und könne.

Magellan und Faleiro gingen nun (im Herbst 1518) wieder nach Sevilla, um die Ausrüstung der Flotte zu fördern. Allein auch hier bereiteten ihnen die Unterbeamten und Cassen-Meister der „Casa de Contratacion" (des Königlichen Indischen Handels-Hauses) noch viele Schwierigkeiten. Nur dadurch, dass der reiche

Portugiese Haro und einige andere Kaufleute der Stadt etliche Summen vorschossen, welche eigentlich die königlichen Beamten hätten geben sollen, kam das Ganze am Ende noch zu Stande*). — Die geheimen Feinde des Magellan, vielleicht bestochene Spanier oder Portugiesen selbst, versuchten auch noch in Sevilla, wo die Schiffe schon beinahe bereit waren, alles Mögliche, um die Sache zu hintertreiben. Sie benutzten sogar die Antipathie der Spanier gegen die Portugiesen und regten mit Hülfe derselben das gemeine Volk in Sevilla auf. Als eines Tages Magellan eines seiner Schiffe von Stapel lassen wollte und dabei viele Leute zusammengelaufen waren, nahmen einige Unruhestifter Aergerniss an den Fahnen und Wappen, die Magellan auf diesem Schiffe aufgepflanzt hatte, und sprengten aus, es seien das die Zeichen und Farben des Königs von Portugal. In der That waren es nur Fahnen mit dem Familien-Wappen des Magellan, die er, wie die damaligen Flotten-Anführer es zu thun pflegten, hinten bei der Anker-Winde aufgepflanzt hatte. Die Fahne des Landes und Königs pflegte man dann höher an dem Hauptmaste des Schiffes zu befestigen. Auch nach diesen hatte Magellan geschickt, um sie, wie es sich gehörte, bei der Feierlichkeit paradiren zu lassen. Unglücklicherweise war der damit beauftragte Maler noch nicht fertig, und so schien es denn, als sollte das Schiff bloss mit dem Wappen des Magellan oder mit dem des Königs von Portugal, wofür die Leute es fälschlich hielten, von Stapel laufen. — Dies hielt das Volk für eine absichtliche Verletzung der Königlichen Spanischen Oberhoheit. Es entstand ein Tumult. Man vertrieb die Aufseher und Arbeiter des Magellan, beschimpfte seine Flagge, und wollte sich des Schiffes bemächtigen. Oeffentliche Beamte mischten sich auf ungeschickte oder hinterlistige Weise ein und wollten den Magellan verhaften. Es kam zu beleidigenden Perorationen und sogar zum Schwerterzücken. Doch wurde endlich der Irrthum aufgeklärt und der Tumult hatte weiter keinen so schlimmen Erfolg, wie die Feinde des Magellan es gewünscht und vielleicht auch beabsichtigt hatten. Vom Könige kamen nachher Befehle zur Untersuchung der Sache und zur Bestrafung der Schuldigen.

Auch sonst liessen die Portugiesen mit anderen Vexationen und Versuchen zur Störung des Unternehmens nicht nach. Es gab in Sevilla mehre geheime Agenten des Königs von Portugal, die Alles ausforschten, und über die beabsichtigte Reise-Route, über die Stärke der Expedition und über die Vorfälle in Sevilla nach Hause berichteten. Sie kamen zum Magellan und versuchten ihn noch ein Mal von Spanien abspenstig zu machen und für

---

*) S. Navarrete, pag. XLIII.

Portugal zu bekehren. Wenn er ihnen folge, wollten sie ihn, so lange es noch Zeit sei, wieder mit seinem Könige aussöhnen und sein Glück in Portugal fördern. — Auch suchten sie ihm Mistrauen gegen die Ehrenbezeugungen des Königs von Spanien einzuflössen. Er glaube, sagten sie, als General-Capitain der Flotte abzugehen, sie wüssten aber, dass dies im Rathe des Königs durchaus nicht beschlossen sei. Sie hätten ganz anders lautende Instructionen gesehen, als die, welche er selber bekommen habe, und die er für die authentischen halte. Er solle sich hüten, den Honig-Worten des falschen Bischofs von Burgos Fonseca zu trauen. Sein Freund Faleiro sei schon längst im Stillen anderen Sinnes geworden.

Magellan selbst wies zwar alle diese tückischen Agenten mit abschlägiger Antwort standhaft von sich. Da sie aber auch die andern zu Unter-Anführern ernannten Capitäne mit ähnlichen Insinuationen umgaben, säeten sie doch schon damals die Saat der Zwietracht und des Mistrauens aus, die noch später auf der Reise dem Magellan viel Noth bereitete.

Eben so schlimm und ungefügig zeigten sich bis zum letzten Augenblick der Abreise die Beamten des Indischen Hauses, die bald über dieses, bald über jenes ihre Bedenken kundgaben. Sie stritten unter andern mit dem Magellan über die Anzahl der Portugiesen, die er mit auf die Reise nehmen dürfe, und hielten ihn dadurch sogar noch auf, als er schon segelfertig war. — Auch schürten sie den Zwiespalt, welcher zwischen Magellan und Ruy Faleiro, die beide bisher vom Könige fast immer mit gleichen Ehren und Vollmachten bedacht worden waren, darüber entstand, wer von ihnen die Königliche Standarte an Bord führen solle.

Der König entschied endlich diese Punkte dahin, dass es dem Magellan erlaubt sein solle, zehn Portugiesen mit zu nehmen*) und dann, dass er als alleiniger Commandant der schon ausgerüsteten Flotte gehen, Faleiro aber einstweilen zurückbleiben solle, um ihm später eine Hilfsflotte nachzuführen**).

Mit dieser Aussicht zufrieden, blieb auch Faleiro wirklich zurück, obgleich ihn Magellan deswegen gern bei sich gehabt hätte, weil er eine neue und gute Methode zur Berechnung der Längengrade erfunden zu haben behauptete. — Später verbreitete sich unter den Geschichtsschreibern und Schriftstellern über diese Angelegenheit die Ansicht, Ruy Faleiro sei desswegen nicht mit gefahren, weil er erkrankt und geistig irre geworden sei, und weil man ihn in das Irrenhaus von Sevilla habe bringen müssen. — Doch wurzelte diese falsche Angabe wohl nur in den von den

---

*) Navarrete l. c. pag. LIII.
**) Navarrete l. c. pag. XLIX.

Portugiesen ausgesprengten Gerüchten, welche das Wasser überall trüben wollten, und daher den Magellan wie den Faleiro anschwärzten und namentlich von diesem letzteren erzählten, dass er mehr Astrolog als Astronom sei, dass er behaupte, sich auf Zauberformeln zu verstehen, und dass er einen Familien-Geist in seinem Dienste habe, der ihn die Zauberkünste lehre, worüber er denn am Ende ganz verrückt geworden sei*). — Faleiro blieb, wie es scheint bei ganz gesundem Geiste, in Spanien zurück, lebte noch im Jahre 1523 in Sevilla, bekam aber jene Flotte, die er dem Magellan nachführen sollte, nicht, obgleich er in dem besagten Jahre den König noch ein Mal (vergebens) darum bat. Er starb dann bald nachher auf dem Krankenbette**).

Statt des Faleiro wurde dem Magellan der Capitän Juan de Cartagena mitgegeben. Derselbe bekam erstlich sein eigenes Schiff in der Flotte zu kommandiren, dann wurde er zum „Veedor-General" (General-Controlleur) der ganzen Expedition d. h. zum „königlichen Haupt-Beamten nach dem Magellan" ernannt, und diesem als „eine mit ihm verbundene Person" („su conjunta persona") beigegeben. Juan de Cartagena war also jedenfalls nach dem Magellan die zweithöchste Autorität auf der Flotte.

Als Astronom wurde Faleiro durch den Kosmographen Andres de S. Martin auf der Flotte ersetzt. Faleiro hatte demselben seine Methode die Längen zu bestimmen gelehrt, und übte daher, obwohl abwesend durch seinen Schüler doch noch einen fördersamen Einfluss auf die Expedition des Magellan***).

Das Genie und die Energie des Magellan sowie das Zutrauen, welches er dem Könige und dem Bischof von Burgos einflösste, trug endlich über alle Intriguen der Missgönner und Feinde den Sieg davon.

Die königliche Standarte wurde in der Kirche Santa Maria de la Victoria de Triana feierlich eingesegnet und dem Magellan überliefert. Er leistete dem Könige den Vasallen-Eid und seine Capitäne und Piloten schworen ihm selber den Eid des Gehorsams und der Treue, und den 10. August 1519 ging er dann mit seinen endlich völlig fertigen Schiffen von Sevilla den Guadalquivir hinab. Doch lag er noch über einen Monat an der Mündung des Flusses bei dem Hafen San Lucar de Barrameda, mit Schlichtung von Differenzen und mit Besorgung verschiedener Angelegenheiten beschäftigt. Hier machte er sein Testament und setzte auch noch für den König ein Memoire auf, in welchem er die Lage der Gewürz-

---

*) Navarrete l. c. pag. LXXVII.
**) Navarrete l. c. pag. LXXVIII.
***) Navarrete l. c. pag. 41.

Inseln und den Weg, der seiner Meinung nach um Süd-Amerika herum zu ihnen hinführe, beschrieb, damit für den Fall seines Todes die Kunde davon oder seine Ansichten darüber nicht verloren gehen möchten. Endlich den 20. September 1519 lichtete er die Anker und stach in See.

Er hatte 17 Portugiesen an Bord, und ausserder auch einige Genuesen, Venetianer, Franzosen, Griechen und andere Fremde*), weil sich trotz dem, dass sowohl in Sevilla, als auch in Malaga und Cadix die Expedition öffentlich durch den Herold ausgerufen und der vom Könige versprochene Sold bekannt gemacht worden war, nicht genug Spanier zum Dienste eingefunden hatten. Unter den Spaniern waren die meisten aus den kleinen Hafenstädten am Ufer des Guadalquivir und dann aus Biscaya. Magellan's Artilleristen („Lombarderos") waren fast lauter Deutsche und Flamländer, auch einige wenige Engländer und Normannen.

Eben als er mit diesen Leuten und seinen fünf Schiffen unter Segel ging, verbreitete sich das Gerücht, der König von Portugal habe, nachdem er alle seine Einreden und Intriguen scheitern gesehen, zu feindlichen Massregeln gegriffen und habe sowohl am Cap der guten Hoffnung, als auch beim Vorgebirge Santa Maria an der Mündung des La Plata-Flusses in Süd-Amerika Kriegsschiffe aufstellen lassen, um den Magellan aufzufangen. Auch sollte er den Befehl zur Absendung eines Geschwaders in östlicher Richtung zu den Molukken gegeben haben, um dort dem Magellan entgegen zu treten. Doch waren diese Gerüchte zum Theil falsch, zum Theil hatten die wirklich getroffenen Dispositionen des Königs von Portugal keinen Erfolg, da sie entweder wegen anderer später eingetretener Verhältnisse unterblieben, oder weil Magellan ihnen überall geschickt und glücklich entschlüpfte.

Magellan ging auf dem gewöhnlichen südlichen Seewege über die Canarischen Inseln zur Neuen Welt hinüber. Doch hielt er sich dabei immer sehr nahe an der Küste Afrika's, was dem Königlichen General-Inspector und Unter-Commandanten Juan de Cartagena nicht gefallen wollte. Dieser machte dem Magellan darüber Vorstellungen und meinte, man solle sich mehr westlich von der Küste Afrika's halten. Magellan, der solche Einmischungen nicht vertragen konnte, wies ihn darüber derb zurecht, sagte ihm, er selbst, Magellan, verstehe die königliche Verordnung, durch welche Juan de Cartagena ihm statt des Faleiro beigegeben sei, nicht so, dass derselbe seine Meinung auch über den einzuhaltenden Cours abgeben dürfe, — Cartagena hätte wie alle seine Leute und Capitäne nichts weiter zu thun, „als auf das Zeichen seines Admiralschiffes zu

---

*) S. Die Liste der Mannschaft bei Navarrete l. c. pag. 12 ff.

achten, und am Tage seiner (des Magellan's) Fahne, des Nachts aber seiner Laterne zu folgen". Der General-Controlleur fasste hierüber alsbald einen Groll gegen Magellan, und um ihn zu ärgern, kam er eines Abends während einer Windstille an der Küste von Guinea mit seinem Schiffe (dem S. Antonio) in die Nähe des Admiralschiffes (der Trinidad) und salutirte ihn mit dem spöttischen Grusse: „Gott grüsse Euch, Herr Capitän und Schiffsmeister Magellan! und gute Compagnie!" — Magellan verbat sich dies, und liess dem Cartagena sagen, er wünsche immer als „General-Capitän" begrüsst zu werden, worauf dieser aber eine schnöde Antwort gab und dann drei Tage verstreichen liess, ohne seinen Chef überhaupt zu begrüssen, was doch nach den Instructionen die Commandeure aller Schiffe alltäglich thun sollten. Magellan befahl daher eines Tages noch während der Fortdauer der Windstille alle seine Capitaine und Piloten an seinen Bord, hielt eine strenge und zornige Anrede an sie, packte dann den General-Controlleur an der Brust und sagte: „Cartagena, Ihr seid verhaftet". — Dieser rief freilich die Hülfe der übrigen Schiffsführer an und forderte sie seinerseits auf, den Magellan zu verhaften. Aber keiner stand ihm bei. Magellan liess ihn fesseln, ernannte ihm einen Nachfolger und blieb unumschränkter Befehlshaber seiner Eskadre.

Auf diese Weise schob denn Magellan, wie ein Mann, der seinem Ziele rasch und kräftig zustrebt, Alles auf die Seite, was ihm im Wege stand, wie früher den Faleiro und die Portugiesischen Agenten und Verführer, so jetzt den Cartagena.

Die Flotte erreichte die Küste des „Heiligen-Kreuz-Landes" (Brasiliens) oder wie die Spanier es damals noch zuweilen nach dem von ihnen entdeckten Cap nannten, das „Land des heiligen Augustin", im December, also zu einer Jahreszeit, die zur Fahrt längs der Küste günstig war. Im Anfange des Januar kam sie in der Mündungsbai des Rio Solis (unsers La Plata-Stromes) an. Die Spanier nannten sie auch wohl nach dem benachbarten Vorgebirge „die Bai von Sta Maria". Schon diese doppelte Bezeichnung desselben Gewässers ein Mal als „Fluss", und ein anderes Mal als „Bai" scheint anzudeuten, dass die Spanier nach des Solis Reise über seine Natur noch nicht ganz einig waren. Magellan selbst und die Seinen scheinen auch hier schon angefangen zu haben, ihre Strasse zu suchen. Dass sie die Bai so voll süssen Wassers fanden, war noch kein ganz überzeugender Beweis dafür, dass es bloss ein Fluss sei, es mochten ja grosse Flüsse von der Seite her in die Meeresenge einfallen und sie an dieser Stelle süss machen, und weiter hinten konnte sie vielleicht wieder salziger werden. Magellan untersuchte sie bis in die innerste Verengung

(„reconociendo hasta lo mas interior del rio") mehrere Wochen lang (vom Anfang Januar bis Anfang Februar)*). Es gab Meinungsverschiedenheit und Streit zwischen ihm und seinem Piloten. Aber weil er überall sehr geringe Tiefe fand, gab er die Sache auf, nahm hier bloss die Existenz eines Süsswasserflusses an und segelte südwärts**). Einer der Höhen, welche im Norden des Eingangs der La Plata Mündung von weitem gesehen worden, gab er den Namen „Monte Vidi", welcher Name, umgewandelt zu „Monte Video" sich bis auf den heutigen Tag in der Geographie erhalten hat.

Magellan hatte die Mündung des La Plata an Bord des Schiffes „San Antonio" recognoscirt, und vielleicht wurde daher das südliche Eingangs-Cap desselben „das Cap San Antonio" genannt. Er umsegelte dieses Cap und befand sich nun in gänzlich unbekannten Gewässern.

Von nun an konnte auf der Fahrt südwärts jeder Einschnitt, jede Bucht der Küste die Mündung der gesuchten Meeresenge sein. Magellan lief daher immer so dicht wie möglich längs des Landes hin, am Tage in der Entfernung einer Legua und Nachts 5 oder 6 Leguas weit***). — Das Meer war untief, die Küsten meistens niedrig und hafenlos. Doch wichen sie, vermuthlich zur grossen Freude des Magellan immer weiter nach Westen zurück. Unter dem 42^0 S. B. gelangte er in eine grosse und geräumige Bai, welche wieder die Hoffnung erregte, dass hier eine Strasse sein möchte†). Magellan untersuchte sie am Tage des heiligen Mathias, fand aber in ihrem Hintergrund keinen Ausgang und auch keinen guten Grund zum Ankern („sin fondo para surgir") und ging daher wieder südwärts weiter, indem er diese Bai „den Golf des heiligen Mathias" oder die „Bahia sin fondo" (die Bai ohne Ankergrund) nannte. Den ersten Namen hat sie für immer behalten.

Von dieser Bai an spürten Magellan und die Seinen schon die sehr empfindliche Kälte des Südens und hatten dann fortwährend mit Sturm und Unwetter zu kämpfen. Sie riefen aber bei ihren Gefahren oft den heiligen Jacob von Galicien und Unsere Liebe Frau von Guadalupe und Monserrate an, und retteten so sich noch aus mehren kleinen Baien, zu denen sie flüchteten, glücklich wieder in's Freie hinaus. Eine von diesen nannten sie die „Bai der Gänse" („Bahia de los Patos"), eine andere die „Bai der Mühseligkeiten" („Bahia de los Trabajos"). Wir können

---

*) Navarrete l. c. pag. 32.
**) Pigafetta bei Ramusio. Vol. I. pag. 353.
***) Herrera. Dec. II. Lib. IX. cap. XI.
†) Navarrete l. c. pag. 33.

nicht mehr angeben, welche heutige Benennungen diesen Baien entsprechen*).

Jedenfalls sieht man, dass Magellan immer nahe an der Küste blieb und also auch als der erste betrachtet werden muss, der alle Haupt-Einzelheiten ihrer Physiognomie erkannte. — Vielleicht bestimmte und benannte er auch schon das „Weisse Vorgebirge" (Cabo Blanco) und das „Cabo Desvelo" (das Vorgebirge der Nachtwache). Jedenfalls blieb er, wie wir sicher wissen, diesem ziemlich hohen Theile der Küste Patagoniens immer ganz nahe**).

Jenseits des letzt genannten Caps fand er wieder einen schönen und bequemen Einschnitt, in den er einlief und den er „die Bai" oder „den Fluss S. Julian" nannte. Es ist wieder ein denkwürdiger Name, den die Geographie seit vierthalb Jahrhunderten bewahrt hat. Hier in der Nähe des 51^0 S. B., wo er den 31. März 1520 ankam, beschloss er zu überwintern, und dann im Frühling 1520 seine Fahrt nach Süden fortzusetzen. Doch musste er seine ganze Energie aufbieten, um die Ausführung dieses Planes gegen seine Officiere und Mannschaften, von denen die grössere Hälfte anderes Sinnes war, durchzusetzen. Bis zur St. Matthias-Bai, bis zu welcher die Küste immer mehr nach Westen zurückweicht, war Alles gut gegangen, und die Leute hatten die beste Hoffnung gehabt, dass sie bald ganz westwärts herumgehen könnten. Von jener Bai an, von welcher aus Patagonien's Küste wieder direkt nach Süden läuft, war aber diese Hoffnung bedeutend geschwächt. Sie sagten nun zu Magellan, er sehe ja wohl, dass es mit seiner Strasse nichts sei, und dass die Küste vermuthlich so in gerader Linie bis zum Südpol fortlaufe, dessen Nähe sie schon in Kälte und Stürmen spürten. Es wäre nun Zeit nach Spanien zurückzukehren. Denn sie hätten längst das Ihrige gethan, sie wären dahin gekommen, bis wohin noch Niemand vorgedrungen, und hätten wenigstens ausgemacht, dass es keine Strasse gäbe. Weiter zu kommen, sei offenbar unmöglich, und das Unmögliche zu suchen, habe ihr König sie nicht ausgesandt. Der Himmel habe sie bisher wohl aus manchem schwierigen Verstecke wieder gnädig herausgerettet, aber der nahe Südpol werde sie nun bald doch sicherlich in ein Loch bringen, worin sie Alle umkommen müssten. Ihre Lebensmittel seien knapp und schon Manche von der Mannschaft in Hunger und

---

*) Navarrete l. c. pag. 34 glaubt, dass die „Bahia de los Trabajos" des Magellan die jetzt „Puerto descado" genannte Bai sei, welche bei allen späteren Patagonischen Entdeckungs-Reisen eine grosse Rolle gespielt hat.
**) Herrera l. c.

Elend umgekommen. — Sie brachten diess zu wiederholten Malen „unter vielen Thränen und Seufzern"*) vor.

Magellan erwiderte seinen Leuten, dass er sich sehr wundere, wie Männer, die den Namen „Castilianer" führten, so grosse Schwäche blicken lassen könnten. Er seiner Seits glaube unverrückt, dass man entweder sehr bald das Ende dieses ganzen Landes erreichen, oder doch zu einer Meeresstrasse nach Westen kommen werde. Diese aufzufinden habe ihm der König anbefohlen und er sei entschlossen, eher zu sterben, als feige den Heimweg zu suchen. — Der Winter sei hier wohl etwas rauh, aber vermuthlich sehr kurz, — im bald kommenden Frühling würde Alles leicht sein, und sie würden neue und nie gesehene Länder entdecken und erobern, und ihrem Könige dann um so angenehmer sein. Und was die Lebensmittel beträfe, so wäre auch diese Schwierigkeit nicht so gross, wie sie sich dächten. Sie hätten noch manche gute Vorräthe an Bord, und ausserdem gäbe es in der Julians-Bai Fische in Fülle, und rings umher eine reichliche Jagd auf Vögel und Wild**).

Aber mit blosser Beredsamkeit drang Magellan hier doch nicht durch. Es bildete sich unter seinen spanischen Officieren, die nicht nur den Südpol fürchteten, sondern auch die Oberherrschaft „des tollkühnen und hartnäckigen Portugiesen" verschmähten und ihn hassten, eine Verschwörung, und durch einen Kampf und ein strenges Blut- und Strafgericht musste er sich seine Winterquartiere und die Vollendung der Entdeckung seiner Strasse sichern. Dabei ging es so zu:

Magellan lud kurz darauf, nachdem er in der oben angeführten Weise seinen Entschluss zur Fortsetzung der Reise kund gegeben hatte, am 1. April alle seine Capitäne und Piloten zur Anhörung einer Messe und zu einem Mittagsmahle an Bord seines Schiffes ein. Es kamen nur wenige, und unter den Weggebliebenen brach unterdessen die Unzufriedenheit in offenen Ungehorsam aus. An ihre Spitze stellten sich der Capitän Gaspar de Quesada und jener von Magellan früher verhaftete und dann wieder frei gelassene Juan de Cartagena. Sie brachten die Leute ihres

---

*) Gomara. Historia de las Indias.
**) S. Herrera l. c. S. 639 sqq. und Gomara l. c. Herrera giebt die Ueberredungsgründe des Magellan fast ganz eben so wie sein Vorgänger Gomara, den er nur noch ein wenig ausschmückt. Merkwürdig ist aber Das, was Gomara hinzufügt und Herrera auslässt, nämlich, dass Magellan noch gesagt habe, auch Amerigo Vespucci sei schon bis über diese Breitengrade hinaus vorgedrungen. Er selbst, Magellan, wolle auch nur „bis zu dem Breiten-Grade des Vespucci" gehen, und wenn er auf demselben die Strasse nicht fände, so wolle er alsdann wieder umkehren.

Schiffes auf ihre Seite, indem sie ihnen vorstellten, Magellan behandele sie alle schlecht und tyrannisch. „Dieser übermüthige Portugiese, der die Zähne zusammenbeissend*) gleich wüthe, so bald man ihm nur von Umkehr spreche, wolle sie, die Castilianer, alle verderben, und nur desswegen in den sichern Tod führen, um sich dessen nachher bei seinem Portugiesischen Könige rühmen und die Gnade desselben um so eher wieder erlangen zu können."

Mit einem kleinen Trupp von dreissig Bewaffneten gingen sie noch in derselben Nacht an Bord von zweien der übrigen Schiffe und bemächtigten sich derselben theils durch Ueberredung, theils mit Gewalt, indem sie die dem Magellan ergebenen Offiziere fesselten. — So im Besitz der Mehrzahl der Schiffe sandten sie zu Magellan, dem nur zwei treu geblieben waren, und forderten ihn auf, zu ihnen zu kommen, um an ihrem Bord darüber zu berathen, was ferner als für den Dienst des Königs förderlich zu beschliessen sei.

Aber Magellan war nicht der Mann, der sich so leicht überrumpeln liess. Er antwortete ihnen: „als General-Capitän der Flotte fordere er vielmehr, dass alle Schiffs-Capitäne an seinen Bord kämen, wo dann geschehen solle, was Rechtens sei." — Alle Unterhandlungen wies er ab, da er aber einstweilen der schwächere Theil war, so beschloss er List mit Gewalt zu verbinden und seine Feinde einen nach dem andern zu überwältigen.

Zuerst sandte er zu einem der von den Anführern besetzten Schiffe ein Boot mit wenigen Bewaffneten und mit einem Briefe an den Capitän Luis de Mendoza, der dasselbe im Namen der Rebellen befehligte. Dieser empfing den Brief, las ihn, wurde aber während der Lectüre von den entschlossenen Leuten des Magellan überfallen und niedergemacht. Die ihres Hauptes beraubte Schiffsmannschaft, die bei den Zwistigkeiten der Anführer sich zum Theil passiv verhalten zu haben scheint, wurde bestürzt und liess es geschehen, dass sogleich die Flagge des Magellan wieder aufgehisst und das Schiff selbst dem rechtmässigen königlichen Ober-Commandanten zugeführt wurde. Die so geschwächten Rebellen wollten nun mit den beiden ihnen gebliebenen Schiffen sich auf's Meer hinaus machen. Da sie aber bei den Schiffen des Magellan, welche die enge Mündung der Bai S. Julian besetzt hatten, nahe vorüber mussten, so war dies Manöver schwierig. Eins ihrer Schiffe wurde dem Admiralsschiff zugetrieben, und von ihm mit grobem und kleinem Geschütz begrüsst. Magellan mit seinen Leuten kam auf der Stelle an Bord, und die bestürzte Mannschaft, die er mit dem Säbel in der Hand fragte: „Für wen seid

---

*) Gomara l. c.

ihr?" schrie aus einem Munde: „Für den König und Euer Gnaden!" — Die von ihren Leuten von vornherein nicht kräftig unterstützten und nun gänzlich verlassenen Officiere des Schiffes wurden ergriffen, und dasselbe geschah alsdann auch leicht auf dem letzten und fünften Schiffe.

Magellan hielt ein strenges Gericht. Er verurtheilte einen der Hauptanführer Gaspar de Quesada wegen Hochverraths zur Enthauptung, die alsbald ausgeführt wurde. Zwei andere Rädelsführer, der ehemalige General-Controlleur Juan de Cartagena und ein Priester Pedro Sanchez de la Reina, wurden zu schlimmeren Leiden aufgespart. Sie wurden zur Verbannung und Aussetzung an den wüsten Küsten des neuen Landes verurtheilt, blieben jedoch einstweilen als Gefangene an Bord. — Vierzig von den geringeren Aufwieglern, die wohl auch den Tod verdient hätten, wurden aber begnadigt, „um der Flotte nicht zu viel Mannschaft zu entziehen"[*]).

Nachdem Magellan auf diese Weise Gehorsam und Disciplin hergestellt hatte, suchte er sich für den Winter einzurichten, und seinen Leuten nützliche Beschäftigung zu verschaffen. Die Schiffe liess er für die rauhe Jahreszeit zurichten und fest an's Ufer legen, und am Lande selbst baute er Hütten, ein steinernes Haus und Schmiede-Werkstätten, um seine Fahrzeuge zu repariren, liess auch den Winter über fleissig fischen, jagen, Seehunde erschlagen und mehre Gelegenheiten zu kleinen Excursionen, Streifpartien und Recognoscirungen in's Innere des Landes benutzen. Auch eine kleine Sternwarte wurde errichtet, und der Astronom und Kosmograph der Flotte, Andres de S. Martin, jener Schüler des Ruy Faleiro, führte daselbst mehre Beobachtungen der Gestirne und der Sonne aus und bestimmte die Breite des Punktes auf 49° 18′ S. B., was ziemlich gut zutrifft. Zugleich sandte Magellan das kleinste seiner Schiffe, den Sant Jago, noch im Anfange des Winters aus, um die Entdeckungen längs der Küste fortzusetzen und den weiteren Seeweg im Voraus zu recognosciren, was er mit seiner ganzen Flotte nicht ohne Weiteres riskiren wollte.

Dieses Schiff erforschte nun unter dem Commando von Juan de Serrano die Küste 20 bis 30 Leguas weiter südwärts bis zu einer schönen Bai, die „der heilige Kreuz-Hafen" („Puerto de Sta Cruz") genannt wurde, und auch noch heutigen Tages unter diesem Namen bekannt ist. Es wurde aber in der Nähe dieser

---

[*]) S. über dies Alles Herrera. Dec. II. Libr. IX. cap. 11. 12. 13 und Navarrete l. c. S. 34—38.

Bai von einem Sturme überfallen, seiner Masten und Ruder beraubt und ans Ufer geworfen. Die gerettete Mannschaft führte Juan Serrano auf einer mühseligen Landreise längs der Küste, wo sie sich nur mit Kräutern, Wurzeln und Muscheln nähren konnten und viel an Kälte litten, in's Winterlager von St. Julian zurück.

In dem Hafen von S. Julian entstand dann auch schon damals der Name für das ganze Südland Amerika's, der Name „Patagonien" und die so lange geglaubte Sage von dem grossen Riesenvolke, welches dasselbe bewohnen sollte.

Wir wissen jetzt, dass fast alle Indianer-Stämme des südlichen Amerika's mit Ausnahme der Feuerländer Leute von ziemlich grossem Wuchse sind. Der Zufall mochte es fügen, dass bei dem Stamme, mit welchem Magellan und seine Leute während des Winters in der S. Julian-Bai bei mehren Gelegenheiten in Berührung kamen, einige besonders grosse Leute, vielleicht einige solche „Riesen", wie es deren bei allen Völkern giebt, waren. Die Spanier glaubten nun, indem sie in den Fehler aller Reisenden, ein fremdes Land oder Volk nach den ersten Anschauungen zu beurtheilen, verfielen, die ganze Gegend sei von Giganten bevölkert. Zu Hause zurückgekehrt, übertrieben sie, über die barbarische Erscheinung dieser in weite und lange Thierfell-Mäntel gehüllten Wilden erstaunt, in ihren Erzählungen die Grösse noch bedeutend, und ihre Schilderungen fanden dann bei ihren leichtgläubigen Landsleuten schnellen Eingang, und nachher fasste die Sage von einem weitverbreiteten südamerikanischen Riesenvolke in den Gemüthern der europäischen Menschheit, wie später die Sage vom Dorado, und wie viele andere von den Spaniern in's Leben gerufene und höchst eigensinnig geglaubte Märchen der Art Wurzel, dass noch mehr als hundert Jahre nach Magellan fast jeder Seefahrer sich einbildete, in Patagonien eine Bevölkerung von Riesen gesehn zu haben.

Die riesenhaften Indianer, so berichteten nachher die wenigen Gefährten des Magellan, denen eine Rückkehr in's Vaterland gewährt ward, hätten sich über so grosse Schiffe und so kleine Menschen darin sehr gewundert. Die Cyklopen des Ulysses wunderten sich eben so über seine und seiner Gefährten Kleinheit, und es ist nicht unwahrscheinlich, dass die klassischen Erinnerungen bei den Zeitgenossen des 16. Jahrhunderts, die überall in der neuen Welt die Berichte des Herodot und Ptolemaeus, des Plinius und Salomon im Kopfe hatten, und welche das Ophir, die Amazonen und auch die Titanen und Cyklopen dieser Schriftsteller überall suchten, viel dazu beitrugen, den Glauben an jene Giganten zu befestigen. Die Spanier gingen ihnen, so wurde erzählt, nur bis an den Gürtel und konnten ihnen, weil sie so grosse Schritte machten, selbst im Laufen nicht folgen. Einen fingen sie aber doch und brachten ihn an Bord. Er war so stark, dass acht Spanier Mühe hatten, ihn fest zu halten. Er starb jedoch nachher und man nahm dann sein Maass, um wenigstens dieses statt seines Körpers nach Spanien zu bringen. Er hatte eine Länge von 11 Spannen (palmos). Man sagte aber, es gäbe unter ihnen einige von 13 Spannen (palmos). Sie hätten wilde Thierfelle als Kleider, weissgefärbte lange Haare, grellgelbe Ringe um die Augen, und einen eben solchen um das ganze Gesicht herum und dabei äusserst colossale Füsse, daher man sie „Patagones" (Grossfüssler) nannte*). Ihr Land selbst nannte man bald darnach „Patagonien", und da Magellan auch schon vorher an der La Plata-Mündung einen grossen Indianer gefangen hatte, der, wenn er sprach, „wie ein Stier brüllte", so wurde wahrscheinlich zum Theil desswegen der Name „Patagonische Lande" auch nordwärts bis zur Mündung jenes Flusses ausgedehnt.

Endlich kehrte die Sonne und der Frühling zu jenen traurigen Küsten zurück, und Magellan konnte wieder in See stechen. Er that diess den 24. August**), nachdem zuvor Juan de Cartagena und sein Priester, die beiden zur Verbannung Verdammten, „unter vielen Thränen, Seufzern und Zärtlichkeits-Beweisen" von der ganzen Armee Abschied genommen hatten und an's Land gesetzt worden waren. Man liess ihnen eine reichliche Portion Brod und Wein an der Küste zurück.

In einigen Tagen erreichte man die von Serrano entdeckte Bai von Sta Cruz, wo ein heftiger Sturm zum Einlaufen zwang. Die ganze ziemlich geräumige Bai wurde in allen ihren Winkeln und Verstecken untersucht, um zu erforschen, ob sie nicht irgendwo einen Auslass nach Westen habe***). Hiermit und mit der Ausbesserung seiner Schiffe, so wie mit Fischfang und der Einnahme frischen Wassers beschäftigt, verweilte Magellan daselbst anderthalb Monate (bis zum 18. October) und erliess auch vor dem Weitersegeln noch ein Mal eine Instruction an seine Capitäne und

---

*) S. Pigafetta bei Ramusio. Vol. I. pag. 353 und Gomara l. c. — Sehr gut erklärt der Engländer G. C. Musters (in seinem lehrreichen Buche: Unter den Patagoniern, aus dem Englischen von Martin. Jena 1873. S. 174) die Entstehung des Namens „Riesenfüsse" aus der gewöhnlichen Fussbekleidung der Einwohner Patagoniens.
**) Nach Herrera. Dec. II. lib. IX. cap. 14 und nach Navarrete l. c. pag. 41.
***) Gomara. — Neuere Forscher (Darwin, King und Fitzroy) haben bekanntlich nachgewiesen, dass diese Bai des Heiligen Kreuzes und das Thal des in ihr ausmündenden Rio de Santa Cruz in uralter Zeit höchstwahrscheinlich einen der Magellans-Strasse ähnlichen Meeres-Canal zwischen dem Osten und Westen gebildet haben.

Mannschaften, in welcher er ihnen einschärfte, sie hätten nun längs dieses Landes stets weiter südwärts hinabzugehen, um die Strasse zu suchen „und wenn es auch bis in die Nähe des Südpols sein müsste, — er sei entschlossen, nicht eher davon abzulassen, als bis die Schiffe zwei Mal entmastet und völlig unbrauchbar geworden seien. Dann erst, und wenn man bis zum 75° S. B. hinab die Strasse nicht gefunden habe, wolle er hier ablassen und den Portugiesischen Weg zu den Molukken um Afrika herum einschlagen*). Diess Alles sollten sie sich zur Nachachtung gesagt sein lassen".

Den 18. October fuhr Magellan dann weiter südwärts, erreichte endlich nach drei Tagen ein Vorgebirge, das auf einer breiten Landzunge weit nach Osten hinauslief, und fand hinter dieser wieder eine weite Meeres-Oeffnung, in die er zwei seiner Schiffe zur Recognoscirung hineinsandte, während er selber mit den beiden übrigen an der Mündung wartete. Die beiden Schiffe kehrten eins nach dem andern innerhalb einiger Tage zurück. Die Leute des ersten berichteten, sie hätten nur eine geschlossene Bai mit hohen Küsten im Hintergrunde gefunden. Die des zweiten dagegen brachten eine ganz andere Ansicht mit und kamen triumphirend mit der Nachricht zurück, dass sie drei Tage lang westwärts gesegelt seien, ohne das Ende des zwischen Land eingeschlossenen Wassers abgesehen zu haben. Auch hätten sie beim Sondiren überall ein sehr tiefes Meer gefunden. Sie glaubten daher, es sei eine tiefe Meerenge und wären in dieser Meinung noch mehr bestärkt worden, „durch die Beobachtung, dass starke Strömungen und Fluthen in diese Oeffnung einzögen".

Der vertrauensvolle Magellan schloss sich natürlich dieser letzteren Ansicht an, und überliess sich alsbald der Ueberzeugung, dass er nun den Gegenstand seiner Hoffnungen vor Augen habe, und theils weil Alle diese Entdeckung für ein grosses Wunder hielten, theils auch weil sie eben das Fest der heiligen Ursula (21. October) feierten, so nannten sie jenes Vorgebirge, dessen Umseglung sie hieher geführt hatte, „das Cap der 11,000 Jungfrauen"**). Jetzt heisst es blos das „Cabo de las Virgines". Die Engländer haben daraus ein „Cape Virgin" und die Franzosen irrthümlicher Weise zuweilen ein „Cape de la Vierge" (Maria) gemacht.

Selbst hier am Ziele hatte Magellan noch seine ganze Beharrlichkeit und Ausdauer nöthig, um die Durchfahrt durch die Strasse zu bewerkstelligen. Er berief in der Nähe des Vorgebirges

---

*) „antes, que tomase la via del' Cabo de Buena Esperanza, se le habian de desaparejar las naos dos veces". S. Navarrete l. c. Dokument XXI. S. 207.

**) Pigafetta bei Ramusio l. c. pag. 354.

der Jungfrauen seine Piloten, Capitäne und Kosmographen zu einer Berathung. In dieser Versammlung wurde festgestellt, dass man noch für 3 Monate hinreichende Lebensmittel habe. Auch waren die meisten, da sie ihren Chef so vertrauensvoll sahen, guten Muthes zur Fortsetzung des Unternehmens. Nur einer der Piloten, ein Portugiese, Esteban Gomez vom Schiffe San Antonio sagte, es sei ein tollkühnes Wagniss, die Lebensmittel wären nicht hinreichend, weil man nach dieser Strasse vermuthlich noch andere grosse Meeres-Golfe durchsegeln müsse, um zu den Molukken zu gelangen, und er schlug daher vor, man solle jetzt vorläufig wieder nach Spanien zurückkehren und dann mit einer neuen Flotte, besserer Ausrüstung und frischer Mannschaft wiederkommen. Gomez war nach Magellan der erfahrenste und angesehenste Seemann der Flotte, und seine Ansicht hatte bei den Uebrigen grosses Gewicht. Magellan aber erwiderte: „Und wenn er gewiss wüsste, das er das Leder am Segelwerk der Schiffe verzehren müsse, wolle er doch durch diese Strasse hindurch, sein dem Könige gegebenes Wort zu lösen, und er hoffe, dass Gott ihm dabei helfen werde"*).

Alsdann liess er durch einen Herold auf allen Schiffen den strengen Befehl kund thun, dass jetzt Alle ihre Sünden bekennen und communiciren sollten, wie gute Christen**), dass aber hinfort bei Todesstrafe Niemand mehr von Heimkehr und von den Lebensmitteln sprechen solle. Die Fahrzeuge sollten sich für den andern Morgen segelfertig halten, weil er alsdann westwärts in's Land hineinfahren wolle. Und so geschah es.

Sie fanden die Ufer Anfangs zu beiden Seiten der Strasse kahl und öde, nach einer Fahrt von 50 Leguas aber waldig und von hohen schneebedeckten malerischen Berggipfeln begleitet, und „die Scenerie umher war eine der schönsten und grossartigsten, die man sehen konnte"***). Unter jenen Bergen fiel auch schon dem Magellan und seinen Begleitern vor Allen der allerhöchste Gipfel des Feuerlandes, den wir jetzt „Mount Sarmiento" nennen, auf. Es ist eine überall sichtbare prachtvolle Eis- und Schnee-Pyramide, der Montblanc des Feuerlandes, „the most splendid object of those regions", wie der Engländer King ihn nennt. Vermuthlich weil Roldan, einer von Magellan's Begleitern, ihn etwas näher untersuchte, und weil er die schönen Umrisse einer colossalen Glocke darbot, erhielt er damals den Namen „La

---

*) Herrera. Dec. II. Lib. IX. cap. 15.
**) Pigafetta.
***) „Las tierras de ambas partes eran las mas hermosas del mundo." Herrera. Dec. II. lib. IX. cap. 15.

Campana de Roldan" (Roldan's Glocke). Man findet ihn schon auf den ersten nach Magellan gezeichneten Karten seiner Strasse. Auch verschwindet dieses grossartige Wahrzeichen des Feuerlandes, das jedem Nachfolger Magellan's auffiel, nicht wieder aus der Geographie. Wie der colossale Fusi Yama auf allen Landschaftsbildern der Japaner, so figurirt auch auf allen alten Karten von der Südspitze Amerika's die „Campana de Roldan"*).

Dem Lande zur Rechten ihrer Strasse liessen Magellan und die Seinen den Namen „Patagonien", dem zur Linken aber gaben sie den Namen „Feuerland" (Tierra de los Fuegos), weil sie des Nachts überall in den Gebüschen viele Feuer sahen, die vermuthlich von den Eingeborenen angezündet waren**).

In der Mitte der Strasse in der Nähe des heutigen „Caps Froward" sahen sie das Wasser sich in mehre Zweige theilen und Magellan schickte das Schiff „St. Antonio", auf dem sich jener andersgesinnte und ihm beständig grollende Pilot Gomez befand, aus, um einen dieser Canäle zu recognosciren, mit dem Befehl, nach drei Tagen zurückzukehren, während er selber einen andern Meeresarm untersuchte. Da der „St. Antonio" in der bestimmten Frist nicht zurückkehrte, so sandte Magellan das Schiff „Victoria" in derselben Richtung aus, jenen zu suchen, und machte sich endlich zu demselben Zwecke mit den übrigen Schiffen auf den Weg***). — Das Schiff „Antonio" kehrte endlich zwar zu der ihm bezeichneten Station zurück. Da es aber den Magellan dort nicht mehr fand, und auch seine Artillerie-Salven nicht beantwortet wurden, so bemächtigte sich eines Theils der Mannschaft Furcht und Schrecken. Der Pilot Gomez trat wieder mit seinen üblen Prophezeiungen und Aufforderungen zur Rückkehr hervor, und diese fanden nun ziemlich allgemeinen Anklang an Bord. Die Mannschaften revoltirten gegen den ihr von Magellan gesetzten

---

*) S. über die Identität des „Mount Sarmiento" und der „Campana de Roldan" die Aeusserungen von King in: Narrative of the voyages of the ships Adventure and Beagle. London 1839. Vol. I. S. 27. Note.
**) Der Amerikanische Weltumsegler Wilkes (Explor. Exped. I. 127) sagt, er habe nie ausmachen können, wie die Bewohner von Feuerland ihr Feuer anmachten. Er glaube, es müsse ihnen viele Mühe und Umstände machen. Daher trügen sie auch ihr Feuer überall mit sich herum und liessen es auch in ihren Böten nie ausgehen. Eben so sagt Fitz-Roy: „Das Feuer wird von diesen Wilden immer lebendig erhalten, wo immer sie sein und gehen mögen, in ihren Wigwams, in ihren Hütten, oder sogar in ihren Händen, in denen sie ein brennendes Stück Holz tragen." (Surveying voyages of the ships Adventure and Beagle. Vol. II. pag. 187.) — Diesen Bemerkungen nach wird man begreifen, dass Magellan und seine Nachfolger hier überall viel Feuer sahen und sich geneigt fühlen mussten, dem Lande den jetzt so berühmten Namen zu geben.
***) Herrera l. c.

Capitän Alvaro de Mesquita, nahmen ihn gefangen, wählten sich einen andern Officier, den wie sie gesinnten Geronimo Guerra zum Anführer und segelten ostwärts wieder zur Meerenge hinaus und nachdem sie im Hafen St. Julian den ausgesetzten Cartagena und den Priester de la Reina an Bord genommen hatten*), nach Spanien zurück, wo sie denn auch nach 7 bis 8 Monaten, den 6. Mai 1521 ankamen und so die erste, aber vermuthlich sehr entstellte Kunde von den Erlebnissen des Magellan und von dem gefundenen Einlass beim Südende Amerika's nach Europa brachten. Als eine ganz durchgehende Wasserstrasse konnten oder wollten Gomez und die Seinen das Gefundene noch nicht gelten lassen.

Die so grosse und verrätherische Widerspenstigkeit des Gomez gegen den Magellan erklärt sich vornehmlich aus einem Umstande, den Pigafetta erwähnt. Er sagt: „Der Steuermann Stephan Gomez war aus dem Grunde Magellan's Feind und Nebenbuhler, weil er selbst schon vorher, ehe Magellan nach Spanien kam, den Vorschlag, die Molukken auf dem Westwege aufzusuchen, gethan, auch um einige Caravelen zu einer Entdeckungsreise nachgesucht hatte. Das Auftreten Magellan's aber bewirkte, dass man ihm sein Gesuch abschlug und dass er, anstatt an die Spitze einer von ihm projectirten Expedition gestellt zu werden, nun bloss den subalternen Posten eines Steuermanns unter dem Oberbefehl des Portugiesen erhielt."

Magellan, da er sein Schiff „Antonio" nicht fand und errieth, was geschehen sei, sah nun seine Flotte auf drei Schiffe vermindert, wodurch seine Leute abermals nicht wenig entmuthigt wurden. Sie warfen wieder die Frage auf, ob man in dem Labyrinthe von Bergen und Gewässern, in dem man sich befände, weiter gehen solle oder ob es nicht besser sei, wie es vermuthlich das Schiff S. Antonio mit dem klugen und vorsichtigen Gomez gethan habe, nach Spanien zurückzukehren. Magellan, der die Stimmung seiner Leute beobachtete, hielt es für zweckmässig, wieder eine Ansprache an sie zu richten. Doch berief er diesmal keine allgemeine Versammlung, um nicht Veranlassung zu Disputen und lauten Meinungs-Aeusserungen zu geben. Er richtete an seine Schiffsführer, Piloten, Kosmographen und Astronomen einen sehr freundlichen Brief, den er an Bord der drei Fahrzeuge herumsandte, und in welchem er ihnen sagte, sie hätten vielleicht nach seinem bisherigen strengen Verfahren etwas Furcht vor ihm, aber er wäre ein Mann, der durchaus nicht die Meinung und den Rath Anderer in den Wind schlüge. Er wolle

---

*) Dass sie dies gethan haben, behauptet Barros, obwohl andere Berichterstatter davon nichts sagen.

gern ihre Ansicht über das, was dem Dienste Sr. Majestät jetzt förderlich sei, vernehmen, ob es besser sei, nach Spanien zurückzukehren oder weiter vorzugehen. Doch möchte Jeder ihm seine Ansicht darüber **schriftlich** zusenden.

Diess geschah. Es liefen mehre schriftliche Aeusserungen der Officiere an Bord des Admiralschiffes ein. Nach dem einen uns noch aufbewahrten (dem schriftlichen Gutdünken des Astronomen Andres de S. Martin) zu schliessen, scheint es, dass sie ziemlich unbestimmt abgefasst und etwas verklausulirt waren, aus Furcht vor Magellan, von dem sie mit Recht glaubten, dass er um alles in der Welt nicht zurückgehen wolle, und der in der That, wie Barros sagt, mit jenem anfragenden Briefe seinen Leuten bloss eine beschwichtigende Artigkeit hatte machen wollen *).

Nachdem er die verschiedenen schriftlichen Gutachten eingesehen, erhob dann Magellan wieder seine Befehlshaberstimme und liess bekannt machen, dass er eine Reihe von Gründen und Ursachen (die er alle anführte) habe, zu glauben, dass es das Beste sei, immer vorwärts zu gehen („de ir adelante") und dass er aus den Briefen seiner Gefährten ersehen habe, dass auch diese seiner Meinung seien. Er seinerseits aber schwöre bei dem Ritter-Habit des Ordens von St. Jago, welches er auf der Brust trüge, noch ein Mal, dass er die Zeitumstände, da sie die Blüthe des Frühlings in Händen hätten, benutzen wolle und dass er vertraue, Gott, der sie in diesen schönen Canal gebracht habe, werde sie auch wieder hinaus und dem Ziele ihrer Hoffnungen zuführen. Und so liess er denn am andern Tage, nachdem er zuvor die geographische Breite des Südendes des Amerikanischen Continents auf 53° 40' hatte bestimmen lassen**), unter Abfeuerung vieler Salven die Anker lichten und nordwestwärts weiter segeln.

Unter den verschiedenen Wasserarmen, welche sich in der westlichen Abtheilung der Magellan's-Strasse darbieten, wählte oder traf er gerade denjenigen, welcher der bequemste, breiteste und schiffbarste zur Südsee war. Er sandte wiederum eines seiner Schiffe zum Recognosciren des Weges voraus. Und diess kehrte denn nach einigen Tagen zurück und berichtete, man habe „das Vorgebirge des andern Meeres", wo die Strasse sich ausmünde, wirklich erblickt. Bei dieser Nachricht wurde nun Magellan von so grosser Freude ergriffen, „dass ihm die Thränen in die Augen traten." Er dankte Gott und nannte dieses neuentdeckte Vorgebirge „das ersehnte Cap" (el Cabo Deseado), weil er so lange

---

*) S. über dies Alles Barros bei Navarrete l. c. pag. 45 ff.
**) Navarrete l. c. pag. 49.

Zeit ein so grosses Verlangen darnach gehabt habe. Auf den alten Karten und in der Geographie des 16. und 17. Jahrhunderts hat es auch lange diesen Namen behalten. Jetzt heisst es von seiner eigenthümlichen Gestalt „El Cabo de los Pillares" (das Pfeiler-Vorgebirge). Englisch: „Cape Pillar". —
Die Flotte begab sich alsbald zu dem an der Südseite des West-Thores der Strasse erblickten Vorgebirge hinaus, und nun hatten sie den westlichen Ocean vor sich, seinen unbegränzten Horizont und seine gewaltigen Wogen, die ihnen entgegenrollten, und die sie als das Hauptmerkmal des' grossen Welt-Meeres ansahen.*) Sie bemerkten auch, dass die Küste von Amerika nach Norden hinaufging. Das Vorgebirge, welches sie hier im Norden des Thores erblickten, nannten sie „Cabo Victoria", entweder dem Schiffe dieses Namens zu Ehren, oder wegen des Sieges, den sie nun errungen hatten. Magellan sagte, dass die entdeckte Strasse „der allerschönste und wundervollste Canal von der Welt sei" **), — „hielt sich auch selbst für den glücklichsten Menschen, der je auf Erden existirt habe und konnte sich vor Freude nicht fassen, darüber, dass ihm nun die Wege zu der Asiatischen Inselwelt und um den Globus herum offen ständen. Er dachte auch an seinen König Carl und an die grossen Gnaden und Belohnungen, die er ihm ertheilen würde" ***).

Der Strasse gab er den Namen „Canal de todos los Santos" (Allerheiligen-Canal). Diesen Namen trägt sie in allen alten Documenten, welche auf Magellan's Expedition Bezug haben. Die Spanier nannten sie Anfangs auch wohl die „Patagonische Strasse" („Estrecho Patagonico") †) und auch die „Strasse des Schiffes Victoria" („Estrecho de la nave Victoria"). „Da man aber," wie Gomara sagt, „diese Strasse, wenn nicht der grosse Capitän Hernando Magellan gewesen wäre, nie gefunden hätte, so wurde sie auch schon bald darnach zuweilen die „Strasse des Magellan" genannt", und dieser Name hat sich als ein der Grösse und den Verdiensten dieses Mannes gebührendes Monument, trotz einiger später wiederholter Versuche zu einer Umtaufung, in der Geographie und bei allen Völkern erhalten und für ewige Zeiten festgesetzt.

Die Länge des Allerheiligen-Canals wurde von Magellan's Piloten auf 110 Spanische Leguas geschätzt. In den ersten Tagen des Monats November (1520) waren er und die Seinen in

---

*) S. Herrera l. c.
**) Pigafetta l. c. pag. 353 und Gomara.
***) Gomara.
†) Pigafetta bei Ramusio l. c. S. 353. cf. Ghillany l. c. S. 65. Note 30.

denselben eingefahren, und den 28. November desselben Jahres stachen sie in die Südsee hinaus. Sie hatten also nicht viel mehr als drei Wochen zur Durchfahrt gebraucht und mithin trotz allen Aufenthalts eine sehr kurze und glückliche Reise gemacht. Viele spätere Befahrer der Magellans-Strasse haben mehre Monate in ihr mit den Winden und Strömungen gerungen, bevor sie hinauskommen konnten. Es scheint, dass alle die energischen ersten Entdecker ein besonderes Glück begleitete.

Nachdem Magellan bei seiner Einfahrt in die Südsee bemerkt hatte, dass die Küste Südamerika's nach Norden hinauflief, wandte er sich auch sogleich nach Norden oder Nordwesten, um sich dem Aequator in dessen Nähe er die Molukken suchte, zu nähern. „Er lief," wie Gomara sich ausdrückt, „hinter der Sonne her." — In dieser Richtung segelte er bis zum 18. December, wo er sich unter dem 32^0 s. Br.*), d. h. auf der Breite des mittleren Chile's und vielleicht in der Nähe der Inseln „Juan Fernandez" befand. Er hatte also die ganze Patagonische Südspitze Amerika's ringsumher umsegelt. Auf dem ersten Theile seiner Südsee-Reise hatte er diese Küste vermuthlich noch im Angesichte und sah ihre Vorgebirge und Inseln**). Sehr bald verlor er sie zwar aus den Augen. Aber, da ihm diese Küste im Osten zurückblieb, — selbst bei der genannten Insel war sie ihm nur 100 Leguas entfernt, — so war durch ihn doch nun so viel festgestellt, dass Südamerika sich bis zum 32. oder 33. Grade s. Br. nicht sehr weit nach Westen hinaus erstrecke, und man konnte sich dessen Küsten-Umrisse daher, selbst ohne sie gesehen zu haben, nach Magellan's Berichten einigermassen richtig vorstellen.

Unter dem bezeichneten Breitengrade kam Magellan in wärmere Gegenden, wo sich schon die östlichen Passatwinde bemerklich machten. Mit diesen ging er nun nach Westen herum und damit hörte denn seine Reise auf, für die fernere Enthüllung der Südpartie Amerika's von Bedeutung zu sein.

Er durchfuhr nun auf einer langen und drangsalvollen Fahrt die ganze Breite des colossalen Oceans, den er zuerst wegen der stetigen und sanften Winde, mit denen er segelte, das „Stille Meer" (Oceano Pacifico) nannte, anfänglich im Süden, dann im Norden des Aequators. Er entdeckte die Ladronen, bald darauf die Philippinen und fand auf einer derselben, von ihm und auch von uns noch „Zebu" genannt, zuletzt bei einem tollkühnen Angriff auf die Insulaner am 27. April 1521 seinen Tod. Der Rest

---

*) Navarrete l. c. p. 51.
**) Navarrete l. c.

seiner Gefährten, der sich nun einen neuen Anführer wählte, erreichte nachher die Molukken, und das einzige am Ende von der ganzen Flotte Magellan's übrig bleibende Fahrzeug, die weltberühmte „Victoria", kam zuletzt, als das erste mit den Producten der Gewürz-Inseln beladene spanische Schiff nach drei Jahren, den 6. September 1522*) mit 18 erschöpften Seefahrern unter dem Commando des Sebastian del Cano in Spanien an.

„Die Mühen und Gefahren des Ulysses," sagt Gomara, „waren nichts im Vergleich mit dem, was Magellan, Sebastian del Cano und ihre Gefährten erduldeten und überstanden. Das Schiff des Jason, die „Argos", die so oft von den Historikern und Poeten genannt wird, war in Vergleich mit der „Victoria" von geringem Interesse. Die Fahrten, welche die Schiffe des Königs Salomon machten, waren gross, aber diejenige, welche die „Victoria" des Kaisers Carl's V. ausführte, war unendlich viel grossartiger und bedeutungsvoller, und man hätte sie zum ewigen Andenken an diese Triumphe in dem Arsenal von Sevilla aufbewahren müssen" **). Es war das erste Mal, dass ein Schiff, gleich der Sonne, die ganze Weltkugel umkreist hatte, „und seitdem Gott den ersten Menschen erschuf", sagt Herrera, „war dies die grösste Neuigkeit, die man auf Erden vernommen hatte." — Dem mannhaften Magellan gebührt das Verdienst, den Plan dazu zuerst gefasst, mit bewunderungswürdiger Ausdauer festgehalten und durchgeführt, dem Sebastian del Cano aber der Ruhm, ihn gänzlich bis zu Ende gebracht zu haben. — Der letztere erndtete Alles, was der erste gesäet hatte, königliche Gunst, allgemeine Bewunderung, eine lebenslängliche Pension von 500 Dukaten, und ein reichbegabtes Wappen, in welches Kaiser Karl V. einen Globus setzte, mit der Inschrift: „Primus circumdedisti me". Es ist wohl das grossartigste Wappen, das je einem Menschen ertheilt worden.

Reichliche Belohnungen erhielten auch seine Mitofficiere, und die Namen aller seiner Begleiter wurden als unvergesslich in die Spanischen Annalen eingetragen***).

Ausser den Gewürznelken, Muscatnüssen und anderen Kostbarkeiten brachte Sebastian del Cano auch eine Menge Schriften, Berichte und Actenstücke mit, die der wissenschaftlichen Welt

---

*) Herrera. Dec. III., Lib. III., cap. I.
**) Einige haben auch geglaubt, dass dies wirklich geschehen sei. Dagegen sagt Oviedo, der zu jener Zeit lebte und schrieb, Magellan's Schiff „Victoria" sei noch mehre Male nach Westindien gesegelt und auf einer dieser Fahrten verloren gegangen, ohne dass man je erfahren habe, was aus ihm geworden sei.
***) Herrera l. c., cap. IV., macht sie alle namhaft.

noch viel werthvoller waren, als jene Producte der Tropen, und die er sogleich dem Kaiser Carl ablieferte.

Das Gerücht von dem Allen verbreitete sich in ganz Europa und brachte keine geringe Aufregung unter den Geistern hervor. Alle Völker erfuhren es nun handgreiflich, dass die Erde rund sei. Die Kosmographen machten sich daran, die verschiedenen auf der Fahrt angestellten Beobachtungen und geschauten Phänomene zu erklären. Auch die Portugiesischen und Spanischen Politiker und Diplomaten thaten sich zu verschiedenen Berathungen zusammen, fingen von Neuem an, die ganze Welt unter sich zu theilen und nun abermals und genauer als zuvor die Halbirungs-Linie zu bestimmen. — Eine neue Classe von ganz grossartigen Reisenden trat mit der Entdeckung der Magellans-Strasse in's Leben, die Classe der „Weltumsegler".

Weil es für diese grossartigste Gattung nun bald öfter wiederholter Seefahrten nur ein einziges und unvermeidliches Thor, die Magellan's-Strasse gab, so erhielt dieselbe daher eine Berühmtheit, wie keine zweite auf Erden. — Und mit ihr gelangte der Name ihres Entdeckers zu gleicher Unsterblichkeit. Man nannte nicht nur die gefundene Strasse selbst, das grosse Weltthor, den merkwürdigen Canal, welcher, der einzige seiner Art, die beiden Oceane der Erde verbindet, alsbald nach seinem Namen, sondern man übertrug diesen Namen auch auf die Länder in der Nähe der Strasse und nannte sie die „Magellanischen Länder", sowie man auch zuweilen die benachbarten Partieen des Atlantischen Oceans, die er zuerst durchschifft hatte, den Namen des „Magellanischen Meeres" gab. Der Name „Magellans-Land" („tierra de Fern. de Magellanes") erscheint auf der Weltkarte von Ribero im Jahre 1529 neben dem von „Patagonien". Auch auf dem grossen fingirten Continent im Süden Amerika's, von dem man sich das Feuerland nur als einen Theil dachte, übertrug man diesen Namen. Bei vielen Geographen des 16. und 17. Jahrhunderts wird dieser Continent zu wiederholten Malen „Terra australis, sive Terra Magellanica" genannt*). — Später als man die Nichtexistenz dieses Continents erkannte, und bloss nur noch das kleine Feuerland, das man für eine Halbinsel desselben angesehen hatte, zurückblieb, hörte der Name „Magellans-Land" hier im Süden auf. Dagegen fuhr man noch lange fort, die im Norden der Strasse gelegenen Länder (Patagonien) „Magellans-Land" zu nennen. Noch im 18. Jahrhundert umfasste man unter diesem Namen zuweilen das ganze Südende Amerika's bis nord-

---

*) S. z. B. Mercator's Karte von Amerika in seinem Atlas Amsterdami 1619.

wärts hinauf zum La Plata. Nachdem in neuerer Zeit die nördlichen Partien dieses Landes, die grossen Pampas im Süden von Buenos-Ayres bis zum Rio Negro vom La Plata aus besser erforscht, unterworfen, in Besitz genommen und besiedelt worden sind, befasst man sie kaum mehr unter dem Namen „Magellan's-Land"*). und versteht hierunter nur noch die äusserste Südspitze von Rio Negro südwärts, die man aber noch gewöhnlicher mit dem alten von Magellan selbst ertheilten Namen „Patagonien" nennt, so dass jetzt denn nur noch seine Strasse allein dem Magellan treu geblieben ist. Ausserdem aber wurde Magellan's Namen unter die Gestirne des Himmels versetzt, eine Ehre, die sonst, so viel ich weiss, keinem modernen Seefahrer erwiesen ist. Ein Sternbild der südlichen Hemisphäre wurde nach ihm „Magellan's Wolken" genannt.

2) Loaisa (1525—1526).

In Spanien hatte man, wie ich oben bemerkte, gleich bei der Absendung des Magellan die Absicht gehegt, einige Schiffe auszurüsten, um ihm dieselben unter dem Commando seines Landsmannes Ruy Faleiro als eine Hülfsflotte nachzusenden. Doch wurde dieser Plan nicht ausgeführt.

Als anderthalb Jahre nach dem Abgange des Magellan, im Frühling 1521, das ihm entflohene Schiff „S. Antonio" mit dem ungehorsamen Piloten Esteban Gomez in Spanien anlangte, fasste man wieder den Entschluss, eine Expedition nach dem Süden Amerika's zu entsenden. Die Leute des „S. Antonio" gaben natürlich sehr ungünstige Berichte von dem „tollkühnen" Magellan. Sie sagten, er wäre wahrscheinlich mit sammt seiner Flotte verloren gegangen. Es wurde daher abermals der Plan besprochen, dem Magellan einige Schiffe nachzusenden, um nach seinem Schicksale zu forschen und von seiner Strasse Nachrichten einzuziehen. Allein auch hierzu kam es nicht sobald.

Endlich, als nach drei Jahren das einzige von Magellan's Flotte übrig gebliebene Schiff die „Victoria", diese „Königin der Argonauten", wie Peter Martyr sie nennt, freilich in einem höchst elenden Zustande „mit Segeln, die zerlappt waren, wie eine in der Schlacht zerschossene Fahne und mit Planken, die voller Löcher waren, wie ein Sieb," — als, sage ich, diese triumphirende Schiffsruine (6. September 1522) im Guadalquivir erschien, und die auf dem Westwege geschehene Entdeckung der Molukken verkündete, da regten sich dann alle Hände, und da wurden alsbald

---

*) Wie dies z. B. noch alle Jesuiten thun, die im Anfange des 18. Jahrhunderts die ersten Versuche machten, vom La Plata aus südwärts mit Colonisation vorzuschreiten.

Entschlüsse gefasst, die man auch wirklich ausführte. Freilich gingen auch darüber noch einige Jahre hin, und zwar vorzugsweise in Folge der Protestationen des Königs von Portugel gegen derartige Spanische Unternehmungen. — Der Kaiser Carl V. erliess zwar sogleich noch im Herbste des Jahres 1522 einen umständlichen Befehl zur Ausrüstung einer zweiten grossen Flotte, die im März des folgenden Jahres 1523 auslaufen sollte. Er erklärte in seiner Proclamation, dass die Molukken innerhalb der durch die päpstliche Demarcations-Linie bestimmten Grenzen der Spanischen Erdhälfte fielen, und gab allen seinen Unterthanen Erlaubniss dahin Handel zu treiben, und sich an der von ihm beabsichtigten Expedition mit Einlagen von Capitalien zu betheiligen. Er ertheilte den Kaufleuten und „Armadoren" (Rhedern) von Sevilla und von andern Handelsstädten „Privilegien" darüber, unter welchen Bedingungen diese Betheiligung geschehen könne, und welche Vortheile ihnen daraus erwachsen sollten*).

Auch wurden sogleich noch einige andere Vorschläge gemacht und Anordnungen getroffen. Da die Asiatischen Inseln, die Molukken, die „Especeria", die Mutter alles Köstlichen, dieser Zielpunkt aller Spanischen Westfahrten seit Columbus, jetzt erreicht waren, so schien es den Spaniern, als müsse daraus eine gänzliche Umwälzung ihres Handels hervorgehen. — Sie erwarteten nun die Schätze des Orients auf dem Westwege ebenso reichlich in ihre Häfen einströmen zu sehen, wie es bisher nur auf dem Ostwege in Portugal der Fall gewesen war. Bisher waren die Städte an der Mündung des Guadalquivir die Haupt-Emporien des Spanischen Verkehrs mit dem Westen, und namentlich war Sevilla, der Ausgangspunkt aller Westindischen Unternehmungen, der Sitz des sogenannten Indischen Handelshauses (der „Casa de Contratacion") gewesen. Jetzt fasste man Coruña, den grossen schönen Hafen Galiciens, im Norden Spaniens, in's Auge, und rieth dem Kaiser, Alles, was bisher Sevilla und Cadix blühend gemacht hatte, nach Coruña zu verlegen. Mit einer solchen Verlegung, so hiess es, würde man den grossen Europäischen Absatzplätzen für die nun zu erwartenden orientalischen Producte im Norden des Welttheils näher rücken. Die Engländer und Franzosen, namentlich aber die Flamänder und Deutschen hätten bald nach den Eroberungen der Portugiesen im Oriente angefangen, jene Producte aus dem vielbesuchten Hafen von Lissabon zu holen. Nicht leicht würden diese nördlichen Handelsleute sich entschliessen, das, was sie in Lissabon finden könnten, noch weiter südwärts in Sevilla zu suchen, wohin sie dann noch das gefahrvolle Cap San

---

*) s. diese „Privilegien" bei Navarrete. Tomo V. pag. 196 ff.

Vincente umsegeln müssten. Mit einer Verlegung des Handelssitzes nach Coruña käme man ihnen auf halbem Wege entgegen und Lissabon könne dann leicht abgeschnitten werden. Auch seien zu einer weiten Fahrt um die Welt sehr grosse Schiffe von nöthen, und diesen könne man in dem tiefen und bequemen Seehafen von Coruña weit mehr Vortheile bieten, als in den seichten und süsswässrigen Flusshäfen bei Sevilla*).

Indessen konnte man weder diese Verlegung des Indischen Handels-Emporiums von Sevilla nach Coruña, noch jene zweite Expedition zu den Molukken sogleich zu Stande bringen, weil, wie gesagt, der König von Portugal nun sehr ernstlich gegen alle Spanischen Unternehmungen zu den Molukken protestirte. Er drohte sogar mit Krieg und es entspannen sich daraus über den Punkt, ob die päpstliche Demarcations-Linie westwärts oder ostwärts bei den Molukken vorbeigehe, erneute Zweifel und Verhandlungen, die sich bedeutend in die Länge zogen. Die darüber in Badajoz berufene berühmte Versammlung Portugiesischer und Spanischer Gesandten, Kosmographen, Astronomen und Gelehrten („la Junta de Bajadoz") schloss erst in der Mitte des Jahres 1524 ihre Arbeiten ab. Man hatte gehofft, dass sie die behandelte Frage klar entscheiden würde. Da dies aber nicht erfolgte, so machte sich nun jede Partei daran, ihre Unternehmungen zu den Molukken wieder fortzusetzen, die Portugiesen auf ihrem Ostwege und die Spanier auf dem von Magellan für sie entdeckten Westwege.

Carl V. verlegte das Indische Haus wirklich von Sevilla nach Coruña, wo es jedoch nicht lange blieb, und liess auch nun sogleich die von dort aus längst beabsichtigte grosse Expedition rasch betreiben. Es wurden nicht weniger als 7 Schiffe**) und dazu nahe an 500 Matrosen und Krieger in Coruña versammelt. Unter diesen waren mehre, die schon die Reise des Magellan mitgemacht hatten, und namentlich auch der erste Weltumsegler

---

*) Die Gründe für die Verlegung des Indischen Hauses von Sevilla nach Coruña sind in einem an den Kaiser Carl V. gerichteten Schreiben entwickelt. S. dasselbe bei Navarrete tom. V. pag. 193. Es hat kein Datum. Navarrete (l. c. Anmerkung unter dem Text) vermuthet, es stamme erst aus dem Jahre 1524 und sei erst nach den Verhandlungen der Junta von Badajoz aufgesetzt und übergeben. Gewiss ist es aber, dass die Ideen zu jener Verlegung schon gleich nach der Rückkehr des Schiffes des Sebastian del Cano, noch im Jahre 1522, auftauchten, und dass schon damals der Kaiser Befehle zu jener Verlegung erlassen hatte. Er sagt dies ganz deutlich in dem ersten Artikel seiner Aufforderung an die Kaufleute seines Reichs. S. Navarrete tom. V. pag. 197.

**) Nach Gomara. Herrera sagt, es seien sechs Schiffe gewesen. Hie und da werden acht Schiffe angegeben.

Sebastian del Cano selbst. Zum General-Capitän dieser Expedition wurde Garcia Joffre de Loaisa ernannt.

Loaisa und die Seinen segelten am 24. Juli 1525 von Coruña aus und folgten der von der Natur und ihren Vorgängern vorgeschriebenen Route, gingen zu der Nordwestküste von Afrika, von da nach Brasilien hinüber und längs der Südostküste Amerika's hinab. Im Anfange Januar's (1526) erblickten sie die erste Spitze des Magellans-Landes*), segelten von hier aus südwärts bis zum Heiligen-Kreuz-Hafen, den sie nach den von Magellan's Officieren aufgenommenen Karten richtig wiederfanden, und bis zum Eingange der grossen Strasse hinab. Leider erfahren wir wenig darüber, ob unterwegs dahin neue Beobachtungen und Entdeckungen und welche gemacht wurden. — Nur in der Nähe des Eingangs der Strasse scheint dies der Fall gewesen zu sein. — Loaisa selbst, der in einem Sturme während mehrerer Tage von seiner Flotte getrennt wurde, hatte Mühe, dieselbe zu finden. Selbst Sebastian del Cano, der bei dem Hauptkörper der Flotte geblieben und früher als Loaisa angekommen war, wusste sich nicht wieder zurecht zu finden.

Es wurden mehre Partien zum Recognosciren ausgeschickt, man kämpfte lange mit widrigen Winden und andern Unfällen. Endlich erkannte man den wahren Eingang der Strasse und das Cap der 11,000 Jungfrauen. Aber selbst dann noch brachten Loaisa und die Seinen wochenlang mit missglückten Versuchen zum Einlaufen in die Strasse hin, bis sie schliesslich am 6. April in die Meerenge einzogen**).

Bei diesen Recognoscirungen und bei den Stürmen, welche die Schiffe des Loaisa mehre Male wieder aus der Strasse zurückschlugen und sie zerstreuten, wurden indess gelegentlich einige Entdeckungen gemacht. Die merkwürdigste war die, welche der Capitän Francisco de Hoces mit seiner Caravele „S. Lesmes" ausführte. Einer jener widrigen Stürme jagte denselben (im Februar 1526) südostwärts längs der Nordostküste des Feuerlandes hin. Er kam bis 55° S. Br., wo er offenes Meer fand. Nachdem er von hier zurückgekehrt war, berichtete er dem Loaisa, es schiene ihm dort das Ende des Landes zu sein***). Es ist demnach wohl kein Zweifel, dass schon damals die Spanier in die später durch die Holländer so berühmt gewordene Strasse Le Maire einen Blick gethan haben†). Eben so gewiss aber

---

*) Herrera: Dec. III. Libro IX. cap. IV.
**) Navarrete: Tomo V. pag. 24 sqq. Herrera l. c.
***) Navarrete l. c. pag. 404 „que los parecia, que era alli acabamiento de tierra."
†) Humboldt (Prit. Unters. II. 528) nimmt als ausgemacht an, dass auf der Fahrt des Hoces schon das Cap Horn gesehen sei. — Vergl. auch

ist es auch, dass die Spanier damals von dieser zufällig gemachten und so bemerkenswerthen Entdeckung noch weiter keinen Nutzen zogen. Trotz des Berichtes des Hoces, der unbeachtet blieb, hielt man noch lange Zeit nachher die Meinung fest, dass das Feuerland der Theil eines grossen südlichen Continents sei.

Zwei andere Schiffe des Loaisa, der „S. Gabriel" und die „Anunciada", wurden bei jenen Stürmen am Eingange der Magellans-Strasse gänzlich verschlagen. Die letztere fasste den verzweifelten Entschluss, um das Cap der Guten Hoffnung herum zu den Molukken zu gehen, war dabei aber sehr unglücklich*). Der „S. Gabriel" aber ging unter der Anführung des Capitäns Rodrigo de Acuña längs der Küste Patagoniens und Brasiliens zurück. Nach dem Verluste des Schiffs und nach vielen überstandenen Leiden und Abenteuern an der Küste Brasiliens wurde später (im Jahre 1528) der besagte Capitän und ein Theil seiner Mannschaft von den Portugiesen nach Europa heimgeführt**).

Mit den ihm gebliebenen Schiffen segelte unterdess Loaisa wirklich, wie gesagt, in die Strasse ein. Mehre Punkte der Strasse, die Magellan auf seiner Fahrt unberührt gelassen hatte, haben auf dieser Fahrt des Loaisa diejenigen Namen erhalten, die ihnen noch lange nachher geblieben sind. So z. B. das Cap St. Gregorio („Cape Gregory"), bei dem sich die zweite Verengung der Strasse befindet, und das noch jetzt so genannt wird, alsdann der „Puerto Frio" und einige andere vortreffliche Häfen der Strasse die zu recognosciren Loaisa sich mehr Zeit liess als Magellan. Ueber die Fische der Strasse und die Bäume der Küste, sowie über die Tiefen- und Breiten-Verhältnisse des Gewässers liess Loaisa genauere Nachforschungen anstellen, als Magellan. Auch glaubte er bemerkt zu haben, dass die Fluthen beider grossen Meere von entgegengesetzten Seiten her in die Strasse hineindrängen und in der Mitte derselben „mit grossem Geräusche" zusammenträfen***).

Fast zwei Monate lang segelten sie zwischen den beschneiten

Humboldt in Ghillany's Martin Behaim. S. 5. †. — Fleurieu (Voyage de Marchand III. 270) dagegen ist der viel wahrscheinlicheren Ansicht, dass die Spanier damals bloss das Ost-Ende des Feuerlandes bei der Le Maire-Strasse erblickt hätten.

*) S. die Schicksale dieses Schiffes bei Navarrete Tomo V. pag. 176.

**) Die Schicksale dieses Schiffes sind erzählt bei Navarrete Tomo V. pag. 166 ff.

***) S. Navarrete l. c. S. 43. Der umständlichste unter den ersten Augenzeugen-Berichten über Loaisa's Expedition ist von einem seiner Gefährten, einem gewissen Andres de Urdaneta, gegeben. Dieser Bericht von Urdaneta ist für Loaisa's Reise dasselbe, was Pigafetta's Bericht für die des Magellan ist. Vgl. Navarrete l. c. pag. 401.

hohen Berggipfeln der Strasse hin und her. Es war die ungünstigste Jahreszeit zu einem solchen Unternehmen, der Winter der südlichen Hemisphäre. Sie hatten lange Nächte, kalte und schneereiche Tage.

Den 25. Mai, also nach einem siebenmonatlichen Aufenthalte, theils in der Strasse selbst, theils in ihrer Nähe, fuhr endlich Loaisa's Flotte in die Südsee hinaus. — Aber ihre Ausfahrt war noch minder begünstigt als die Einfahrt. Gleich im Anfange des Juni, nachdem sie eine kurze Strecke in der Südsee zurückgelegt hatten, wurden Loaisa's Schiffe von einem wüthenden Südsee-Sturme überfallen und zerstreut. Das Admiralschiff wurde von den übrigen getrennt und eins dieser letzteren, der kleine „St. Jago", sogar so weit nach Norden hinaus verschlagen, dass Capitän und Mannschaft sich entschlossen, statt zu den entfernten Molukken zu steuern, „lieber das Land aufzusuchen, welches Fernando Cortez entdeckt und erobert habe," dass heisst zu den Küsten von Neu-Spanien zu segeln, wo sie die nächste Aussicht auf Beistand und Verproviantirung hätten.

Diese zufällig veranlasste Fahrt des bezeichneten Schiffes war wohl auf der ganzen Expedition des Loaisa das interessanteste Ereigniss für die Entdeckungs-Geschichte Süd-Amerika's. Denn bei dieser Gelegenheit wurde der ganze Continent auf der Westseite bis nach Mexico hin zum ersten Male (freilich wohl nicht in grosser Nähe) umschifft. Dieses merkwürdige Schiff, welches so die Meerumschlungenheit von Süd-Amerika handgreiflich machte, wurde von dem Capitän Guevara commandirt. Weil es sehr klein war, so hatte das Admiralschiff den grössten Theil seiner Mundvorräthe an Bord genommen. Dem Guevara selbst waren nur wenige Centner Biscuit und acht Fässer mit Wasser geblieben, und ausserdem noch einige Hühner, „die jeden Tag ein paar Eier legten und den Kranken dadurch eine kleine Labung verschafften."

Um sobald als möglich „zu christlichen Häfen" zu gelangen, segelten Guevara und die Seinen stets direct nach Norden zum Aequator und kamen endlich nach zwei Monaten (den 25. Juli 1526), an der Westküste von Neuspanien in dem Mexicanischen Hafen Tehuantepec an, wo sie bei den Officieren des Cortes und dann auch bei Cortes selbst gute Aufnahme und Rettung fanden. Es war dies dasselbe Jahr (1526), in welchem Pizarro und die Seinen auf ihren Entdeckungs- und Eroberungszügen südwärts erst bis Tumbez d. h. bis zum Anfange von Peru gelangt waren.

Es wurde daher durch jenes Schiff des Guevara zum ersten Male der Beweis geliefert oder vervollständigt, dass Süd-Amerika nicht sehr weit nach Westen vorragen könne, ein Beweis, den Magellan und Pizarro noch nicht ganz sicher geliefert hatten*).

Der unglückliche Commandeur Loaisa, von seinen Schiffen getrennt, von den Winden gejagt, war unterdessen in seinem leck gewordenen Fahrzeuge weit westwärts auf die unermesslichen Gewässer der Südsee verschlagen. Sein Endschicksal war so traurig wie das seines Vorgängers Magellan. Von Kummer und Anstrengungen erschöpft, erkrankte er und starb mitten auf der Südsee in der Nähe des Aequators. Ihm folgten im Commando sowohl als auch in der Krankheit und im Tode ausser dem ersten Weltumsegler Sebastian del Cano, noch mehre andere Anführer. Endlich behielt Toribio Alonso de Salazar den Oberbefehl in Händen und führte das allein übrig gebliebene Schiff und einen Rest der Mannschaft wirklich glücklich bis zu den Philippinen und Molukken hindurch, wo sie dann, ehe sie nach Spanien zurückkehren konnten, noch fernere Abenteuer und bunte Schicksale bestanden, die jedoch für unsern Gegenstand von geringer Bedeutung sind**).

Karte zu den Fahrten Magellan's und Loaisa's nach Ribero.
(Hierzu Tafel II.)

Wenngleich es möglich ist, dass einzelne Portugiesische oder Spanische Seefahrer schon vor Magellan die Küsten Patagoniens im Süden des Rio de la Plata in Sicht bekamen, so wissen wir doch von keinen kartographischen Aufnahmen derselben vor der Reise Magellans. Von den Karten, welche Magellan und sein Astronom Andres de San Martin an Bord ihrer Schiffe anfertigen liessen, mögen schon einige mit Stephan Gomez im Jahre 1521, andere und zwar wohl die Hauptkarte mit Del Cano im Jahre 1522 in Spanien angekommen sein. Dass Magellanische Karten in Spanien existirt haben, wissen wir gewiss. Denn es wird ausdrücklich gesagt, dass Loaisa bei seiner Reise „die Seekarten seines Vorgängers Magellan" an Bord gehabt habe***). Ob von den Karten, die an Bord der Schiffe des Loaisa aufgenommen wurden, irgendeine nach Spanien kam, habe ich nirgends bemerkt gefunden. Doch lässt es sich möglich denken.

So lag denn im Jahre 1529 zu einer Zeichnung des Südendes von Amerika kein anderes kartographisches Material vor als die

---

*) S. Herrera. Dec. III. Libro IX. cap. V. Einen umständlichen Bericht über die denkwürdige Fahrt und Schicksale des Schiffes San Jago s. bei Navarete Tomo V. pag. 176 ff.
**) S. Herrera. Dec. III. Libro V. cap. VI.
***) S. darüber: Navarrete. Vol. V. pag. 245.

Karten Magellans und **vielleicht** einige der von Loaisa's Expedition geretteten Aufnahmen. In dem genannten Jahre entwarf der häufig erwähnte und viel gelobte Kosmograph Diego Ribero für den Kaiser Carl V. eine grosse Karte der Welt, welche letzterer auf seiner Reise im Jahre 1530 nach Italien und Deutschland mitnahm und die dort nach mancherlei Schicksalen schliesslich in den Besitz des Grossherzogs von Weimar gekommen ist und in der Grossherzoglichen Bibliothek daselbst aufbewahrt wird [*]).

Von der hierher gehörenden Partie dieser Karte ist das Bild No. II. eine getreue verkleinerte Copie. Sie ist nächst einer ähnlichen Karte aus dem Jahre 1527 die älteste kartographische Darstellung der Entdeckung Magellan's, welche wir besitzen. Jene zwei Jahre ältere Karte, die sich ebenfalls in Weimar befindet, hat genau dieselben Küsten-Umrisse und auch dieselben Namen der Häfen, Baien, Vorgebirge und Flüsse, wie die von Ribero. Doch ist ihr Verfasser nicht genannt, sowie auf ihr auch die interessante Inschrift und die grossen Länder-Namen der Ribero'schen Karte von 1529 fehlen, wesshalb ich es vorgezogen habe, eine Copie nach dieser mitzutheilen.

Die lange Inschrift auf unserer Karte lautet mit Auflösung der Abkürzungen so:

„Los que abitan en esta tierra donde allo el estrecho Fernam de Magallæs son hombres de grandes cuerpos casi gigantes, visten se de pieles de animalias, la tierra es steril y de ningun provecho. Aqui estovo Fernam de Magallæs seis meses surto en el puerto de San Julian, que esta en 50 grados, donde venyan los Indios a las naos, los quales gustando del pan y del vino que en los naos les dieron se venian tantos que aborrecian: no vieron aqui casas, abitan en los campos, ay aqui muchos abestruzes, usan flechas los Indios."

(„Die, welche in diesem Lande wohnen, in welchem Fernando Magellan die Strasse fand, sind Menschen von grossem Körper, fast Riesen. Sie kleiden sich in die Felle wilder Thiere. Das Land ist unfruchtbar und von keinem Nutzen. Daselbst lag Fernando Magellan 6 Monate im Hafen S. Julian vor Anker im 50. Grade. Und dort kamen die Indier zu den Schiffen und da man ihnen auf den Schiffen Brod und Wein zu kosten gab, so kamen ihrer zum Erschrecken viele. Man sah hier keine Häuser.

---

[*]) Eine eingehende Geschichte dieser Karte ist in dem Buche: „Die beiden ältesten General-Karten von Amerika etc., erläutert von J. G. Kohl", gegeben, welchem auch ein getreues Facsimile der ganzen Karte Ribero's beigefügt ist.

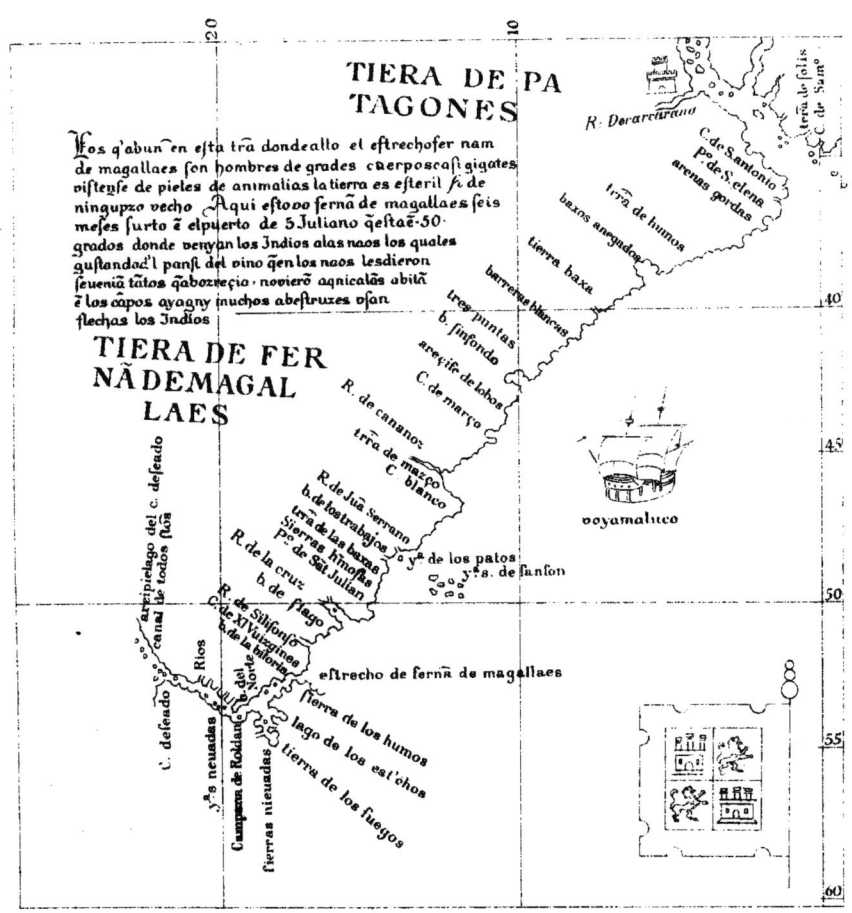

Karte zu den Fahrten Magellans und Loaisa's.
nach Ribeiro

Sie wohnen auf freiem Felde. Es giebt hier viele Strausse. Die Indianer bedienen sich der Pfeile").

Die langgestreckte südliche Halbinsel von Amerika hat auf unserer Karte den von Magellan gegebenen Namen „Tierra de Patagones" (das Land der Patagonen), daneben auch den nach Magellan bald populär gewordenen Namen: „Tierra de Fernando de Magallæs" (das Land des Ferdinand Magellan). Beide Namen wurden auch in der Folge wie auf unserer Karte promiscue gebraucht. Die Franzosen und die Jesuitischen Missionäre bedienten sich noch lange (bis an's Ende des 18. Jahrhunderts) des Namens „Terres Magellaniques". Doch gilt jetzt ziemlich allgemein bei allen Völkern bloss der alte Name „Patagonien".

Das Schiff im Osten Patagoniens mit der Unterschrift „voy a maluco" (Ich gehe zu den Molukken) deutet auf den vornehmsten Zweck und das Ziel, welches man bei den Fahrten zur Magellans-Strasse vor Augen hatte.

Die sieben Inseln, „Yslas de Sanson" genannt, unter 50° S. Br. sind vielleicht die nicht ganz richtig placirten kleinen „Jason-Inseln", die späteren „Sebaldinen" im Westen der Falklands-Inseln, die möglicher Weise einmal Vespucci oder sonst ein alter Seefahrer in Sicht bekommen hatte.

Längs der Küste Patagonien's finden sich alle die Baien, Häfen und Vorgebirge, die Magellan recosnoscirte, mit denjenigen Namen, welche er ihnen gab. Ich mache nur auf folgende aufmerksam:

„Bahia sin fondo" (die bodenlose Bai), die Magellan am 24. Mai (am Tage des heiligen Mathias) untersuchte, und von der er wegen ihrer Tiefe eine Zeit lang vermuthete, dass sie der Anfang einer Meerenge sein möchte. Auf Magellan's Fahrt erhielt sie den obigen Namen oder auch den Namen „Baia de San Mathias". Unter diesem letzteren alten Namen ist sie oder vielmehr der grosse Busen, dessen innerstes Ende sie bildet, noch jetzt bekannt. Wenigstens ist dies die ziemlich allgemein angenommene Ansicht. Humboldt hat dagegen die Meinung ausgesprochen, dass es nicht der grosse Golf, den wir heutiges Tages nach dem Heiligen Mathias nennen, sondern die kleine Bai, die auf den modernen Karten „Bahia de Todos los Santos" oder „S. Blas" heisst, und in der Mitte zwischen den Mündungen des Rio Colorado und Rio Negro liegt, derjenige Busen sei, den Magellan am 24. Mai 1520 untersuchte. „Dies ist wenigstens das Resultat meiner Forschungen," sagt Humboldt*).

---

*) Humboldt, Kritische Untersuchungen. Uebers. von Ideler. Band I. S. 308. Note unter dem Texte.

„Cabo Blanco". Das Cabo Blanco, das noch heute seinen alten von Magellan ertheilten Namen trägt, ist eine der am meisten nach Osten vorspringenden Spitzen der Küste Patagoniens im 47° s. Br. Und so ist es auch auf unserer Karte dargestellt.

„Rio de Juan Serrano". Juan Serrano war einer der thätigsten Officiere Magellan's. Er commandirte das Schiff „Santjago." Bei verschiedenen Gelegenheiten wurde er als Pionier oder Vorläufer der Flotte vorausgesandt, um das Terrain zu recognosciren. Das mag auch in der Gegend dieser Bai im Süden von Cabo Blanco geschehen sein und Serrano mag dabei den nach ihm benannten Fluss entdeckt haben. Derselbe steht etwas südlich von „Cabo Blanco" und er ist daher möglicher Weise der später und auch jetzt noch sogenannte „Port Desire", der bei den Englischen und Holländischen Weltumseglungen so oft genannt wurde.

„Bahia de los Trabajos" (Bai der Drangsale). Magellan und die Seinen wurden, bevor sie den St. Julians-Hafen entdeckten, von bösen Stürmen überfallen, die sie in einer nur wenig sicheren Bai auswetterten. Sie ankerten in derselben unter beständig drohenden Gefahren und Anstrengungen drei Tage und gaben der Bai den obigen Namen. Es ist wahrscheinlich dieselbe, die noch heutiges Tages „Bahia de los desuelos" oder Englisch „Desvelos-Bay" (die Sorgen-Bai) heisst und ungefähr in derselben Breite ($48\frac{1}{2}°$ S. Br.) liegt.

„Puerto de San Julian". Am 31. März 1520 segelte Magellan's Flotte in einen schönen sehr geschützten Hafen „mit engem Eingange aber von grosser Geräumigkeit im Innern" ein, in dem Magellan zu überwintern beschloss. Er verweilte in dieser durch ihn und durch jenes Blutgericht, das er hier über einige seiner ungehorsamen Officiere ergehen liess, berühmt gewordenen Hafen vom 1. April bis zum 24. August und gab ihm, vermut'lich weil mehre St. Julians-Feste in diese Zeit fielen, den obigen Namen, den er noch jetzt trägt. Magellan's Astronom San Martin bestimmte dort die Polhöhe des Hafens auf 49° 18′ S. Br., was für die mittlere Partie des Hafens genau zutrifft und für die Geschicklichkeit dieses Astronomen ein gutes Zeugniss ablegt. Auch die Länge wurde aus verschiedenen Beobachtungen berechnet und zu „56° westlich vom Meridian der Canarien" bestimmt.

„Rio de la Cruz". — Im Anfange des Monats Mai sandte Magellan von seinem Winterhafen St. Julian das Schiff „Santiago" unter dem Oberpiloten Juan Serrano aus, um die Küsten eine Strecke weit im Voraus zu recognosciren und nach einer Meerenge zu forschen. Serrano entdeckte am 3. Mai, dem Festtage der Kreuzes-Erfindung, zwanzig Leguas im Süden von St. Julian einen tief einschneidenden Busen und Flussmund, den er zu Ehren des Tages „Rio de la Cruz" (Kreuzfluss) nannte. Unsere Karte zeigt im Hintergrunde des Busens schon deutlich die Flussgabel, die daselbst durch den „Rio Chico" und den „Rio Santa Cruz" gebildet wird. Der Fluss und sein Name sind noch jetzt berühmt.

„Bahia de St. Jago". — Das Fahrzeug, welches Magellan, wie gesagt, unter Serrano nach dem Süden ausgeschickt hatte, erlitt bald nach der Entdeckung des Kreuzflusses Schiffbruch, wobei sich jedoch die Mannschaft an's Land rettete. Die Stelle, wo dies geschah, „sechs Leguas im Süden des Kreuzflusses" wurde daher mit dem obigen jetzt verschwundenen Namen bezeichnet.

„Rio de S. Ilifonso". — Dieser Fluss, den man bald „Ylefonso" oder „Ildefonso", auch „Alifonso" geschrieben findet, wird nur in dem Berichte über Loaisa's Reise und nicht in dem von Magellan erwähnt. Wahrscheinlich ist es unser Rio Gallegos.

„Cabo de XI Virgines" (das Cap der 11,000 Jungfrauen). Magellan, nachdem er während der Monate September und October im Hafen des Heiligen Kreuzes verweilt hatte, erreichte dieses Vorgebirge im Norden des Ost-Einganges der Magellans-Strasse am 21. October, dem Tage der heiligen Ursula und ihrer 11,000 Jungfrauen, wonach er es benannte.

„Estrecho de fernã de magallanes". — Es ist sonderbar, dass wir aus den Berichten über Magellan nirgends ausführlich darüber etwas erfahren, dass er auf eine feierliche und nachdrückliche Weise seiner Strasse einen Namen beigelegt habe. Anfangs mochte man sie an Bord der Magellan'schen Flotte wohl nur „El Estrecho" (die Strasse, die man suchte und die man endlich vor sich hatte) nennen. Einer der Berichterstatter (Pigafetta) sagt gelegentlich, Magellan habe die Strasse „die Strasse der 11,000 Jungfrauen" genannt. An einer andern Stelle sagt derselbe Pigafetta, Magellan und die Seinen hätten sie „Estrecho Patagonico" (die „Patagonische Meerenge") genannt, für diesen Namen sei wohl später der Name „Estrecho de la (nave) Victoria" (die Strasse des Schiffes Victoria) gebraucht worden. In den Documenten, die in den Jahren 1524—25 vor der Expedition des Loaisa geschrieben wurden, wird die Strasse wiederholt „Canal de todos Santos" (der Allerheiligen-Canal) genannt. Dieser Name steht auch auf unserer Karte, jedoch in einer solchen Position, dass es zweifelhaft bleibt, ob er für das Ganze oder nur für einen Arm der Strasse gemeint sei. Barros sagt, dass der Name „Canal de todos Santos" anfänglich nur einer Bucht oder einem Arm der Strasse gegeben sei, und dass man ihn dann nachher auch auf's Ganze angewendet habe. „Noch zur Zeit des Auslaufens der Flotte des Sebastian Cabot, die nach den Molukken bestimmt war" (im Jahre 1527), sagt Herrera, „wurde die Strasse Estrecho de Todos Santos" genannt*). Dass aber dieser Name für die ganze Strasse in Spanien auch auf Karten gesetzt wurde, scheint die Karte zu beweisen, welche im Jahre 1527 der englische Kaufmann Robert Thorne in Sevilla nach spanischen Mustern machen liess und die er an einen englischen Diplomaten sandte. Auf dieser Karte heisst die ganze Strasse deutlich: „Strictum Omnium Sanctorum"**).

Es mochte indess schon sehr bald unter den spanischen Seefahrern zur Gewohnheit werden, die Strasse auch nach ihrem Entdecker, ohne dessen unüberwindlichen Muth und Energie sie (wenigstens im Jahre 1520) gewiss nicht gefunden wäre und der sein Unternehmen gewissermassen siegreich mit dem Märtyrertode besiegelte, zu benennen. Unsere Karte beweisst, dass im Jahre 1529 diese Gewohnheit in den spanischen Bureaus schon eine officielle Billigung erhalten hatte, und dass damals der Name „Magellan-Strasse" bereits allgemeines Ansehen genoss.

„Sierras de los humos" (die Gebirge der Dünste). — Mit diesem Namen scheint die kleine Bergkette bezeichnet zu sein, welche sich im Süden des Eingangs der Strasse von Osten nach Westen hinzieht, sich übrigens durch Höhe nicht sehr auszeichnet, und auf den modernen Karten noch namenlos ist.

„Lago de los Estrechos" (See der Meerstrassen). — Den langen südlichen Arm der Strasse, der im Süden mit unserm heutigen „Admiralty-Sound" endigt, gewahrte Magellan, nachdem er etwa 30—40 Leguas weit in die Meerenge hinaufgesegelt war. Er sandte eines seiner Schiffe, den „S. Antonio", hinein, um das Ende dieses Canals zu erforschen und zu sehen, ob er eine geschlossene Bucht sei oder in's Meer hinausführe. Magellan selbst erfuhr freilich nie das Geheimniss dieses Canals. Denn er sah das Schiff „Antonio", das nach seiner Rückkehr aus diesem Irrgarten von Golfen und Meeres-Armen nach Spanien gegangen war, nie wieder. Auf unserer Karte aber sehen wir das Resultat dieser Recognoscirung deutlich niedergelegt. Der Name „See der Meeres-Strassen" ist zwar etwas zwitterhafter Natur, scheint aber doch darauf hinzudeuten, dass das Schiff „Antonio" bis in's Innere des Admiralitäts-Sundes hinabkam und die Abgeschlossenheit dieses in den hohen Gebirgen versteckten Seearms erkannte.

„Baia de la victoria" (die Bai des Schiffes „Victoria"). — Als der von ihm zur Erforschung der südlichen Arme ausgesandte „S. Antonio" nicht wiederkehrte, schickte Magellan von der Nähe

---

*) Herrera III. IX. III.
**) S. diese Karte in Hakluyt: Divers Voyages. London 1582.

des Cap Froward aus, zu dem er voraufgesegelt war, das Schiff „Victoria" zurück, um den „S. Antonio" zu suchen. Die „Victoria" ankerte eine Zeit lang am Nordufer der Strasse, machte Signale, liess die Kanonen lösen, aber erhielt keine Antwort von dem vergebens gesuchten „Antonio", und gab die Nachforschung auf. Ehe sie jedoch ihren Ankerplatz verliessen, errichteten die Leute der „Victoria" am Ufer ihres Hafens eine Zeichenstange und vergruben daselbst einen Brief zur Benachrichtigung für den „S. Antonio". — Ich vermuthe, dass in Folge dieser Ereignisse dem Ankerplatz der Name „Victoria-Bai" blieb. Er kommt schon gleich in den Reiseberichten über Loaisa wieder vor. Loaisa lag in der „Baia de la Victoria" längere Zeit vor Anker, von da aus die Bewegungen seiner Schiffe dirigend*).

Der Name ist auf den modernen Karten verschwunden. Nach allen Umständen scheint es aber einer der Ankerplätze bei der St. Elisabeths-Insel in der Nähe der „Zweiten Enge", der auch später oft als Stations-Platz gewählt wurde, gewesen zu sein.

„Tierra de los fuegos" (das Feuerland). — Sowohl Oviedo**) als auch Gomara und Herrera***) sagen, dass schon Magellan und seine Leute das Land im Süden ihrer Strasse „Feuerland" genannt hätten und dies scheint durch den obigen Namen, den wir auf unserer Karte im Süden der Strasse finden, bestätigt zu werden.

„Tierras Nevadas" (Schneeberge). — Die 4 bis 7000 Fuss hohen Gipfel der stets mit Schnee bedeckten Berge: „Mt. Darwin", „Mt. Sarmiento", „Mt. Buckland" etc. sind an vielen Punkten der Strasse in Sicht, und werden häufig in den Berichten über Magellan als „Sierras Nevadas" erwähnt.

„B. del norte" (die Nord-Bai.) — Dieser Name steht gleich neben dem mittleren Hauptwinkel oder Eck der Strasse, welches seit Drake's und Candish's Fahrten „Cape Froward" heisst. In dieser Gegend giebt es gar keinen anderen Hafen, als den jetzt so genannten und von jeher häufig besuchten „Port Famine". Derselbe ist daher vermuthlich mit unserer „Nord-Bai" identisch. Magellan sowohl als Loaisa hielten sich in diesem Hafen auf, und der erste entsandte eben von hier aus den oft genannten „S. Antonio" zur Erforschung der Süd-Arme der Strasse und dann die „Victoria" zur Aufspürung des verschwundenen „S. Antonio"†).

---

*) Burney (Chronological History of the Discoveries in the South Sea. London 1803. Vol. I. pag. 133) sagt, diese Bai habe ihren Namen erst auf der Reise des Loaisa erhalten.

**) Oviedo: Historia de las Indias. Secunda parte. Lib. XX. fol. 7.

***) Herrera II. IX. XV.

†) Auch Peschel (Zeitalter der Entdeckungen pag. 632) ist der Meinung, dass dies von der „Hungerbucht" (Port Famine) aus geschah.

„campana de roldan" (Roldan's Glocke). — Unter den Leuten des Magellan wird ein gewisser „Roldan de Argote" aus Flandern *) erwähnt. Er muss mit Del Cano (1522) nach Spanien zurückgekehrt sein, denn er wird auch wieder als einer der Leute des Loaisa (1525) genannt und daselbst als ein Mann bezeichnet, der schon den Magellan begleitet habe**). Herrera sagt, dass er derselbe Mann sei, „nach welchem noch heutzutage (1600) der hohe Berg in der Magellans-Strasse La Campana de Roldan genannt werde." Ob dieser Name schon von Magellan, wie es nach unserer Karte, die fast Alles nach Magellan hat, wahrscheinlich ist, oder erst von Loaisa ertheilt wurde, steht nirgends bemerkt. Im Süden von Cape Froward, wo auf unserer Karte der Name steht, ragt über Alles der hohe Berg „Sarmiento" hervor, und es ist daher sehr wahrscheinlich, dass dieser Berg unsere „Roldans-Glocke" ist.

Von dem Namen „Yslas nevadas" (beschneite Inseln) im Süden der Strasse und von dem andern Namen „Rios" weiss ich nichts Besonderes zu berichten.

Der „Canal de todos Santos" (der Allerheiligen-Canal) — wird sowohl in den Berichten über die Reise des Magellan als in denen über Loaisa erwähnt. — Es ist ihnen zufolge zunächst ein nördlicher Seitenarm der Strasse gewesen. Herrera sagt, derselbe läge 22 Leguas von der westlichen Ausmündung der Strasse***). Darnach müsste es der lange Canal sein, der im Osten die grosse Insel des heute sogenannten „Archipels der Königin Adelaide" abschneidet. Ich bemerkte aber schon oben, dass derselbe Name in der ersten Zeit auch der ganzen Magellans-Strasse gegeben worden sei.

„Cabo deseado". — Das nordwestliche Ende des Feuerlandes im Süden des Westmundes der Magellans-Strasse ist eine sehr scharfe und erhabene Spitze, die den von Osten Hinaussegelnden sogleich auffällt. Sie wird jetzt „Cape Pillar" (das Pfeiler-Cap) genannt. Magellan und die Seinen erreichten dieselbe und mit ihr die offene Südsee am 27. November 1520 und gaben ihr den bezeichnenden Namen „Cabo Deseado" (das ersehnte Cap). Es trägt diesen Namen auf allen alten Karten des 16. Jahrhunderts.

Auch die kleine Inselgruppe vor dem westlichen Eingange der Strasse, die seit der Zeit Sarmiento's (seit 1580) „Los Evangelistas" (die Evangelisten) genannt wurde und die wir nach des Engländers Narborough's Fahrt (seit 1669) auch „Isles of direction"

---

*) Navarrete. Vol. IV. pag. 18.
**) Herrera. III. IV. IX.
***) Herrera. Descripcion 51. 2.

(Orientirungsinseln) nennen, sind nicht auf unserer Karte vergessen, obwohl sie auf ihr keinen Namen haben. Magellan konnte natürlich diese in seinem Wege liegenden Inseln nicht übersehen.

„Arcipielago del cabo deseado". — Die Nordseite des West-Einganges der Magellan-Strasse ist in eine Menge kleiner und grosser Inseln aufgelöst und hat keine so in die Augen fallende Spitze wie es das Pfeiler-Cap im Süden ist. Auf unserer Karte ist diese Gegend: „der Archipel des Cabo Deseado" genannt. Wir nennen sie heutzutage: „Archipel der Königin Adelaide". — Ein hervorragender Punkt auf einer der kleinen Inseln am Westrande dieses Archipels wird noch heutiges Tages „Cape Victory" (vielleicht nach dem Schiff des Magellan?) genannt und als das eigentliche nördliche Eingangs-Cap der Strasse betrachtet.

Allem Gesagten nach enthält unsere Karte nur sehr wenige Spuren von den Reisen und Aufnahmen Loaisa's, unter andern, was besonders beachtenswerth ist, auch nichts von jener merkwürdigen Fahrt seines Schiffes „S. Lesmes" unter dem Capitän Francisco de Hoces im Osten des Feuerlandes und von dem „Ende des Landes" („acabimiento de tierra"), das er erblickt zu haben glaubte.

3) Gomez (1525).

Die Entdeckung der Magellan's-Strasse gab nicht nur zu Speculationen über Grösse und Figur der Erde überhaupt, sondern auch namentlich über die Beschaffenheit und Gestalt der nördlichen Partien Nordamerika's vielfache Veranlassung. Da man das Ende von Süd-Amerika nun wirklich von einem Canal durchbrochen gefunden hatte, so glaubte man wieder um so mehr, man müsse auch in Nord-Amerika einen solchen Durchbruch finden. Die südlichen und mittleren Partieen der Ostküste Nord-Amerika's waren jetzt schon oft beschifft und ziemlich gut bekannt. Cortes hatte auch schon in dem Anfange der zwanziger Jahre die Westküste Mexico's beschiffen lassen. Aus diesem Allen hatte man denn ersehen, dass die Neue Welt gleichsam aus einem schmalen Central-Körper mit zwei breiten Flügeln bestehe, in der Mitte das Antillisch-Mexicanische Meer mit grossen Inselgruppen und dem verbindenden Isthmus. Von diesem Binnen-Archipel gingen die Küsten des nördlichen Flügels auf ähnliche Weise in nordöstlicher Richtung hinaus, wie die des südlichen in südöstlicher Richtung. Jenseits des Isthmus von Panama im Stillen Meer ging es auf der einen Seite südwärts hinaus und auf der andern Seite nordwärts. Wie diese Küsten-Umrisse, so schienen auch die Grössen- und Ausdehnungs-Verhältnisse beider Flügel ziemlich gleich. Man war zu allen Zeiten geneigt, an eine gewisse Harmonie der Gestaltung und Vertheilung der Länder in beiden Hemisphären zu glauben, und fing daher nun nach Magellan, als man die Hauptumrisse des Südflügels der Neuen Welt enthüllt hatte, an zu glauben, dass auch der Nordflügel demselben an seinem Ende eben so ähnlich sein möchte wie beim Anfange. Das nach Osten hervorragende Labrador und Newfoundland verglich man mit der Ostküste Brasiliens und dachte, dass das Festland von da ab im Norden ebenfalls spitz zulaufen werde und zuletzt vom Meere durchbrochen sein müsse. „Man glaubte," sagt Herrera, „es müsse durchaus im Norden eben eine solche Strasse, wie im Süden geben." Ja man dachte sogar, „es wäre eine der Weisheit des Schöpfers und der schönen Ordnung der Natur angemessene Sache, dass so wie eine Verbindung und Fahrt zwischen den beiden Meeren am Südpole, auch eine solche beim Nordpol geschaffen sein müsse." Und man rüstete daher gleichzeitig mit der Expedition des Loaisa zu der wirklich gefundenen Strasse im Süden auch eine andere zu der im Norden vermutheten aus.

Diese letztere Expedition wurde unter den Oberbefehl jenes Piloten Estevan Gomez gestellt, der seinen Chef Magellan mit dem Schiffe „Antonio" verlassen hatte und nach Spanien entwichen war. Von der Begierde, mit Magellan zu rivalisiren, angetrieben, ging Gomez im Jahre 1525 nach dem Norden zur Entdeckung einer Gomez-Strasse und einer nördlichen Durchfahrt zum Oriente aus, konnte sie aber nicht finden, und kehrte nach einiger Zeit statt, wie das Schiff des Magellan, die „Victoria", mit „Clavos" (Gewürznelken) bloss mit „Esclavos" (mit Indianischen Sclaven), die er an der Nordküste Amerika's eingefangen hatte, heim. Einen kurzen Augenblick glaubte man in Spanien, wo ein Mann, der im Hafen von Coruña falsch gehört hatte, diese Nachricht schnell verbreitete, Gomez habe den Norden von Amerika wirklich eben so durchsegelt, wie Magellan den Süden, und habe auch von daher „Clavos" (Gewürznelken) mitgebracht*).

4) Sebastian Cabot (1526).

Zu derselben Zeit, in welcher die Flotte des Loaisa in Coruña expedirt wurde, regten sich auch die Kaufleute von Sevilla, um zu ihrem Vortheile die Entdeckung der Magellan's-Strasse zu benutzen. Einige von ihnen schossen Gelder zusammen und rüsteten mit Zustimmung der Regierung vier Schiffe aus. Die Führung derselben wurde dem Englischen Seefahrer Sebastian

---

*) Herrera: Dec. III. Libro VIII. cap. VIII.

Cabot, der sich durch seine Reisen und Entdeckungen im Norden Amerika's schon einen Namen gemacht und welchen Carl V. nach Spanien gelockt hatte, anvertraut. Diese Flotte, die ebenso wie die Schiffe des Loaisa durch die Magellans-Strasse zur Südsee, zu den Molukken und „nach Ophir, China und Japan" gehen sollte, lief im Frühling des Jahres 1526 aus, kam aber, weil die Schiffe zu einer so grossen Reise nicht hinreichend ausgerüstet waren und dazu noch Uneinigkeiten zwischen Cabot und seinen Officieren ausbrachen, nicht weiter als bis zur Mündung des Rio de la Plata, wo Cabot und die Seinen fast eben so traurige Schicksale und noch geringere Erfolge hatten als Loaisa, der zu derselben Zeit bei der Magellan's-Strasse und auf der Südsee mit Stürmen kämpfte und sein Leben verlor. — Die Cabot'sche Expedition ist nur für die Förderung der Entdeckungen im Gebiete des La.Plata-Stromes wichtig geworden und war als Magellan's-Strassen-Fahrt ein missglückter Versuch, daher hier auch nicht weiter von ihr zu sprechen ist*).

In demselben Jahre 1526 sollen auch zwei Schiffe von Genua ausgelaufen sein in der Absicht, durch die Magellan's-Strasse zu gehen. Sie sollen bis zum Eingange der Strasse gelangt, vor ihr aber von Stürmen zurückgeschlagen sein. Auf der Heimreise soll das eine dieser Genuesischen Schiffe beim Rio de la Plata Schiffbruch erlitten haben, während das andere glücklich nach Genua heimkehrte**).

Eben so unglücklich und erfolglos sollen einige von Portugal und Galicien im Jahre 1527 zur Magellan's-Strasse ausgerüstete Schiffe gewesen sein***).

5) Cortes und Saavedra (1527).

Auch die Spanischen Entdecker der Südsee und der Westküste Central-Amerika's richteten alsbald nach Magellan's Fahrt ihre Aufmerksamkeit auf den Asiatischen Osten und auf die Molukken. Schon Balboa hatte sich eingebildet, sie in den kleinen Inseln des Meerbusens von Panama, welche er „die Perlen-Inseln" nannte, gefunden zu haben. Als Cortes in Mexico an der Südsee ankam, fing er daselbst ebenfalls sofort an, in dem von ihm besetzten Hafen Zacatula Schiffe zu bauen, um westliche Ausflüge auf dem grossen Meere zu machen. Seine Südsee-Küsten-Provinzen schienen sehr bequem gelegen, um den Expeditionen

---

*) S. Herrera III. Libro IX. cap. III.
**) S. hierüber Hakluyt, Principal Navigations. London 1598—1600. Vol. III. 790.
***) Hakluyt l. c.

durch die Magellan's-Strasse Unterstützung zu gewähren oder mit ihnen zu concurriren.

Kaiser Carl V. sandte daher bald nach der Abfahrt des Loaisa und des ihm folgenden Cabot an Cortes den Befehl, dass er seine Mexicanischen Schiffe ebenfalls westwärts zu den Molukken auslaufen lassen solle, um ihre Operationen mit denen der genannten Entdecker zu combiniren, sowie auch nach den Erfolgen und Schicksalen derselben zu forschen*).

Demzufolge liess Cortes im Frühling 1527 von jenem Mexicanischen Hafen Zacatula drei Schiffe unter dem Commando des Alvaro de Saavedra auslaufen. Doch war auch diese Expedition, obwohl sie als die erste Spanische Fahrt von Mexico im Norden des Aequators in der Richtung auf Asien denkwürdig ist, ebenso unglücklich, wie die von Cabot und Gomez. Zwei seiner Schiffe verlor Saavedra mitten auf dem Stillen Ocean aus dem Gesichte, ohne dass man je etwas Weiteres von ihrem Schicksale erfahren hätte. Er selbst kam zwar auf den Molukken an, traf dort auch mit dem Reste der Leute Loaisa's zusammen, konnte aber widriger Winde wegen, trotz mehrfacher Versuche, nicht nach Mexico zurückgelangen, und verlor dabei sein Leben. Seine Leute, die wie der Rest der Mannschaft des Loaisa auf den Asiatischen Inseln zurückblieben, hatten sehr bunte und merkwürdige Schicksale, die ich aber hier nicht näher zu erörtern habe. Einige wenige von ihnen, sowie auch von Denen, welche Magellan und Loaisa zu den Ladronen, Philippinen und Molukken geführt hatten, kamen später (1533 bis 1536) mit Hülfe der Portugiesen nach Spanien zurück und berichteten dort über ihre Erlebnisse**).

6) Beabsichtigte Expedition zur Magellan's-Strasse im Jahre 1528.

Obwohl, wie gesagt, die näheren Umstände der ziemlich erfolglosen Expeditionen, die ich soeben erwähnt habe, in Spanien erst später bekannt wurden, so wusste man daselbst doch schon im Jahre 1527, dass Loaisa's Flotte fast ganz verloren und zerstreut war. Dies erfuhr man, wie gezeigt, über Mexico durch die Vermittlung von Cortes und durch das verschlagene Schiff des Capitäns Santjago de Guevara. Ebenso wusste man, dass Cabot im La Plata-Strome stecken geblieben sei.

Es mochte dadurch der Eifer zur Benutzung der Magellan's-

---

*) S. jenen kaiserlichen Befehl bei Navarrete Tomo V. pag. 440 ff. Er ist vom Juni 1526.

**) S. die Documente zu Saavedra's Reise bei Navarrete Tomo V. S. 440 ff. und die Darstellung der ganzen Reise S. 95—161.

Strasse, der Anfangs nach der Rückkehr des Schiffes „Victoria" unter Delcano so gross gewesen war, schon etwas gedämpft werden. — Dennoch liess Kaiser Carl V. alsbald (1528) wieder eine grosse Expedition zur Fahrt durch die Magellan's-Strasse nach den Molukken, eine „Armada de la Especeria" (Gewürzland-Flotte), wie man damals sagte, vorbereiten. Dieselbe sollte unter das Commando des Simon de Alcazava Sotomayor gestellt werden. Es wurden nicht weniger als 1000 Mann dafür angeworben, und ein königlicher Commissarius, der Bischof von Ciudad Rodrigo, wurde zur Leitung dieser Angelegenheiten nach Sevilla geschickt. — Allein diese ganze Sache kam sehr bald in's Stocken und war vielleicht nur desswegen eine Zeit lang mit so grossem Eifer betrieben worden, um den König von Portugal, mit dem schon Unterhandlungen über die Abtretung der Molukken angeknüpft waren, nicht merken zu lassen, dass man dieser Expeditionen wirklich schon müde sei*).

Kurze Zeit nach den Fahrten des Cabot und Loaisa hatte der junge Carl V. die Dame Isabella, Schwester des Königs von Portugal, und der König von Portugal, Dom Juan III., die Dame Eleonore, Schwester des Kaisers, geheirathet. In Folge dieser Familien-Alliancen wünschte man die Differenzen mit Portugal wegen der Molukken auszugleichen, und der Spanische Hof wurde nun für die Vorschläge des Portugiesischen sehr empfänglich.

Diese gingen dahin, dass der König von Spanien eine runde Geldsumme acceptiren und dafür seine Ansprüche an die Molukken aufgeben solle. Carl, der eben damals, wo er die Absicht hatte nach Italien zu gehen, um sich als Kaiser krönen zu lassen, des Geldes besonders bedürftig war, nahm daher im Jahre 1529 von Portugal 350,000 Ducaten an, und liess dafür die Molukken und mit ihnen zugleich auch die Entdeckungen und Schifffahrten durch die Magellan's-Strasse, die ja nur auf die Molukken hinzielten, fahren. Viele Spanier waren zwar mit dieser Abmachung nicht zufrieden. Aber Carl erliess den Befehl, dass man von dieser Angelegenheit nicht mehr reden solle, „was manche Menschen sehr in Erstaunen setzte" **).

Obgleich dem zufolge die so eifrig vorbereitete grosse Expedition zur Magellan's-Strasse und zu den Molukken nicht ausgeführt wurde, so blieb die Sache doch nicht ohne Folgen. Es ging aus ihr eine andere Unternehmung hervor, die für die Geschichte Patagonien's sehr interessant wurde.

---

*) S. Herrera. Dec. IV. Libro V. cap. IV.
**) Herrera. Dec. IV. Libro V. cap. X.

7) Alcazava (1534—1535).

Simon de Alcazava*) Sotomayor war ein Portugiesischer Cavalier, ein Ritter des Santjago-Ordens und ein Edelmann des königlichen Hauses, schon seit langen Jahren im Dienste der Krone Spanien. Dazu schätzte man ihn als einen kundigen Kosmographen und Seefahrer**). — Er war, wie ich sagte, zum Befehlshaber der im Jahre 1528 beabsichtigten Expedition zu der Magellan's-Strasse und den Molukken ernannt worden. Da dieselbe nicht ausgeführt wurde, Alcazava's Sinn aber doch jenen Gegenden zugewandt blieb, so machte er, wenn er nicht als Molukken-Fahrer oder Südsee-Entdecker diese Gegenden besuchen solle, der Regierung den Vorschlag, dass man ihn zur Fortsetzung der Entdeckungen in Südamerika dahin schicken möchte.

Die Pizarros und Almagros hatten unterdessen ganz Peru entdeckt und erobert. Auch hatten sie dort alsbald von dem kalten Südlande Chile, einer alten Provinz der Incas, gehört. Auf diese letztere hatte insbesondere Diego de Almagro seine Blicke gerichtet und im Jahre 1534 theilte nun der König von Spanien ihm dieses bis jetzt noch unbesetzte und nur durch die in Cuzco eingezogenen Nachrichten bekannte Land unter dem Namen der „Provinz von Neu-Toledo" zu und befahl ihm, es zu erobern und zu colonisiren.

Nach jenen Nachrichten konnten die Spanischen Kartenzeichner und Kosmographen wohl wissen, dass es zwischen dem so eben verschenkten Chile und der Magellan's-Strasse noch ein langes Stück Küste gäbe. Alcazava bat nun um die Erlaubniss zur Entdeckung jener unbekannten Küstenstrecke. Die Capitulation, die er mit dem Könige darüber abschloss, lautete dahin, dass er von der „Küste Peru's" (so nannte man die ganze nur erst zum Theil bekannte Westküste Amerika's) 200 Leguas Landes, von der Südgrenze der dem Almagro zugetheilten Provinz Neu-Toledo (Chile) an gerechnet, alles weitere Land entdecken, in Besitz nehmen und colonisiren könne***). Es war dies also das erste Mal, dass man eine Verbindung mit Peru durch die Magellan's-Strasse projectirte und versuchte, und das erste Mal, dass man Jemandem die Westküste von Patagonien, die nachher noch so oft verschenkt wurde und die doch so lange unbekannt blieb, zutheilte.

---

*) Der Name wird auch Alcazaba und auch Alcazova geschrieben.
**) Herrera. Dec. V. Lib. VII. cap. V. Siehe auch über ihn und seine Expedition das Buch: Relacion del ultimo viage al Estrecho de Magellanes etc. Madrid 1788. S. 213 ff.
***) Herrera l. c.

Alcazava erreichte zwar seinen Zweck und sein Ziel nicht. Nichtsdestoweniger ist seine Fahrt für die Förderung der Kenntniss der Magellan's-Länder wichtig und durch unbeabsichtigte und zufällige Umstände mehrfach eine Entdeckungsreise geworden.

Nach Abschluss seiner Capitulation ging der genannte Flottenführer mit 2 Schiffen und 240 Spaniern den 21. September des Jahres 1534 von St. Lucar de Barrameda nach der Magellan's-Strasse unter Segel. Es war zu derselben Zeit, in welcher Diego de Almagro sich in Cuzco vorbereitete, nach Chile zu marschiren und sich so von Norden her längs der „Küste Peru's" derselben Strasse zu nähern. — Alcazava ging seinerseits über den weiten Ocean direct und ohne Land zu berühren zur Nachbarschaft der Strasse hinab. Die einzigen Punkte, die er auf dieser Fahrt recognoscirte, waren das Cabo de Abreojos (Cap „halt die Augen offen")*) und der Rio Gallejos, welcher letztere übrigens auch schon von den Leuten des Loaisa erkannt und besucht worden war.

Beim Rio Gallejos in nächster Nachbarschaft der Magellan's-Strasse kam Alcazava Ende Januar, das heisst im dortigen Hochsommer, an. Er war so sehr geeilt, weil er den Anfang des südlichen Winters und der rauhen Jahreszeit in der Magellan's-Strasse fürchtete**). Er fand hier noch Spuren der ersten vor länger als zehn Jahren dahin gesandten Expeditionen des Magellan und des Loaisa, von jenem ein am Eingange der Strasse errichtetes Kreuz, von diesem Trümmer seines hier gescheiterten Schiffes. Er passirte glücklich den Eingang der Strasse und kam sogar auch durch das Thor der zweiten Verengung derselben. Allein hier wurden seine Schiffe von einem so argen Unwetter überfallen, dass seine Leute, die schon den kalten südlichen Winter nahen sahen, den Muth verloren und ihn baten, wieder in das offene Meer hinauszugehen und ein milderes Land zum einstweiligen Ueberwintern aufzusuchen.

Der Capitän Rodrigo Martinez, der das zweite Schiff Alcazava's commandirte, versicherte, dass der Hafen der Wölfe („El puerto de los Lobos") oder „die Bucht der Löwen" („El puerto de los Leones"), ein viel bequemerer Ort zum Ueberwintern sei, als die Magellan's-Strasse selbst. In diesem Löwen- oder Wölfe-Hafen war der besagte Martinez ein Mal während der Herreise eingelaufen, als ihn ein Sturm für einige Zeit von seinem Comman-

---

*) Es giebt mehrere Klippen-Gruppen und Vorgebirge, denen die Spanier diesen Namen gegeben haben. Das hier gemeinte Cap ist wahrscheinlich diejenige Felsen-Partie, die unter diesem Namen an der Küste Brasiliens unter dem 18. Grade S. Br. liegt.

**) Herrera l. c.

deur Alcazava getrennt hatte. Er beschrieb ihn als äusserst sicher, voll von Fischen und Seewölfen und Seelöwen, die gute Nahrung versprächen. Auch das Land umher, versicherte er, sei angenehm, die Indianer der Nachbarschaft, mit denen er verkehrt hätte, seien freundlich gesinnt und hätten ihm auch gesagt, es gäbe Anzeichen von Gold („muestras de oro") im Innern des Landes, und so könnte denn, während die Schiffe im Hafen überwinterten, eine Partie der Leute Entdeckungs-Reisen in's Innere machen.

Alcazava, diesen Andeutungen und Rathschlägen seines Capitäns folgend, liess wieder zur Meerenge hinaussteuern, suchte und fand den bezeichneten Hafen. — Wir kennen jetzt an der Südostküste von Südamerika nicht weniger als drei „Puntas" oder „Puertos de Lobos". Der hier genannte ist aber ohne Zweifel entweder diejenige Bai, die wir jetzt „Bahia S. Josef" nennen, oder die ihr sehr benachbarte „Bahia nueva", in deren Nähe noch jetzt sich eine Punta de Lobos befindet. Sie liegt im Süden der S. Matthias-Bai (oder der Bahia sin Fondo) in der Nähe des 42° S. Br.*).

Alcazava liess seine Schiffe in jenem Hafen vor Anker und in's Winterquartier legen und machte sich dann zu einer sehr merkwürdigen Reise in's Innere Patagonien's auf den Weg. Er liess 40 Mann zur Bewachung der Schiffe zurück und rückte mit 200 Soldaten, die er das Abendmahl nehmen und deren Fahne er einsegnen liess, nach Westen vor. Höchstwahrscheinlich dachte Alcazava, dass er von hier aus den ihm zugetheilten Landstrich am Stillen Meere im Süden Neu-Toledo's (Chile's) noch bequemer als durch die Magellan's-Strasse erreichen könne, und da die Indianer seinem Capitän Martinez, wie gesagt, von Gold gesprochen hatten, so glaubte er wohl, er könne da ähnliche Entdeckungen machen, wie Pizarro in Peru.

Alcazava selbst kam zwar nicht weit (nur 14 Leguas) von der Küste in's Land hinein. Er war, sagt Herrera, ein etwas corpulenter und unbehülflicher Mann und noch dazu damals leidend**). — Das Land war aber äusserst wüst, rauh, steinig und schwierig zu bereisen***) Er war daher bald erschöpft, und

---

*) Herrera l. c. giebt die Lage des „Wölfe-Hafens" nicht näher an. Aus seiner Darstellung geht aber hervor, dass er nahe bei der Bahia sin Fondo gewesen sein muss. Laët (auf seiner Karte zu pag. 501 seines Novus Orbis) hat den „Puerto de Leones" in der besagten Gegend, im Süden der Bahia sin Fondo. Siehe hierüber auch Burney, History of the discoveries of the South Sea. Vol. I. pag. 173. Note.
**) Herrera l. c.
***) Es ist nach Darwin ganz mit Trümmer-Gestein der Cordilleren überstreut.

ernannte statt seiner den Capitän Rodrigo de Isla zum Commandanten der Entdeckungs-Armee, die er weiter westwärts ziehen liess, indem er selbst mit einer Anzahl von Begleitern zu den Schiffen und dem Hafen der Löwen zurückkehrte.

Rodrigo de Isla und die Seinen marschirten über die weiten Ebenen Patagonien's westwärts, einen Piloten mit Compass, Astrolabium und Seekarten an der Spitze, als wenn sie auf dem Ocean schifften*). Ihre Richtung war fast immer nordwestlich. Sie hatten viel von Durst zu leiden, weil sie nirgends Wasser fanden, bis sie endlich „25 Leguas von dem Punkte, wo ihr Commandeur von ihnen geschieden, war," einen grossen Fluss erblickten, der in einem tiefen Thale floss, und der dem Guadalquivir in Spanien ähnlich war. Sie gaben ihm daher auch diesen Namen. Der sie führende Pilot glaubte, er flösse in die „Bahia sin Fondo" (Golf von S. Matthias). Im Norden dieser Bai strömt der jetzt „Rio Negro" genannte Fluss herab. Da die Beschreibung jenes Flusses, den die Leute des Rodrigo de Isla mit dem Guadalquivir verglichen und so nannten, sehr gut auf diesen „Rio Negro" passt, und da auch die nordwestliche Richtung ihres Marsches sie zu diesem Flusse führen musste, so ist es daher ziemlich zweifellos, dass schon damals jener grösste und merkwürdigste Fluss der Magellanischen Länder (jetzt der südliche Gränzfluss der La Plata-Staaten) entdeckt wurde. Sie fanden an ihrem Patagonischen „Guadalquivir" sehr barbarische Indianer und grosse Heerden „wilder Schafe" (Guanacos) und auch Bäume, deren es sonst nirgends in jenem kahlen Lande gab, und aus denen sie sich Flösse verfertigten, um über den Strom zu fahren. Sie gingen alsdann noch weiter westwärts über Felsen- und Hügelland, indem sie ihr Weg oft zu dem vielgewundenen Flusse zurückführte, wo sie alsdann zu ihrer Nahrung Fische fingen, „welche den Lachsen glichen". Endlich kamen sie zu äusserst hohen Gebirgen, und hier „in einer Entfernung von 90 Leguas" von der Ost-Küste Patagoniens ging ihnen der letzte Rest von Zwieback in ihren Haversäcken aus.

Einige Indianer, die sie eingefangen und als Wegweiser mitgenommen hatten, verhiessen zwar, dass sie nun sehr bald in besser bevölkerte Gegenden und auch zu Leuten, welche goldene Ringe in den Ohren und an den Armen trügen, kommen würden. Aber der grösste Theil der Mannschaft war erschöpft und der Strapazen müde, so wie durch den Anblick der wilden, öden Hochgebirge erschreckt. — Sie waren daher nicht weiter zu bringen, und da auch einige Officiere für die Rückkehr stimmten, so

---

*) Herrera l. c.

wurde diese beschlossen. Es geschah dies zum Kummer des Ober-Commandeurs Rodrigo de Isla, der vergebens vorstellte, dass sie bei der Rückreise durch die 90 Leguas breite Wüste noch viel mehr zu leiden haben würden, als wenn sie nun völlig bis zum Westen durchdrängen, wo in der Nähe der Südsee jedenfalls besseres Land gefunden werden dürfte.

Der ganze Continent von Amerika ist von dem Wölfe-Hafen oder von der Bahia sin Fondo aus westwärts bis zur Südsee oder bis zur Nordostspitze des Busens von Guayteca nicht viel mehr als 100 Spanische Leguas breit. Es ist daher kaum ein Zweifel, dass Rodrigo de Isla und die Seinen sich auf dem Punkte ihrer Rückkehr, der, wie gesagt, 90 Leguas vom Atlantischen Meere entfernt war, am Fusse der Anden befanden, und zwar höchstwahrscheinlich in der Nähe der Quellen des südlichen Armes des Rio Negro, so wie in der Nähe eines merkwürdigen Anden-Durchbruchs, der in einem stets gangbaren und schneelosen Thale zur Südsee und zum Süd-Ende von Chile hinabführt.

Diese schwierige Landreise ist selbst in neuerer Zeit nur äusserst selten wieder unternommen worden. Dem genannten **Rodrigo de Isla** gebührt daher der Ruhm, sowohl das ganze Patagonien zuerst quer durchkreuzt und recognoscirt, als auch die Anden in einer so südlichen Gegend, in welcher sie bisher noch Niemand erblickt hatte, zuerst entdeckt zu haben. Diego Almagro, der damals in Chile war, kam noch bei weitem nicht so tief südwärts, und Valdivia sah die Anden erst zehn Jahre später unter diesem Breitengrade von der Westseite aus, als er hier die nach ihm genannte Stadt Valdivia gründete. — Hätte Rodrigo de Isla seine Leute nur noch einige Tage länger in Gehorsam halten können, so wäre er dem Valdivia in diesen Gegenden als Entdecker zuvorgekommen und hätte jenseits der Anden das treffliche Land Chile gefunden, das ihn in vieler Hinsicht für die steinigen Pampas Patagoniens hätte entschädigen können.

Aber es sollte ihm ein traurigeres Loos zufallen. Seine Leute fürchteten vielleicht Strafe für ihren Ungehorsam, vielleicht dachten sie, ihr entdeckungssüchtiger Anführer würde sie am Ende noch zu andern Wüsten und neuen Leiden führen. Es waren auch manche Schelme unter ihnen, die da äusserten, es gäbe Unternehmungen, die ihnen viel sichereren Gewinn versprächen, als diese sauren Märsche in einer Wüste. Kurz, mit der bösen Absicht, sich ganz zu Herren des Commandos und auch der Schiffe zu machen, drangen sie unterwegs in das Zelt des Rodrigo de Isla ein, ergriffen und fesselten ihn und liessen ihn mit noch einigen andern ihm ergebenen Offizieren und Soldaten in der Patagonischen Wildniss zurück. Nachdem sie sich neue Anführer gewählt hatten, marschirten sie zum Löwen-Hafen zurück, überrumpelten die dort vor Anker liegenden Schiffe, an deren Bord einige der Mannschaft mit ihnen einverstanden waren, ergriffen ihren Portugiesischen Chef Alcazava, der die Spanier nicht so gut in Zaum zu halten verstand, wie früher bei einer ähnlichen Gelegenheit sein Landsmann Magellan, und noch einige andere Officiere, ermordeten sie, warfen sie in's Meer und fassten dann den Plan mit den eroberten Schiffen auf Seeräuberei auszugehen.

Doch brachen hierüber, so wie über den Punkt, wer das Ober-Commando zu übernehmen habe, zwischen ihnen bald Uneinigkeiten aus. Und diese Uneinigkeiten benutzten nun Rodrigo de Isla und die andern Offiziere, welche unterdess durch die Patagonischen Wüsten hinter ihren aufrührerischen Leuten hermarschirt waren und sich den Schiffen ebenfalls wieder genähert hatten. Sie setzten sich mit einigen Gutgesinnten an Bord der Schiffe, namentlich mit dem Capitän Juan de Mori in's Vernehmen, stellten ihnen vor, wie ehrlos und unmenschlich das ganze Verfahren gewesen sei, und wie sie sich, ihre Nachkommenschaft und den Spanischen Namen mit Schande beflecken würden, wenn sie ihren Vorsatz Seeräuberei zu treiben, ausführen wollten.

Sie und der genannte Juan de Mori versammelten eine Partei um sich, die zu besseren Gesinnungen zurückkehrte. Mori und seine Anhänger erhoben wieder die Fahne für den König, bemächtigten sich der Anführer der Rebellen, machten ihnen im Namen des Königs den Prozess und liessen sie theils köpfen, theils hängen. Einige Rebellen flohen in's Innere des Landes, andere wurden an der wüsten Küste ausgesetzt und ihrem Schicksale überlassen, und mit dem bekehrten Reste und den beiden Schiffen ging Mori, der aus jenen Wirren als Anführer hervorging, unter Segel, um sie nach Hispaniola zu führen*).

Sie hatten eine leidenvolle Fahrt längs der Küste von Brasilien. Die Capitana (das Admiralschiff) ging in einem Sturme mit dem grössten Theile der Mannschaft verloren, und nur eines der Schiffe, der San Pedro, gelangte endlich nach Hispaniola, wo dann nachträglich noch Mehren, als Rebellen und Piraten, der Prozess gemacht wurde.

Da auf die besagte Weise alle die Hauptleute dieser Expedition, der Kosmograph Alcazava selbst und seine Ober-Piloten, wie es scheint auch Rodrigo de Isla, der Anführer der Land-Expedi-

---

*) Siehe über diess Alles das Buch: Relacion del ultimo viage al Estrecho de Magellanes etc. pag. 216.

tion umgekommen und am Bord des Admiralschiffes alle Papiere*) der Flotte verloren gegangen sind, so erklärt es sich, dass wir über diese für die Geschichte Patagoniens so merkwürdige Reise nur dürftig unterrichtet sind.

8) Pedro de Mendoza (1535).

Im nächsten Jahre nach Alcazava's unglücklicher Unternehmung im Jahre 1535 sandte der König von Spanien eine grosse Flotte unter Don Pedro de Mendoza zum Rio de la Plata.

Dieser Strom war von Anfang herein als ein Weg nach Westen zur Südsee betrachtet und also gewissermassen mit der Magellan's-Strasse in Parallele und Concurrenz gebracht worden. Deshalb und auch weil der Rio de la Plata den Magellanischen Ländern so benachbart war, musste jede Unternehmung zu ihm auch zugleich für die letzteren wichtig werden. Hatte man an ihm erst einen festen Punkt als Rückhalts-Station gewonnen, so wurden auch die Expeditionen zur Magellan's-Strasse leichter und gesicherter. Und ein Conquistador, der sich an der Mündung des La Plata festsetzte, musste denn auch für die Unternehmungen, welche auf die Magellan's-Strasse zielten, von Einfluss sein.

Seit Sebastian Cabot's Unternehmung dahin (im Jahre 1526) war kein Spanier wieder dort gewesen. Jetzt (im Jahre 1535) fasste man die Wichtigkeit dieses Punktes von Neuem in's Auge, und der König von Spanien fand sich bewogen, den sehr reichen Edelmann Don Pedro de Mendoza, der selbst den grössten Theil der Ausrüstungs-Kosten trug, mit einer Flotte von sieben Schiffen dahin zu senden und ihm zugleich das ganze Patagonien zu verleihen. „Alle Länder am Rio de la Plata südwärts bis an die Magellan's-Strasse", so hiess es in der dem Mendoza gegebenen Vollmacht**), „sollten in sein Gouvernement eingeschlossen sein, nud er solle alle diese Gegenden weiter entdecken, erobern und colonisiren (poblar) dürfen."

Es war diess das zweite Mal, dass Patagonien an einen Eroberer verschenkt wurde. Das erste Mal geschah es, wie ich oben sagte, an Alcazava. Aus dem ganzen Inhalt der dem Mendoza gegebenen Vollmacht ist ersichtlich, dass es dabei nicht bloss auf den Rio de la Plata und Patagonien selbst, sondern insbesondere auch auf die Erforschung der Wege zur Südsee ankam. „Der König", sagt Herrera, „gab dem Mendoza dieses Gouvernement,

---

*) Herrera, Dec. V. Libro VIII. cap. VIII. Der Verfasser des Buchs: Ultimo viage etc. sagt pag. 216, dass Juan de Mori über diese Expedition an einen Freund in Sevilla einen Brief geschrieben habe, so wie auch, dass in Sevilla vom „Escrivano de S. M. Alonso" ein Manuscript über dieselbe existire.

**) S. Herrera, Dec. V. Libr. IX. cap. X.

damit er auch zu Lande zur Südsee vordringe"*) — Mendoza sollte also offenbar dasselbe, nur noch auf einer weiteren Landstrecke, versuchen, was Alcazava und Rodrigo de Isla vergebens im Süden angestrebt hatten, nämlich ob es thunlicher sei, durch die Magellan's-Strasse oder durch den Rio de la Plata oder eine andere Verkehrslinie zur Südsee zu gelangen. Zur Magellan's-Strasse, die er allerdings auch im Sinne hatte, kam Mendoza gar nicht. Doch gründete er am La Plata die Stadt Buenos Ayres, von der aus später ein grosser Theil der Magellanischen Länder wirklich weiter erforscht und erobert wurde.

Mendoza ist daher auch, wenngleich nicht unter den Erforschern und Entdeckern der Strasse, doch neben denselben als ein solcher zu nennen, der mit dieser Sache beauftragt war und der ihr einen besseren Halt gab**).

9) Camargo (1539).

Nach Alcazava's unheilvoller Expedition liess man eine Zeit lang die Magellan's-Strasse selbst gänzlich unberücksichtigt und bis zum Jahre 1539 scheint man nicht wieder an sie gedacht zu haben. Man sah wohl, wie viel es noch in näher liegenden Gegenden zu thun gäbe und suchte vor allen Dingen durch wiederholte Versuche die Ansiedlungen am Rio de la Plata zu consolidiren. — Unterdessen war aber nicht nur ganz Peru, sondern auch Chile südlich hinab bis in die Nähe Patagoniens erobert worden. Zugleich waren blutige Conflicte unter den Spanischen Eroberern Peru's unter den Pizarristen und Almagristen ausgebrochen. Der siegreich daraus hervorgehende Marquis Pizarro gerirte sich als unabhängiger Herr der entlegenen Südsee-Küste. Er fühlte sich durch den Isthmus von Panama, den Herrera „una trabajosa angostura de la tierra" nennt***), wie durch eine Mauer gegen Europa geschützt. In Spanien wünschte man diesen willkürlich schaltenden Conquistadoren Peru's auf einem anderen und bequemeren Wege näher kommen zu können. Diess führte die Gedanken und Pläne wieder zur Magellan's-Strasse zurück.

Ein angesehener und reicher Mann Don Gutierre de Vargas, Bischof von Plasencia, wollte sich hier ein Verdienst um seinen König erwerben und liess im Jahre 1539 auf seine Kosten drei Schiffe ausrüsten, mit Mannschaft, Mund- und Kriegs-Vorräthen wohl versehen und im August desselben Jahres unter dem Ober-

---

*) „le dio aquella Governacion, con que entrasse por la tierra hasta llegar a la Mar del Sur".

**) Herrera nennt ihn daher auch Dec. VII. Libr. I. cap. VIII. mit dem Alcazava zusammen.

***) Herrera, Dec. VII. Libr. I cap. VIII.

befehl des Alonso de Camargo zur Magellan's-Strasse auslaufen. Obgleich auch die Schiffe dieses Bischofs von Plasencia wenig Glück hatten, so ist doch ihre Reise desswegen wichtig geworden, weil es hiebei wenigstens einem derselben gelang, die Strasse wieder zu durchsegeln. — Es war die dritte Durchsegelung seit ihrer Entdeckung vor 20 Jahren.

Im Januar des Jahres 1540 kamen „die drei Schiffe des Bischofs" zwar glücklich beim Jungfrauen-Vorgebirge am Eingange der Strasse an. Hier überfiel sie, wie früher den Loaisa, Sturm und Unwetter. Das Admiralschiff („la Capitana") scheiterte, das zweite Schiff wurde nach vielen aber vergeblichen sechs Monate lang fortgesetzten Versuchen, die Strasse zu nehmen, endlich auf's weite Meer verschlagen und rettete sich mit gekappten Masten nach Spanien zurück. „Und mit diesen und andern Erfahrungen", sagt Herrera, „erkannte man wieder alle Tage mehr und mehr die grossen Schwierigkeiten, welche die Magellan's-Strasse darböte und dachte desto mehr darauf, die Passage über den Isthmus von Panama in Ordnung zu bringen und die dortigen Häfen zu bessern"*).

Nur das dritte Schiff, an dessen Bord sich Camargo, der Befehlshaber der Flotte, gerettet hatte, drang wirklich zur Südsee durch und umschiffte nun auf ähnliche Weise die ganze Westküste Patagoniens, Chile's und des südlichen Peru's, wie diess schon vor ihm eines der verschlagenen Schiffe des Loaisa unter dem oben genannten Guevara gethan hatte. Es kam von den Winden und Wellen sehr misshandelt und in traurigem Zustande in Arequipa in Peru an. Es sei, sagt Gomara, das erste Schiff gewesen, welches einige zuverlässige Nachrichten von den Küsten zwischen der Magellan's-Strasse und Peru überbracht habe. Gomara hat hiebei entweder nicht an jenes Schiff des Loaisa gedacht, welches schon im Jahre 1526 von der Magellan's-Strasse rund um Süd-Amerika herumgesegelt und in Mexico gelandet war, oder er hat dasselbe nicht als ein Südamerikanisches Entdeckerschiff gelten lassen, weil es in einem ziemlich weiten Bogen und Abstande um den Continent herumging, so dass es dessen Küsten vor Mexico nirgends zu sehen bekam. Allerdings recognoscirte Camargo, aus der Magellan's-Strasse hervorkommend, wenigstens die südliche Partie der Westküste Patagoniens etwas näher, indem er mit dem Südwinde längs derselben nordwärts bis Arequipa hinfuhr.

Camargo blieb in Peru, woselbst er aber, den Stürmen des Meeres entronnen, in dem Unwetter der dortigen politischen Wirren noch unglücklicher war und unterging. Er schloss sich an die

---

*) S. Herrera, Dec. III. Libr. I. cap. VIII am Ende.

rebellische Partei des Gonzalo Pizarro an und befand sich 1546 in der Umgebung des Pizarrischen Generals Francisco de Carvajal in der Stadt La Plata und der Provinz Charcas. Dieser Carvajal bemächtigte sich dort der so eben entdeckten Silberberge von Potosi, raubte für seinen Herrn Gonzalo Pizarro alles Silber, dessen er habhaft werden konnte, zusammen, und übte so harte Willkürherrschaft, dass sich einige seiner Offiziere gegen sein Leben verschworen. Da er jedoch bei Zeiten diese Verschwörung entdeckte, so liess er jene Offiziere verhaften und hinrichten. Unter ihnen war auch Alonso de Camargo, „der Admiral der Schiffe des Bischofs von Plasencia" und der erste Beschiffer der Westküste Patagoniens und Chile's.

10) Ladrilleros. — Ercilla. — Fernando Gallego. — Juan Fernandez. (1557—1572).

Mit der Expedition der Schiffe des Bischofs von Plasencia und Camargo's schliesst die erste Periode der vom Mutterlande Spanien ausgehenden Schifffahrten zur Magellan's-Strasse ab. Nach ihnen vergingen dann beinahe 40 Jahre, bis die Magellan's-Strasse von Spanien aus wieder besucht wurde. Die Ursachen dieser Vernachlässigung einer anfangs als so äusserst wichtig gepriesenen Entdeckung sind zum Theil vermuthlich in folgenden Umständen zu suchen:

Bei den ersten Expeditionen zur Magellan's-Strasse, bei denen des Solis, des Magellan selbst, des Cabot und des Loaisa, waren die Molukken, die man sich der Neuen Welt anfangs im Westen viel näher dachte, als sie in der That waren, das Hauptziel. Da Solis und Cabot gar nicht einmal zur Strasse hinabgelangt waren, da von Magellan's Flotte nur ein Schiff und von der des Loaisa gar keines nach Spanien zurückgekehrt war, so erkannte man nun wie weit und gefahrvoll dieser Weg sei. Dagegen bewiesen mehre Expeditionen, welche der erste Vicekönig von Mexico, Don Antonio de Mendoza, in der Nähe des Aequators und innerhalb der günstigen Region der Passatwinde zu den Molukken von Neuspanien ausgehen liess, und die ohne grosse Unfälle an's Ziel gelangten, dass man die Molukken und Philippinen von Neu-Spanien aus bequem erreichen, und ausbeuten könne. Und es wurden daher jene berühmten Handelsfahrten von Acapulco zu den Indischen und Chinesischen Gewässern organisirt, die den Spaniern so reichen Gewinn brachten, und bei denen sie die Magellan's-Strasse gänzlich entbehren konnten.

Nachdem die Spanier so angefangen hatten, einzusehen, dass die Reise durch die Magellan's-Strasse zu ihrem Asiatischen Indien, die sie dem Südpol nahe und zwei Mal über den Aequator brachte, sehr weit sei, glaubten sie aber doch, dass dieselbe wenigstens zu einer Verbindung mit Peru und Chile dienen könne. Und die beiden nächsten Expeditionen nach derjenigen Loaisa's, die des Alcazava und die des Bischofs von Plasencia hatten daher auch diesen Plan verfolgt. Aber auch diese beiden Unternehmungen waren, wie ich zeigte, äusserst unglücklich ausgelaufen. Alcazava konnte gar nicht in die stürmische Strasse eindringen, und in den Wüsteneien Patagonien's hatten seine Soldaten so viele Mühen und Leiden zu ertragen, dass „ihre Sinne sich verwirrten", dass sie rebellirten und im wahnsinnigen Tumulte ihre Officiere umbrachten. Und der Admiral des Bischofs von Plasencia, Alonso de Camargo, hatte nur mit genauer Noth mit einem Schiffe in der Magellan's-Strasse durchdringen können und die übrigen, die ihm der Sturm entführte, ihrem Schicksale überlassen müssen.

In Spanien gab man daher nach so vielen Niederlagen die Magellan's-Strasse auch als einen Verbindungsweg mit Peru und Chile auf, und entschloss sich nun auch in dieser Beziehung bei dem schmalen Isthmus von Panama, zu dem eine so bequeme und gefahrlose Schifffahrt führte, zu verbleiben. Man that in dieser Zeit Vieles für die Häfen dieser Landenge und fing an, die Uebergangs-Strassen von einem Meer zum andren zu bessern. Der König von Spanien dachte sogar daran, sie mit einem Canale zu durchschneiden, und so auf künstliche Weise die Wasserstrasse herzustellen, von der man so lange gehofft hatte, dass sie die Natur selbst irgendwo angebahnt haben möchte*).

Ausser dem Mutterlande Spanien gab es nur noch zwei Gegenden, von denen aus die Entdeckung und Eroberung der südlichen Spitze von Amerika (Patagoniens) durch Land- und Seefahrten gefördert werden konnte. Dies war erstlich im Osten am Atlantischen Ocean die La Plata-Mündung und zweitens im Westen an der Südsee das Südende von Chile. Allein bei beiden Punkten stellten sich ebenfalls ausserordentliche klimatische und andere Hindernisse entgegen. Bei der La Plata-Mündung hatten die Spanier zwar, wie gesagt, schon unter Pedro de Mendoza die Stadt Buenos Ayres gegründet. Allein diese von den wilden Pampas-Völkern und den wüsten Steppen-Ebenen umgebene Colonie konnte während des ganzen Laufes des 16. Jahrhunderts zu keiner gedeihlichen Blüthe und Festigkeit gelangen. Sie wurde

---

*) Navarrete giebt im 4. Bande seiner Colleccion de los Viages de los Españoles etc. pag. X und ff. eine Uebersicht aller Wege- und Canal-Arbeiten, welche die Spanier auf dem Isthmus von Panama während des 16. Jahrhunderts ausführten.

mehre Male von den Indianern zerstört, von den Spaniern wieder aufgebaut und wiederum auf Jahre lang aus Mangel an Lebensmitteln und aus Furcht vor den Pampas-Indianern verlassen. Erst im Jahre 1580 wurde sie für immer auf einen soliden Fuss gesetzt, und erst dann, nachdem rings umher die Kraft der Indianer etwas gebrochen und nachdem die Steppen mit zahlreichen Vieh-Heerden erfüllt und dadurch nutzbar geworden waren, konnte man auch von da aus an eine nachdrücklichere Erforschung des Südens denken.

Im Süden von Chile waren die Verhältnisse, wenn auch verschieden, doch ebenfalls nicht sehr günstig. Dort hatte zwar schon Valdivia im Jahre 1541 die Spanischen Eroberungen bis zum 40. Grade S. Br. vorgeschoben. Auch hatte er im Jahre 1552 einen Capitän Francisco de Ulloa mit zwei Schiffen ausgesandt, um die Küsten weiter südwärts bis zur Magellan's-Strasse zu erforschen. Doch haben wir von den Erfolgen dieser Fahrt keine sichere Kunde*). Valdivia selbst fand noch in demselben Jahre 1552 gegen die unbändigen Araukaner seinen Tod**).

Die furchtbaren Kämpfe mit den Araukanern, die der Spanische Dichter Alonso de Ercilla besungen hat, ziehen sich durch die ganze letzte Hälfte des 16. Jahrhunderts hin. Die kleinen Städte und Festungen, welche die Spanier in der Nachbarschaft des Landes dieser Araukaner anlegten, die Städte Valdivia, Osorno, Imperial, Arauco etc. wurden eben so oft wie das von den Pampas-Indianern stets bedrohte Buenos Ayres zerstört, von den Chilenischen Spaniern wieder aufgebaut und wieder verlassen. Allerdings aber machte doch die Natur des Landes hier im Westen ein weiteres Vordringen nach Süden etwas leichter, als es im Osten war. Hier im Westen fand man südwärts ziemlich weit hinab fruchtbare Thäler mit Flüssen, die aufwärts zum Theil schiffbar waren und an ihren Mündungen auch leidlich gute Häfen hatten. Dazu boten sich auch hie und da Küsten-Inseln dar, an denen man Anhaltspunkte fand und auf denen man sich befestigen konnte. Auf der Ostseite dagegen besassen die weiten, wüsten, dem Meere gleichenden Pampas gar keine solchen Anhaltspunkte, keine Flüsse oder Baien. Vom La Plata südwärts bis zum Rio Negro giebt es dort keinen ausgezeichneten Hafen***).

---

*) Auch Burney hat nichts Sicheres über diese Expedition finden können. Siehe sein oft citirtes Werk Vol. I. pag. 246.

**) Siehe über das Jahr seines Todes, das hie und da irrthümlich angegeben wird, Burney l. c. Vol. I. pag. 247.

***) S. Hakluyt's „Ruttier" vom La Plata zur Magellan's-Strasse. Tomo III. pag. 724.

Aus diesem Grunde schritt denn die Spanische Colonien-Stiftung auf der Seite des Stillen Meeres schon bald bis zum 43° S. Br. vor, während sie auf der Seite des Atlantischen Oceans noch lange 10 Grade weiter nördlich zurückblieb. — Die Städte, welche dort gegründet wurden, folgen sich in chronologischer und geographischer Reihenfolge so: La Concepcion, gestiftet von Valdivia 1550. — Valdivia, gestiftet von Valdivia. — La Imperial, gestiftet von Valdivia 1551. — Osorno, gestiftet von dem Gouverneur von Chile, Garcia de Mendoza im Jahre 1558. Dies Osorno ist die südlichste Spanische Stadt auf dem Festlande Chile's. Von dem Festlande Chile's aus waren die Spanier auch zu der grossen Insel Chiloe (oder Chilue) übergesetzt, die wir das erste Länderstück Patagoniens nennen können. Vermuthlich entdeckte diese Insel schon Valdivia. Zu seiner Zeit um die Mitte des 16. Jahrhunderts war sie bereits bekannt und wurde auch unter der Regierung des Vicekönigs von Peru, des Lope Garcia de Castro, im Jahre 1566 mit einer Colonie versehen, die man nach ihm „Castro" nannte, und die noch heutigen Tages denselben Namen trägt. Man kann diese Stadt gewissermassen als die erste Patagonische Pflanzstadt der Spanier betrachten. Die Insel Chiloe war im Westen Patagoniens lange das Ultima Thule. Wir sehen sie fast auf allen Karten aus dem Ende des 16. und aus dem Anfange des 17. Jahrhunderts ziemlich richtig dargestellt[*]), und wie sie, so auch den sie umgebenden Meerbusen von Guayteca, der auch mit dem Namen „Sinus de Ancud" oder „de Chilue" bezeichnet wird.

Die rauhen, wildumstürmten Gegenden weiter im Süden von Chiloe blieben noch länger unbekannt. Die Spanischen Chilenen versetzten dahin „das Ende der Christenheit" („la fin de la Christiandad").

Die Könige von Spanien hatten diese unerforschten Gegenden bis an die Magellan's-Strasse schon mehre Male den Conquistadoren und Gouverneuren von Chile zugetheilt, und diese Gouverneure betrachteten daher auch die Fortsetzung der Entdeckungen zu und in der Magellan's-Strasse als ein zu ihrem Departement gehöriges Geschäft. Schon mehre von ihnen hatten den Plan gehabt, wieder einmal bis zu dieser Strasse vom Stillen Ocean her vorzudringen. Allein theils der Mangel an Schiffen und kundigen Piloten, theils die Furcht vor den Gefahren der Schifffahrt nach Süden hatten die Ausführung dieses Vorhabens gehindert. Es hatte sich auch die vorurtheilsvolle Ansicht verbreitet, dass die

---

[*]) So z. B. die Karten Patagoniens zu Laët's „Novus Orbis" und zu Herrera's Descriptio Indiae Occidentalis.

Magellan's-Strasse von einer heftigen westwärts gerichteten Strömung durchsetzt werde, und dass man sie daher zwar wohl von Osten nach Westen, wie es alle bisherigen Beschiffer der Strasse gethan hätten, aber nicht umgekehrt von Westen nach Osten besegeln könne.

Nachdem auf der Südsee nach und nach in den Häfen von Chile die Schiffe und geschickten Seefahrer sich gemehrt hatten, entschloss sich der Gouverneur von Chile, Garcia Hurtado de Mendoza, Sohn des Vicekönigs von Peru Antonio de Mendoza, diesen zweifelhaften Punkt untersuchen zu lassen. Er rüstete im Jahre 1557 in Valdivia ein Paar Schiffe aus und stellte sie unter das Commando des Capitäns Juan Ladrilleros, der sich schon in den Peruanischen Bürgerkriegen ausgezeichnet hatte. Ladrilleros hatte an Bord seiner beiden Schiffe unter andern Südsee-Piloten auch den Hernando Gallego, der später (im Jahre 1567) den Mendana auf seiner berühmten Entdeckungsreise zu den Salomons-Inseln begleitete. Auch dessen Bruder Pedro Gallego ging mit.

Ladrilleros*) segelte von Valdivia (November 1557) aus längs der Küste der West-Patagonischen Insel-Archipele hinab. Den Eingang der Magellan's-Strasse konnte er nicht sogleich finden. Er lief in mehre Busen und Wasserthore ein, bis er endlich den rechten Canal entdeckte. Er verweilte nicht weniger als vier Monate in einer Bai der Strasse, die er „el puerto de Nuestra Señora de los Remedios" nannte und untersuchte die Küsten und Buchten der Strasse bis zu ihrem östlichen Ausgange. Er kam glücklich bis in die Nähe des Atlantischen Oceans hindurch und widerlegte auf diese Weise zum ersten Male das Vorurtheil, dass die Magellan's-Strasse in der Richtung vom Stillen zum Atlantischen Ocean nicht befahren werden könne. Seine Reise war in manchen Beziehungen eine Entdeckungsreise, grösstentheils zwar nur eine Wieder-Entdeckung. Und es ist daher nicht wenig zu bedauern, dass wir weder über die ertheilten Instructionen, noch über die Ausführung derselben einigermaassen gut unterrichtet sind. — Acosta**) sagt, er habe einen von Ladrilleros selbst geschriebenen Bericht über seine Reise gelesen, in welchem Ladrilleros behaupte, er sei im Laufe des Jahres 1558 ganz bis an das andere Ende der Magellan's-Strasse hindurchgeschifft und habe das „Nord-Meer" (den Atlantischen Ocean) schon von Weitem gesehen. Aber aus Furcht vor dem bereits drohenden Winter und vor der Rauheit der Witterung,

---

*) Einige Spanische Historiker schreiben den Namen Ladrillero.
**) Histoire des Indes. Paris 1618. S. 95.

in Folge deren unermessliche und wildschäumende Wogen aus dem Ocean gegen den Ausgang der Strasse herangerollt wären, habe er es für besser gehalten, wieder umzuwenden, die Strasse von Osten nach Westen abermals zu durchsegeln, und er sei dann so nach Chile zurückgekehrt, aber nur mit drei oder vier Personen, da alle übrigen den Anstrengungen und Gefahren der Reise unterlegen seien. Diesem nach ist also der besagte Ladrilleros der erste gewesen, der die Magellan's-Strasse in beiden Richtungen durchfahren hat, und er mochte sie wohl besser kennen, als seine Vorgänger*).

In demselben Jahre, in welchem Ladrilleros die Magellan's-Strasse befuhr, im Jahre 1558, unternahm auch sein Chef, der genannte Gouverneur von Chile Garcia Hurtado de Mendoza eine Expedition zu Lande zur Eroberung und Besetzung der Länder und Inseln im Süden. Mendoza hatte auf diesem Kriegszuge den berühmten Dichter Alonso de Ercilla als einen seiner Officiere bei sich. Derselbe drang damals an der Spitze eines kleinen Trupps zu Lande weiter nach Süden vor, als irgend ein anderer Spanier vor ihm. Zwei Mal durchschiffte er mit den Seinen die gefährlichen Arme des Archipels von Ancud, marschirte ein wenig in's Innere des rauhen Landes Patagonien und schnitt mit seinem Dolche in einen grossen Baum, „als Denkmal seiner Kühnheit", eine Inschrift, die er auch in seinem berühmten Epos über die Araukanen aufbewahrt hat**).

Auch nach Mendoza, Ladrilleros und Ercilla haben die Gouverneure von Chile und die Vicekönige von Peru noch einige andere Seefahrer zur Erforschung und Beschiffung der Westküste Patagoniens ausgesandt. Doch wissen wir leider nichts Sicheres von diesen Chilenischen Seefahrern, theils weil einige von ihnen bei ihren Versuchen ihr Leben verloren, theils weil ihre Unternehmungen nicht sehr erfolgreich waren und man es wahrscheinlich deshalb nicht der Mühe werth hielt, in den Archiven von Indien die Documente über sie aufzubewahren***).

Um das Jahr 1570 herum machten ein paar berühmte Chilenische Seefahrer, Juan Fernandez und der schon oben genannte Fernando Gallego, mehre Fahrten und Ausflüge auf die Südsee, bei denen sie auch in die Nachbarschaft Patagoniens kamen. Fernando Gallego verlor bei einer solchen Fahrt in der Nähe des 49. Grades S. Br. sein Leben. Es muss als ein denk-

---

*) S. über Ladrilleros, Relacion del ultimo viage etc. pag. 219 ff.
**) S. Navarrete. Tomo IV. pag. XIV und XV.
***) S. Navarrete l. c. pag. XIII. vergl. auch Relacion del ultimo viage. pag. 220.

würdiges Ereigniss betrachtet worden sein. Denn auf vielen Spanischen und auch auf andern ihnen nachgemachten Karten fand man noch lange diesen Punkt mit den Worten bezeichnet: „Aqui se perdio Fernando Gallego*). (Hier ging F. Gallego verloren). Juan Fernandez entdeckte auf einer Fahrt von Lima nach Valparaiso, welche er im Jahre 1572**) machte, und bei welcher er, um die conträren beständig längs der Küste wehenden Südwinde zu umgehen, weiter westwärts in den Ocean hinaussegelte, die nach ihm benannten „Juan Fernandez-Inseln". Es ist eine waldreiche Insel-Gruppe, die nachher eine für alle Magellan's-Strassen-Fahrer und Weltumsegler wichtige Station wurde.

III. Drake und die durch seine Fahrt hervorgerufenen Expeditionen der Engländer und Spanier.

1) Drake (1577—1579).

In Folge der von mir erwähnten Fahrten des Mendoza, Ladrilleros, Ercilla, Gallego, Juan Fernandez etc. hatte während der Mitte des 16. Jahrhunderts die Kenntniss Patagoniens nur auf der Westküste einige Fortschritte gemacht. Die von Spanien und bald auch von Chile aus vernachlässigte Magellan's-Strasse selbst aber war in so grosse Unbekanntschaft verfallen, dass in Europa Viele sogar an ihrer Existenz zweifeln wollten. Die Entdecker der Strasse, die Spanier selbst, scheinen die Hauptförderer dieser Zweifel gewesen zu sein. In den ersten Zeiten der Entdeckung Amerika's, als sie sich überall in den Amerikanischen Gewässern, in den östlichen wie in den westlichen, stark fühlten und dort die Einzigen waren, erschien ihnen die Eröffnung der Schifffahrt durch die Magellan's-Strasse zur Verbindung des Westens und Ostens äusserst wichtig. Jetzt aber nach der Mitte des 16. Jahrhunderts hatten sich die Umstände sehr verändert. Sie hatten eine Menge gieriger Verfolger, Englische, Französische und Holländische Abenteurer und Piraten, zu der Neuen Welt nach sich gezogen. Viele von diesen mehr und mehr erstarkenden bösen Feinden hatten schon zu wiederholten Malen die Spanischen Ansiedlungen auf der Ostseite Amerika's längs des Atlantischen Oceans heimgesucht und geplündert.

Dagegen hatten die Spanier auf der andern Seite Amerika's eine ganze Reihe wichtiger Häfen, Provinzen und Reiche ge-

---

*) Auf einigen Karten, die ich gesehen habe, steht, vermuthlich fälschlich: „Diego Gallego".
**) Bei einigen neueren Schriftstellern wird das Jahr 1563 angegeben. S. hierüber: Eyries in Michaud's Biographie Universelle. Artikel: „Fernandes (Juan)". (Vol. XIII. pag. 591).

wonnen und auf dem Stillen Ocean ihre gewinnbringenden Fahrten zu den Philippinen und den Chinesischen Gewässern in Gang gebracht. Für die Verbindung dieser ihrer Besitzungen am Stillen Ocean mit Europa hatten sie die Handelsstrasse über den schmalen Isthmus von Panama organisirt und dieser Weg erschien ihnen genügend und bequemer als der weite Umweg um den rauhen Süden Amerika's herum und durch die Magellan's-Strasse, in der sie bei ihren letzten Expeditionen so böse Erfahrungen gemacht hatten. Um ihre Besitzungen und Handelsschaft am Stillen Ocean, den sie gern zu einem Mare clausum für sich selbst gemacht hätten, waren sie so ängstlich besorgt, dass ihr König Philipp II. unter anderm im Jahre 1572 gebot, einem fremdländischen Matrosen oder Seefahrer solle unter keiner Bedingung die Schifffahrt auf der Südsee gestattet werden, sogar dann nicht, wenn er auch schon über zehn Jahre auf königlichen Schiffen für Spanien im Atlantischen Meere gedient habe*). Daher war es denn den Spaniern ganz recht, dass die Magellan's-Strasse, die sie früher so eifrig gesucht hatten, nun in Vergessenheit gerathen war. Man behauptete in Spanien sogar, dass, wenn es je eine solche Strasse gegeben habe, so sei sie jetzt doch — vielleicht durch ein Erdbeben oder irgend ein anderes Naturereigniss — ganz verschüttet und verschlossen**).

Selbst jener Spanische Kriegsheld und Dichter Ercilla, der zur Zeit des Ladrilleros, wie ich oben sagte, so weit nach Süden vorgedrungen war, äusserte in seinem berühmten Gedichte „La Araucana" Zweifel über die Existenz der Magellan's-Strasse. Er sagte in diesem im Jahre 1577 zuerst publicirten, aber schon früher verfassten Epos, dass Magellan diese Meerenge ein Mal gekannt, aufgefunden und nach seinem Namen benannt habe, dass sie aber jetzt den Spanischen Piloten wieder verloren gegangen und verborgen worden sei, „entweder weil man die rechte geographische Lage derselben nicht mehr wüsste, oder vielleicht, weil eine vom stürmischen Meere und dem wüthenden Winde losgerissene Insel sie verstopft habe"***).

---

*) S. hierüber: Sprengel in La Peyrouse's Entdeckungsreise. II. p. 30.
**) S. Acosta. Hist. natural y moral de las Indias. Lib. III. p. 148 ff. und Navarrete l. c. pag. XIV.
***) Siehe die betreffenden Verse bei Navarrete l. c. pag. XV:
„Esta secreta senda descubierta
Quedó para nosotros escondida
Ora sea yerro de la altura cierta,
Ora que alguna isleta removida
Del tempestuoso mar y viento airado
Encallando en la boca la ha cerrado."

Aber zu eben dieser Zeit, wo die Spanier solche Ansichten über die Magellan's-Strasse zu verbreiten trachteten, gab es andere Leute, die sich der Fahrten Magellan's, Loaisa's und der übrigen alten Spanischen Entdecker besser erinnerten, als deren Landsleute selbst. Ramusio, der in seiner um die Mitte des 16. Jahrhunderts publicirten Sammlung von Reiseberichten auch den von Pigafetta über die Fahrt Magellan's aufnahm, hatte dafür gesorgt, dass die Kenntniss der Magellan's-Strasse dem übrigen Europa nicht verloren ging. Auch in Frankreich und eben so in Deutschland hatte man längst mehre Berichte über Magellan's Reise veröffentlicht. Zudem wurde die Magellan's-Strasse auf allen Welt- und See-Karten dieser Zeit nach alter Weise hingemalt. Die Engländer, die damals überall den Spaniern auf den Fersen waren, und ihnen auch, wo sie konnten, Reiseberichte und Karten abnahmen, mochten diese eifrig studiren.

Einer ihrer tüchtigsten Seefahrer war Francis Drake, der damals schon mehre Kreuzzüge gegen die Spanier glücklich ausgeführt hatte und bereits ein Mal (im Jahre 1572) zerstörend und reiche Beute sammelnd über den Isthmus von Panama in die Nähe der Südsee, die er von den dortigen Höhen, wie einst ihr Entdecker Balboa, zu seiner Freude erblickte, vorgedrungen war. Hier mochte er auch in Erfahrung gebracht haben, dass die bisher nie angefeindeten Häfen auf der Seite des Stillen Oceans von den Spaniern ziemlich schutz- und vertheidigungslos gelassen waren und eine leichte Beute zu werden versprächen. Schon damals fasste er die Absicht, diese weite See und ihre Küsten der Englischen Schifffahrt zu eröffnen. Doch konnte er seiner Königin Elisabeth erst im Jahre 1577 einen Plan zu einer Expedition durch die Magellan's-Strasse in die Südsee vorlegen. Diese gab ihm dazu eine Flotte von fünf Schiffen, mit welcher er am 5. November des Jahres 1577 von Plymouth aus seine denkwürdige Reise antrat*).

Um den Spaniern das Ziel der Unternehmung geheim zu halten, hatte man öffentlich vorgegeben, die Flotte sei für Alexandrien in Egypten bestimmt. Aber Drake folgte von vornherein der Reiseroute des Magellan. Er hatte mehre kundige Seeleute an Bord, auch viele Englische Edelleute, welche den Marinedienst lernen wollten, dazu einige Französische Abenteurer und endlich

---

*) Der Spanier Argensola (in seiner Conquista de las Molucas Madrid 1608, pag. 105) sagt, Drake sei ausgesegelt, „um die Strasse des Magellan zu suchen, an welche die allgemeine Meinung nicht glaubt, deren Existenz aber von vielen Cosmographen behauptet wird." („a buscar aquel Estrecho de Magellanes, no creydo de la opinion ordinaria, y afirmado de muchos Cosmographos").

auch einen Portugiesischen Piloten, der mit der Brasilischen Schifffahrt vertraut war, und den er unterwegs kaperte*).

Wie Magellan fuhr Drake in südwestlicher Richtung über den Atlantischen Ocean, lief wie jener zuerst in die Mündungs-Bai des La Plata-Stromes ein und ging dann, um seine stark mitgenommenen Schiffe auszubessern und um sich mit frischem Wasser und Mundvorrath zu versehen, in der Julians-Bai in Patagonien vor Anker, wo er auch noch einen Galgen fand, an welchem Magellan vor 60 Jahren, wie Drake glaubte, seine rebellischen Offiziere aufgeknüpft hatte. Selbst in zufälligen Umständen sollte, wie es scheint, die Reise Drake's der des Magellan's ähneln. Denn auch er musste in eben diesem Hafen einen ungehorsamen Officier, den Master Doughaty**), mit dem Tode bestrafen. Derselbe hatte sich mehre Versehen zu Schulden kommen lassen, aufrührerische und respectwidrige Aeusserungen gethan, welche bewiesen, dass er als Drake's Nebenbuhler nach dem Oberbefehl der Flotte strebe***), wie das einst Cartagena bei Magellan gethan hatte. Drake liess daher dem besagten Officier wegen Ungehorsams den Prozess machen, ihn zum Tode verurtheilen und die Communion nehmen, wobei er selbst (Drake) dem administrirenden Prediger Beistand leistete. „Nachdem er ihn umarmt und unter vielen Thränen von ihm Abschied genommen hatte, führte er ihn zum Block, auf welchem Master Doughaty nach einem Gebete für die Königin sein Haupt legte und sein Leben aushauchte".

Am 20. August 1578 fand Drake den Eingang der Magellan's-Strasse, die seit beinahe vierzig Jahren von Osten her Niemand wieder gesehen hatte. Er fuhr hinein und hatte in der Strasse fast immer günstige Winde. Dies und vermuthlich die geschickte Führung seiner Schiffe bewirkten, dass er schon am 6. September den westlichen Ausgang erreichte und in die freie Südsee hinausfahren konnte. Er hatte die Durchfahrt also in 16 Tagen, noch

---

*) Von dem Portugiesischen Piloten, der Drake begleitete, Namens Nuño de Sylva, und von einem Französischen Edelmanne aus der Picardie rührten zwei der bekanntesten Augenzeugen-Berichte über Drake's Reise her, die nachher Hakluyt in seine Sammlung (Vol. III.) aufnahm und die bald darauf in mehre Sprachen übersetzt und mehrfach publicirt wurden. Der dritte Augenzeugen-Bericht wurde von einem mitreisenden Engländer, dem Prediger der Expedition Francis Fletcher unter dem Titel: „The World encompassed" (die umsegelte Welt) aufgesetzt, aber erst viel später (im Jahre 1628) publicirt. Siehe hierüber Fleurieu, Voyage de Marchand. Paris. An. VIII. Tome III. pag. 224 ff.

**) Der Name wird auch „Doughty" und auch „Dowtye" geschrieben.

***) S. The World encompassed etc. London printed for the Hakluyt Society. 1854. pag. XXXVII. und Appendix I.

etwas schneller als Magellan selbst, vollendet. Er war der erste, der dies in so kurzer Zeit zu Stande brachte und dies musste wohl nach Drake der Magellan's-Strasse als einem vortrefflichen Seewege wieder einen grossen Namen machen.

So kurz die Fahrt war, so wurden doch manche neue Entdeckungen oder Beobachtungen auf derselben gemacht. Drake und seine Begleiter bespötteln in ihren Berichten die übertriebenen Angaben der Spanier von den Patagonischen Riesen. Sie schildern die der Magellan's-Strasse eigenthümlichen plötzlichen Luftstösse (die sogenannten „Williwaws"), die dort oft unerwartet wie Lawinen von den Bergen herabbrausen. Auch haben sich noch einige der von Drake in der Strasse ausgetheilten Englischen Namen bis auf den heutigen Tag in Gebrauch erhalten. So insbesondere der Name der Insel, welche ungefähr 17 Deutsche Meilen von dem Eingange der Strasse nach Westen liegt, von welcher Drake im Namen seiner Königin Elisabeth Besitz ergriff*) und die noch jetzt bei uns ganz allgemein „Elizabeth Island" heisst. Andere der von ihm ausgetheilten Namen, so die Namen seiner „St. Bartholomaeus-" und „St. Georgs-Insel" und eben so der einst in der alten Schifffahrts-Geschichte viel genannte Name seiner „Bay of severing of friends" (der Bai, wo die Freunde schieden) sind jetzt wieder ausser Gebrauch gekommen.

Wie die meisten seiner Vorgänger und Nachfolger, so wurde auch Drake gleich bei seiner Ausfahrt aus der Strasse von Weststürmen, wie sie so häufig in diesem Theil der Südsee wüthen, überfallen und aus seinem Course verschlagen. Er wurde bis zum 57^0 S. Br. südwärts hinabgetrieben und kam also auf diese Weise so weit in die Nähe des Südpols, wie noch Niemand vor ihm. Auf dieser Breite sah er wieder Land und ging bei einer Insel vor Anker. Alsdann, da der Wind etwas günstiger wurde, segelte er wieder nordwärts bis zum 55^0 S. Br. zurück, wo er abermals Land fand und durch Stürme genöthigt wurde, vor Anker zu gehen.

Man hat hinterdrein lange gefragt, welche Länder es gewesen sein möchten, die Drake hier im Süden des westlichen Ausgangs der Magellan's-Strasse erblickt habe. Die von dem oben genannten Portugiesen de Sylva und von dem Französischen Edelmann aus der Picardie zuerst publicirten Berichte über Drake's Reise waren über diesen Punkt nicht ganz klar. Nach ihnen glaubte man, indem man an der ein Mal vorgefassten Meinung von dem grossen Süd-Continent festhielt, Drake habe einen Küstenstrich dieses Süd-Continents erblickt, und man nannte den-

---

*) S. The World encompassed. S. 75.

selben nun „das Land Drake's", welches auf den Karten des 16. und 17. Jahrhunderts im Südwesten Amerika's erschien und auf ihnen mehr oder weniger ausgedehnt dargestellt wurde. Aus dem Reiseberichte Fletcher's hätte man sich freilich eines Bessern belehren können. Denn dieser sagt ganz deutlich, dass das Land, welches Drake unter dem 57^0 S. Br. gesehen habe, eine Gruppe kleiner Inseln gewesen sei. (Vielleicht waren es die Inseln des Diego Ramirez, die unter 57^0 S. Br. liegen). Von dem Lande, welches Drake nachher unter 55^0 S. Br. sah, sagt derselbe Fletcher eben so bestimmt, dass es eine Menge von grösseren Inseln gewesen, in welche das Feuerland durch mehre Nebenzweige der Magellan's-Strasse zerlegt würde, und dass Drake diese Inseln zu Ehren seiner Königin „die Elisabethiden" („Elizabethides") genannt habe. Die Strassen, deren Ausgänge in's Meer Drake hier sah, hatte er auch früher bei ihren Eingängen in der Magellan's-Strasse selbst gesehen, so dass er schon damals ungewiss darüber gewesen war, welches die eigentliche Magellan's-Strasse sei. Drake und seine Gefährten, sagt Fletcher, hätten hier bemerkt, dass sie sich an der Südspitze Amerika's befänden, und dass das Feuerland nicht so wohl, wie man bisher geglaubt habe, die nordwärts hinaufgreifende Halbinsel eines grossen Südländischen Continents sei, sondern sich südwärts in eine Menge kleinerer und grösserer Inseln auflöse und dass mithin hier der Atlantische und Stille Ocean sich verbänden und daselbst ein einziges grosses zusammenhängendes Meer bildeten. „Das äusserste Cap von allen diesen Inseln", so heisst es weiter, „steht in 56^0 S. Br., von welchem südwärts keine Insel oder Festland mehr gesehen werden kann"[*]). Nachdem Drake und die Seinen diess erkannt und nachdem sich das Wetter etwas gebessert hatte, segelten sie alsdann in nordwestlicher Richtung weiter.

Es ist unmöglich, dass man sich über die Beschaffenheit des Feuerlandes und über das von Drake erblickte Süd-Ende Amerika's deutlicher aussprechen und Beides zutreffender beschreiben konnte, als es Fletcher, der Begleiter Drake's, in dem Obigen gethan hat. Aber dieses Mannes Bericht oder vielmehr das nach seinen Berichten und Aufzeichnungen abgefasste Buch: „The World encompassed" kam, wie gesagt, erst im Jahre 1628 gedruckt an's Licht und unterdessen hatte sich bei den Geographen schon die Ansicht über das südliche „Drake's-Land", die mit dem hergebrachten Glauben an die Existenz eines grossen südlichen Continents so gut übereinstimmte, festgesetzt. Sogar noch später, nachdem die Holländer die Südspitze Amerika's, das Cap Horn, noch deutlicher

---

[*]) S. The World encompassed. S. 81.

als Drake erkannt und auch das freie Wasser im Süden gewahrt hatten, blieb man dabei, dass Drake nur gewisse Länder im Südwesten von Feuerland nicht aber die Südwestseite und das südliche Ende dieses Landes selbst gesehen habe. Man verlegte das „Drake's Land" nur ein wenig weiter vom Cap Horn südwärts hinaus. Erst am Ende des vorigen Jahrhunderts hat der ausgezeichnete französische Geograph Fleurieu in einer eigenen und äusserst interessanten und bündigen Abhandlung über den Gegenstand nachgewiesen, dass Drake schon im Jahre 1578 lange Zeit vor den Holländern das Süd-Ende Amerika's gesehen und seine Beschaffenheit ziemlich richtig erkannt habe*).

Nachdem Drake sich endlich „mit Hülfe des Allmächtigen, dessen Gnade auch den Jonas aus dem Bauche des Wallfisches rettete", wieder aus dem kalten und stürmischen Süden zum milderen Norden hervorgearbeitet hatte, — eines seiner Schiffe „die Elisabeth" unter dem Commando des Capitän Winter kam ihm dabei abhanden, rettete sich in die Magellan's-Strasse, und von da nach England zurück —, fuhr er längs der West-Küste Patagoniens und machte dort noch eine für die Geographie des Landes wichtige Bemerkung. „Nach den Karten jener Zeit", sagt er oder sein Berichterstatter Fletcher, „sollte die Richtung dieser Küste aus Südosten nach Nordwesten gehen, und demnach wollten wir, um das Land immer zur Seite zu behalten, auch einen nordwestlichen Cours nehmen. Aber wir bemerkten bald, dass dabei die Küste Patagoniens uns ostwärts zurückblieb, und indem wir ihrem allmähligen Zurückweichen nach Osten folgten, entdeckten wir endlich, dass die gesammte Westküste von Patagonien und Chile im Ganzen zwar von Süden nach Norden lief, dass sie aber je weiter wir nach Norden kamen, bis nach Peru hinauf immer etwas weiter nach Osten zurückwich, und eine endlos lange Strecke aus Südsüdwesten nach Nordnordosten gerichtet war".

Diese Beobachtung berichtigte einen wesentlichen Irrthum über die Configuration des Amerikanischen Südlandes, das man sich im 16. Jahrhundert meistens viel zu breit gedacht und auch oft auf Karten mit einem grossen nach Westen vorgeschwollenen Bauche dargestellt hatte**). Drake schnitt hier so zu sagen einige tausend Quadratmeilen von dem Festlande ab und liess die Patagonische Küstenfront mehr in die rechte Linie einrücken***).

---

*) S. diese Abhandlung in dem Werke Fleurieu's: Voyage de Marchand. Tome III. p. 223 bis 273.

**) Man kann diese irrthümliche von Drake berichtete Anschwellung der Küste Patagoniens und Chile's unter andern auf den Amerikanischen Karten im Ptolemäus (von 1545), bei Ramusio (von 1556), bei Joh. Rotz (von 1542), bei Thevet (1575), bei Corn. Judaeus und vielen Andern erkennen.

***) The World encompassed. p. 79.

Nach diesen Bemerkungen und Entdeckungen, den letzten, der von ihm gemachten, welche uns hier angehen, brach nun Drake, jener „Orbis Archipirata" (Erzpirat des Erdglobus) wie ihn ein Schriftsteller des 16. Jahrhunderts nennt*), über die silberreichen Spanischen Südsee-Städte und die mit köstlichen Waaren gefüllten Manilla-Schiffe wie ein Wolf über die Schafe her. Er zerstörte, verbrannte, plünderte und raubte längs der ganzen Westküste Amerika's nordwärts hinauf, bis in die Nähe des 40. Grades N. Br. und segelte darnach noch weiter nordwärts über die Spanischen Colonien hinaus, weil er hoffte, hier im Norden eine ähnliche Strasse vom Stillen Meer zum Atlantischen Ocean, wie es die Magellanische im Süden war, auffinden zu können. Aber unter dem 48^0 N. Br., wo ihm und den Seinigen eine unerwartet heftige Kälte entgegentrat, und wo auch das Land eher nach Westen vorzutreten als nach Osten zurückzuweichen schien, gab er diese Sache auf**) und kehrte dann, mit Schätzen beladen durch die Asiatischen Gewässer nach England zurück, wo er nach einer fast dreijährigen Reise den 6. Nov. 1580 anlangte, und wo die Königin Elisabeth, um ihn zu ehren, an Bord seines Schiffes „der Pelikan", den aber Drake unterwegs umgetauft und „the golden Hind" (die goldene Hirschkuh) genannt hatte, einem Feste beiwohnte, und wo dieses Schiff, das zweite, das die Welt umkreist hatte, „zum ewigen Andenken" in den Docks des Englischen Arsenals zu Deptford deponirt und dort wenigstens mehre Jahre aufbewahrt und gezeigt wurde, bis es zerfiel. Aus den letzten Ueberresten dieses merkwürdigen Englischen Schiffs wurde dann ein Armstuhl gemacht, den man der Universität von Oxford schenkte.

Von der Ostküste Brasiliens an durch die Magellan's-Strasse sowie bis zum nördlichen Californien hinauf, hatte Drake die Küste Amerika's auf einer Strecke von mehr als 3000 deutschen Meilen befahren. Er hatte mithin so zu sagen zwei Drittel der ganzen Neuen Welt umkreist und noch Niemand vor ihm, auch für lange Zeit Keiner nach ihm konnte sich rühmen, Amerika auf einer und derselben Reise und so zu sagen mit einem Schlage in einer so weiten Ausdehnung recognoscirt zu haben. Er war der erste Englische Weltumsegler, und nach dem Spanier Sebastian Delcano überhaupt der zweite. Englische Dichter besangen ihn in vielen Versen, von denen einer der besten folgender war:

---

*) Wytfliet Augm. Ptol. Lovanii 1597. S. 112.
**) The World encompassed p. 111, 116, 118.

„Si taceant homines, facient te sidera notum
Sol nescit comitis non memor esse sui"*).
(Sollten die Menschen schweigen, so werden die Gestirne
    Deinen Namen verkünden,
Die Sonne kann ihres Begleiters nicht vergessen.)

Ich bemerkte oben, dass inmitten der Südsee-Stürme, die den Drake im Westen der Magellan's-Strasse überfallen hatten, eines seiner Schiffe, die „Elizabeth", unter Capitain Winter sich von ihm getrennt habe, wieder in die Strasse eingelaufen und diese, von heftigen Westwinden begünstigt, durchsegelt und nach Europa zurückgekehrt sei**). Englische Autoren, welche die selten besprochene Fahrt des Spaniers Ladrilleros nicht kannten, haben behauptet, dass der genannte Winter der erste gewesen sei, der das Vorurtheil, dass die Strasse ostwärts wegen der in ihr herrschenden starken Strömungen aus Osten nicht befahren werden könne, widerlegt habe. Diese Ansicht war ganz aus der Luft gegriffen, da ja schon der erste Besegler der Strasse, Magellan selbst, eben so vielen Strömungen und Winden aus Westen wie aus Osten begegnet war. Dass aber nicht der Engländer Winter, sondern jener Ladrilleros der erste war, der diess Vorurtheil auf praktische Weise widerlegte und die Fahrbarkeit der Strasse von Westen nach Osten entdeckte, hat Fleurieu sehr klar und umständlich bewiesen***). Manchen Kundigen war es freilich auch schon früher bekannt†). In der Botanik ist des Capitän Winter's Name bis auf den heutigen Tag verewigt. Nach ihm heisst noch jetzt der von ihm entdeckte schätzbarste Baum des westlichen Feuerlandes, eine Laurus-Gattung, *„Laurus Winteriana"* oder „die Winterwurzel" ††), deren antiskorbutische Eigenschaften später manche Magellan's-Fahrer vom Verderben retteten.

2) Sarmiento (1579—1580)†††).

Da die Spanier, wie gesagt, bisher auf der Südsee fast ungestörter und mit grösserer Sicherheit geschifft hatten, als an den Küsten ihrer eigenen Europäischen Heimath, so geriethen sie in

---

*) Burney (History of the discoveries in the South-See, Vol. I. pag. 565) citirt ihn.

**) Die Schilderung von Winter's Reise findet sich in Hakluyt: Voyages, Navigations etc. London 1600. Vol. III. S. 749.

***) Fleurieu in Marchand. Tome III. S. 263 ff.

†) Z. B. Laët l. c. S. 501. Fleurieu hat ihn nicht citirt.

††) Relacion del Ultimo Viage. S. 374.

†††) Die Haupt-Quelle und beste Autorität für Sarmiento's Reise ist das von ihm selbst verfasste, aber erst fast 200 Jahre nach seiner Fahrt aufgefundene und publicirte Werk: Viage al Estrecho de Magellanes, por el Capitan Pedro Sarmiento de Gamboa, etc. Madrid 1768.

nicht geringen Schrecken, als jener „Erzpirat des Erdkreises" durch das alte beinahe vergessene Thor der Magellan's-Strasse plötzlich wie ein Blitz in ihre Domäne des Stillen Oceans hervorfuhr und diesen Weg den „Sektirern, Hugenotten, Calvinisten, Lutheranern und andern räuberischen Ketzern eröffnete, die nun bald mit häretischen Bibeln, corrumpirten Texten und andern Büchern voll verderblicher Lehre beladen wiederkehren würden"*). „Gott", so sagte ein Spanischer Schriftsteller, „habe es in der unergründlichen Tiefe seiner Weisheit zwar lange Zeit geduldet, dass die Götzendienerei des Heidenthums und die Irrthümer des Alcorans an den Küsten der Südsee weit und breit ihre Herrschaft behauptet hätten und dass diese ganze Erdhälfte in den Finsternissen der gröbsten Unwissenheit begraben geblieben wäre, bis ihr das Evangelium in seiner ganzen Reinheit durch die Spanier vorgetragen und dargeboten werden konnte. Aber Er könne doch nicht wollen, dass jetzt die kaum dort für den Himmel gewonnenen Seelen von dem Gifte der Ketzerei und ihren höllischen Neuerungen angesteckt würden".

Der damalige Vicekönig von Peru Don Francisco de Toledo, dessen Gebiet zunächst von den „Missethaten Drake's" gelitten hatte, begriff vollständig die Bedeutung jenes „gottlosen Unternehmens", und als treuer Diener seines frommen Königs (Philipps II.) bot er alles auf, um den „Ketzern, Piraten und überhaupt allen nördlichen Völkern das Stille-Meer schnell wieder zu verschliessen."

Er beeilte sich die Magellan's-Strasse wieder aufsuchen und besetzen zu lassen, womöglich auch den Drake, der vielleicht auf demselben Wege, auf dem er gekommen, wieder heimzukehren versuchen werde, dort abzufangen. Er rüstete zu diesem Zwecke zwei Schiffe aus und stellte sie unter den Befehl des Pedro Sarmiento de Gamboa als „Capitan Superior de la Armada", „der sowohl in der Schifffahrts- als auch in der Kriegskunst erfahren war, sogar auch mehre Abhandlungen über die Anfertigung von Kanonen, über Fortification und über die Kenntniss der Sterne, die man auf dem Ocean zu Führern nehmen kann, geschrieben hatte"**). Der Vicekönig gab demselben 200 Soldaten und Sceleute mit und dazu auch „so tugendhafte und gelehrte Geistliche, wie man sie bei einer solchen Gelegenheit, wo es Ketzer zurückzuweisen galt, nöthig hatte." Das eine der Schiffe befehligte unter Sarmiento Juan de Villalobos als „Vice-Admiral" und ausserdem gingen noch mehre geschickte Spanische Piloten mit, „die in der

---

*) Ausdrücke von Argensola.
**) Argensola.

Beschiffung sowohl der Nord- als der Südsee sehr erfahren waren".
Unter ihnen befand sich der später oft genannte Hernando Lamero als Piloto mayor.

Die Instructionen für Sarmiento und seine Begleiter*) lauteten dahin, dass sie bis zum 54. oder 55. Breitengrade, wie sie es am zweckmässigsten halten würden, um auf keine Weise den Eingang der Magellan's-Strasse zu verfehlen, hinabfahren und dass sie von allen Ländern, auf die sie stiessen, für Seine katholische Majestät Besitz ergreifen, auch eine genaue Beschreibung und Karte derselben entwerfen sollten. Vor Allem sollten sie die Localitäten untersuchen, in denen sich etwa Befestigungen anlegen liessen. Auch sollten sie die Naturprodukte der Gegenden beachten und ausmachen, ob es dort edle Metalle oder Edelsteine, aromatische Droguen, Gewürznägelein, Pfeffer, Canel oder sonstige kostbare Gewürze gäbe. Die Eingebornen, die sie fänden, sollten sie mit Liebkosungen und Güte zu gewinnen trachten, insbesondere durch allerlei Geschenke, als z. B. Kämme, Scheeren, Nadeln, Glöcklein, Spiegelchen und Knöpfe von verschiedenen Farben, von denen sie eine grosse Quantität mit bekamen. Den Englischen Corsaren aber sollten sie, wo sie ihn träfen, „sofort angreifen und ohne die Gefahren eines blutigen Zusammentreffens, für das sie hinreichende Munition bei sich hätten, zu fürchten, so lange bekämpfen, bis sie ihn entweder vernichtet oder zum Gefangenen gemacht hätten". Wenn sie glücklich im Osten wieder zur Strasse hinausgekommen wären, sollten sie zuerst zur Mündung des La Plata-Stromes segeln und von da aus ihm (dem Vicekönig von Peru) zu Lande über Tucuman Boten und Berichte senden, dann aber schnell nach Spanien fahren, und dort ebenfalls ihre Berichte und Depeschen für den König abgeben, damit dieser das Nöthige anordnen könne, um den Engländern bei der von ihnen etwa beabsichtigten Besetzung und Befestigung der Meerenge zuvorzukommen.

Nachdem alle Mannschaften ihre Sünden bekannt und communicirt hatten, und nachdem noch der Vicekönig selbst ihnen eine Ermahnungs-Rede, die dazu geeignet war, sie mit Muth und Hoffnung zu erfüllen, vorgetragen hatte, gingen sie am 11. October 1579 von Callao, dem Hafen Lima's, aus unter Segel.

Sie fuhren, um die conträren an den Küsten von Chile vorherrschenden Südwinde zu vermeiden, in einem weit nach Westen ausgreifenden Bogen nach Süden herum, kamen dann am 1. November unter $49\frac{1}{2}^0$ S. Br. zur Küste (Patagoniens) zurück und liefen hier in einen Einlass ein, von dem sie glaubten, dass es

---

*) S. Diese Instructionen in dem Buche: Viage del Capitan Sarmiento, pag. 10 ff.

ein Canal sei, der wohl zur Magellan's-Strasse hinführe. Sie nannten diesen Einlass „Golfo de la Trinidad" gingen in einem Hafen vor Anker, der den Namen „Puerto de Nuestra Señora del Rosario" erhielt, erstiegen die benachbarten Berge und erkannten von da aus, dass weithin zur Linken und zur Rechten sich ein grosser, mehrfach durchschnittener Archipel von vielen Inseln hinerstrecke. Es waren Theile desselben Archipels, der noch jetzt der „Archipel der Mutter Gottes" heisst. Auch der Einlass oder Canal, den Sarmiento fand, trägt noch heutigen Tages den Namen „Golfo de la Trinidad". —

Da es eine ganz neue noch von keinem seiner Vorgänger berührte Gegend war, so hielt Sarmiento eine sehr feierliche Besitznahme für passend. Er liess ein grosses Kreuz aufstellen, dasselbe einweihen und von seinen in Parade ausgerückten Truppen mit Gebet und Musketen-Salven begrüssen. Die Geistlichen sangen alsdann „den Gesang, den man Te Deum nennt". Sarmiento aber zog sein Schwert, hieb einige Baum-Zweige und Kräuter ab, ergriff etliche Steine, transportirte sie von einem Orte zum andern, vollführte darauf eine Prozession am Ufer und forderte die Umstehenden auf, Zeugen von dem Allen zu sein. Mit lauter Stimme erklärte er darauf, „dass er nun im Namen des Königs Philipp von Spanien in Besitz genommen habe und nähme, ergriffen habe und ergreife dieses Land, das freilich auch ohne diess schon in der That und de facto der Krone von Castilien in Folge der Schenkung und Bulle des heiligen Vaters, Alexanders VI., gehöre, durch welche derselbe den katholischen Königen Ferdinand und Isabella glorreichen Andenkens die halbe Welt geschenkt habe, welches genau 180 Längengrade seien, wie diess in der besagten Bulle näher auseindergesetzt sei." Die Geistlichen sangen dann noch den Hymnus, welcher anfängt: „Vexilla Regis", feierten auf einem improvisirten Altare die erste Messe, die je in dieser Gegend gelesen wurde, und baten Gott „um die Austreibung des Teufels und aller Art von Idolatrie". Sarmiento liess oben an das Kreuz „J. N. R. J." (den Namen Jesu) und unten die Inschrift: „Philippus Secundus Rex Hispaniarum" anbringen und endlich über diess Alles von einem Notar einen förmlichen Act aufnehmen, damit die Rechte der Krone Spaniens auf alle Weise gehörig gesichert seien.

Durch alle diese umständlichen Feierlichkeiten suchte er die Südsee gegen die Ketzer zu schützen und alle bösen Geister zu verscheuchen.

Da er seinen Dreieinigkeits-Canal, wie gesagt, für einen Einlass zur Magellan's-Strasse hielt, untersuchte er die Küsten, ihre Biegungen und Einlasse und gab jeder derselben Spanische Namen.

Er sah eine Menge Inseln, Berge und Häfen und führte zwischen ihnen eine Fahrt von mehr als 70 Leguas aus, während welcher ihm die Lebensmittel ausgingen. Zwar fand er überall Austern am Strande, „aber das Fleisch derselben war mit ächten Perlen so angefüllt, dass man es nicht geniessen konnte" und Sarmiento verwünschte dabei auf philosophisch-humoristische Weise die thörichte Eitelkeit der Menschen, welche einem Gegenstande, der die armen Hungerleider nur am Essen hindere, so hohen Werth beilegen. — Nach zehn Tagen kehrte er zu seinen Schiffen zurück und segelte nun mit ihnen in seinen Canal ein, in der Meinung, dass derselbe die Magellan's-Strasse selber sei, oder dass er ihn doch zu ihr führen müsse. Er that diess, obgleich mehre seiner Piloten, unter ihnen auch sein Vice-Admiral Villalobos, anderer Ansicht waren.

Es wurde nun auf mehren Ausflügen in den Böten das ganze Labyrinth von Inseln und Canälen untersucht, welches man nach ihm, „den Archipel der Mutter Gottes" nennt. Sarmiento benannte hier wieder mehre Punkte, den Hafen „San Francisco", die „Punta de la Gente", den Golf von „Nuestra Señora de Guadelupe" etc. „Man würde Mühe haben", sagt Argensola*), „alle die Inseln aufzuzählen, die er entdeckte und für den König von Spanien in Besitz nahm. Es giebt keine heilige und weltliche Sache, von der er nicht die Namen für die verschiedenen von ihm recognoscirten Berge, Inseln, Häfen, Canäle etc. entlehnte". Aber es ist wohl noch mehr anzuerkennen, dass Sarmiento sich auch bemühte, die uralten von den Eingeborenen selber gegebenen Insel- und Strassen-Namen aufzufinden, und da, wo er solche erfahren konnte, bestehen liess und in die Geographie einzuführen suchte. An mehren Orten errichtete er solche Kreuze, wie das oben beschriebene, mit dem Namen „Jesus Christus" am oberen und dem „Philippus Secundus" am untern Ende. „Er selbst war bei allen Verrichtungen unermüdlich thätig, hatte beständig die Sonde in der Hand und die Astrolabien und die Karten vor den Augen, um alle die Bänke, Gründe, Häfen, Golfe und Gebirge richtig zu erkennen und zu verzeichnen. Er wandte eine so grosse Sorgfalt auf wie noch keiner seiner Vorgänger, stellte auch Beobachtungen über die Abweichung der Magnetnadel in jenen Gegenden an. Auch seine Schreiber verliessen ihrer Seits ihre Federn beinahe nie, um Alles, was dessen würdig war, sorgfältig aufzuschreiben und zu verzeichnen"**). Aus diesem Allen verfasste Sarmiento nach-

---

*) In Lib. III. pag. 109—136 seines Werkes: Conquista de las Malucas, wo er die Reise des Sarmiento schildert.
**) Argensola l. c.

her einen umständlichen Bericht, den er dem Könige Philipp überreichte, und der so viele neue Details über die Magellan's-Strasse und über die ihr im Nordwesten benachbarten Inseln, Küsten und Landstriche enthielt, wie noch keine andere Relation sie zuvor gegeben hatte. — In seiner umständlichen Schilderung wird auch zum ersten Male die grosse Reihe beschneiter Berge erwähnt, welche das südliche Ende der Cordilleras bilden, und die Sarmiento auf einer weiten Strecke hin wiederholt erblickt hatte. Auch die Engländer, Capitän King und Fitz Roy, die später (in den Jahren 1826—1836) diese Gegenden untersuchten, sind stets des Lobes von Sarmiento voll und bestätigen es, dass man dort Alles nicht besser und gewissenhafter darstellen könne, als er es in seinen Berichten, Aufnahmen und Karten gethan habe. Sie behielten daher auch so viel als möglich die von Sarmiento vor 250 Jahren ausgetheilten Namen bei*).

Sarmiento glaubte beständig in dem Eingange zur Magellan's-Strasse zu sein, womit sein Vice-Admiral Villalobos durchaus nicht einverstanden war. Der letztere führte daher seine schon länger gehegte Absicht, mit seinem Schiff, das, wie er behauptete, Mangel an Lebensmitteln und allem sonst Nöthigen litt, nach Peru zurückzukehren, aus. Er trennte sich von seinem Chef in jenem Insel-Labyrinthe, wurde dabei aber von Nordweststürmen südwärts bis zum 56° S. Br. verschlagen, von wo er dann sich nordwärts wandte**). Sarmiento, der unterdessen den richtigen Eingang der Magellan's-Strasse fand, lief dort in der Nähe des Cabo Pillares in einen Hafen ein, den er „Puerto de la Misericordia" nannte. Nachdem er daselbst und in einem benachbarten Hafen, „De la Candelaria" genannt, mehre Wochen vergebens auf die Rückkehr seines treulosen Vice-Admirals gewartet hatte, fuhr er dann mit dem einzigen ihm gebliebenen Schiffe in die Magellan's-Strasse ein.

Seine Leute wünschten zwar wie Villalobos nach Peru zurückzukehren und suchten auch ihren Admiral dazu zu überreden, da er nun in diesen rauhen Gegenden schon mehr ausgeführt und entdeckt habe als irgend einer seiner Vorgänger, und weil ihr Schiff bereits so misshandelt sei, dass weder Anker, noch Segel, noch Taue hinreichend vorhanden seien. Aber Sarmiento hielt gegen solche Bitten eben so wie gegen die rauhe Natur dieses Erdstrichs Stand. Er erwiderte seinen Gefährten, dass sie nichts gethan hätten, wenn sie nicht die ganze Strasse bis an's Ende

---

*) S. z. B. was King in seiner: Narrative of the Surveying Voyages of the Ships Adventure and Beagle. Vol. I. pag. 29 sagt.
**) Diess sagt Acosta: Historia natural y moral de las Indias Lib. III. cap. 18. Siehe auch Burney l. c. Vol. II. pag. 35.

erforscht haben würden. Er hoffe diess mit dem Beistande der Heiligen Jungfrau Maria zu Stande zu bringen*).

Der Heiligen Jungfrau widmete er nun auch die von ihm für Spanien wieder entdeckte und gewonnene Strasse. Er nannte sie „El Estrecho de la Madre de Dios" (die Muttergottes-Strasse) und wählte, wie Argensola sagt, diesen Namen, „weil er durch eine solche Widmung die Mutter Gottes gleichsam zu bewegen wünschte, dass sie den Schutz und die Gunst ihres Sohnes für alle die vielen und grossen in der Nähe der Strasse und der Südsee liegenden Länder und Völker erbitten und erlangen möchte". Sarmiento war für diese Idee so eingenommen, dass er noch nachher den König Philipp von Spanien bat, er möchte anbefehlen, dass man in Zukunft sowohl in den königlichen offiziellen Dokumenten, als auch im gemeinen Leben, die Meerenge nicht mehr Magellan's-Strasse, sondern „Mutter-Gottes-Strasse" nenne**). Ob Philipp diess wirklich dann befohlen habe, erfahren wir nicht. Gewiss ist es aber, dass diese Idee Sarmiento's keine weiteren Folgen hatte, und dass nach ihm die Welt fortfuhr, auch ferner wie zuvor den Namen und das Andenken des grossen Mannes zu ehren, welcher der Menschheit zuerst durch diesen Wasser-Canal den Weg zur Umschiffung der Welt gezeigt hatte.

Dem berühmten und von den Seefahrern viel gefürchteten Vorgebirge, welches wir jetzt Cape Froward nennen, dem südlichen Ende des Amerikanischen Continents, gab Sarmiento den Namen: „El Morro de Santa Agueda", der sich bei den Spaniern eine Zeit lang erhielt, aber später ganz und gar jenem vermuthlich von den Engländern Candish und Hawkins eingeführten Namen „Cape Froward" (das trotzige Vorgebirge) gewichen ist.

Im Osten dieses Vorgebirges an der Ostküste der Halbinsel, die jetzt „Brunswik-Peninsula" heisst, entdeckte Sarmiento einen sehr schönen Hafen, von ihm „Bahia de la Gente" (die Bai des Volks) genannt. Derselbe war von einer lieblichen Landschaft umgeben, und in den hübschen Gehölzen und Waldungen der Küste fand Sarmiento Papageien, Tropic-Vögel (*„rabos de Juncos"*), auch Goldfinken und andere Singvögel in Menge. Bekanntlich ist die bezeichnete Küstenstrecke die mildeste, gegen rauhe West- wie Ostwinde am besten geschützte Partie der Magellan's-Strasse. Sarmiento glaubte, man könne daselbst sehr gut eine Colonie zur Besetzung und Vertheidigung der Strasse anlegen***). Zugleich soll

---

*) S. über diess Alles: Viage al Estrecho de Magellanes por Sarmiento. Madrid 1768. pag. 198 ff.
**) Argensola.
***) Siehe die treffliche Schilderung des „Chilenischen Colonisations-Terri-

er hier eine wunderbare Vision gehabt haben. „Er glaubte nämlich", wie Argensola berichtet, „im Vorübersegeln eine grosse schöne Stadt zu erblicken mit prachtvollen Tempeln und Gebäuden, mit Säulen, Thürmen und hohen Zinnen, mit einem Worte von so lockendem Aeussern, dass er sich verwundert fragte, wie es möglich sei, dass sich mitten unter so barbarischen Cyclopen ein solches Product der grössten Civilisation befinden könne". Sarmiento scheint zwar ein sehr thätiger aber zugleich, wie viele Spanier, ein etwas phantastischer Mann gewesen zu sein. Beides, seine Energie wie seine Phantasie wurden wohl durch die von den Englischen Ketzern bedrohte Südsee so sehr angeregt und auf's höchste gespannt. Er erblickte hier im Traum vielleicht etwas, was er zu schaffen wünschte. Uebrigens ist es auch möglich, dass Argensola dem Sarmiento diese Vision unterlegte, denn in Sarmiento's eigenem Tagebuche findet sich wenig oder nichts von ihr *). Dennoch ist die Sache der Erwähnung werth, weil sie zeigt, mit wie grossen Weltherrschafts-Ideen und Träumen sich die Spanier damals herumtrugen und wie viel sie von einer Colonisirung der Magellan's-Strasse für die Realisirung dieser Idee erwarteten. Sie glaubten wohl, es müsse da etwas Aehnliches entstehen, wie später bei Batavia oder Singapore.

Auch alle Häfen, Vorgebirge und Canäle der östlichen Partie der Magellan's-Strasse untersuchte und beschrieb Sarmiento sorgfältig und gab ihnen allen neue Spanische Namen.

Wie gewöhnlich fanden er und die Seinen beim Ausgange der Magellan's-Strasse in den Atlantischen Ocean Veranlassung genug, Gelübde zu thun und ihren Heiligen silberne Lampen, Almosenspenden und Wallfahrten zu verheissen. — Denn wie ihre Vorgänger und Nachfolger wurden auch sie hier von den gewöhnlich das Feuerland umtobenden Unwettern überfallen. Sie kamen aber glücklich durch und erreichten im April 1580 in milderen Climaten und ruhigeren Gewässern die Insel Ascension unter $7\frac{1}{2}°$ S. Br. Auf dieser Insel fand Sarmiento Spuren von früheren Portugiesischen Schiffern und von durch sie gemachten Inschriften. Er seiner Seits errichtete daselbst auch ein Monument und schrieb darauf, „dass er, der Admiral Sarmiento, hier mit dem ersten Schiffe gelandet sei, welches die Reise von Peru durch die Magellan's-Strasse in den Atlantischen Ocean hinaus und von da nach Spanien zurück gemacht habe". — Dessen konnte er sich mit Recht

---

toriums an der Magelhaens-Strasse" in „Zeitschrift für Allgemeine Erdkunde. Neue Folge. Dritter Band. Berlin 1857" Seite 312 ff.

*) Siehe hierüber: „Viage del Capitan Pedro Sarmiento", in der Note zu pag. LVIII. —

rühmen, denn sein Vorgänger Ladrilleros (1557) war nur bis an's östliche Ende der Magellan's-Strasse durchgedrungen, aber nicht in den Atlantischen Ocean hinaus und nach Spanien zurückgekommen. Und jener Englische Capitän Winter, der von Drake's Flotte entfloh, hatte werig von der Südsee gesehen und kam wenigstens nicht von Peru.

Diese Vollendung einer Fahrt von Peru um Amerika herum nach Spanien, alsdann die Erforschung und Bestimmung jener Patagonischen Inseln, Archipele und Canäle im Norden der Magellan's-Strasse, namentlich der Golfe von Trinidad und der Mutter Gottes können wir als die wichtigsten und noch jetzt lebendigen Resultate der Reise des Sarmiento bezeichnen. — Die Unternehmung seines Englichen Zeitgenossen Drake, dem nicht so sehr an Entdeckung als an Beutemachen und raschem Weiterkommen gelegen war, förderte die geographische Kenntniss der Magellan's-Strasse weit weniger als die des Sarmiento, der wegen seines Planes, Festungen zu bauen und Colonien zu gründen, Alles näher untersuchte. Letzterer wurde daher von den Spaniern als der eigentliche Wieder-Entdecker und jedenfalls als der genaueste Schilderer der Magellan's-Strasse und ihrer Nachbarschaft betrachtet.

Nach den Aufnahmen des Sarmiento, der so bald keinen Nachfolger in seinen Patagonischen Insel-Labyrinthen hatte, zeichnete man diese noch 200 Jahre später im Jahre 1788*). Ja, die von Sarmiento herrührende Geographie und Nomenclatur der vielen Inseln und Canäle an der südwestlichen Küste Patagoniens besteht grossentheils noch heutzutage.

Auch innerhalb der Magellan's-Strasse selbst erinnert man sich des Sarmiento noch jetzt täglich bei jenem höchsten Berge des Feuerlandes, der schon dem Magellan aufgefallen war, und der auf seiner Reise den Namen „Campana de Roldan" erhielt, welcher jetzt aber dem Sarmiento zu Ehren „Monte Sarmiento" heisst. Auch könnte man wohl noch 20 oder 30 Häfen, Inseln, Vorgebirge, Canäle namhaft machen, die noch heutzutage auch auf der allerneuesten Karte der Englischen Admiralität diejenigen Namen tragen, welche Sarmiento ihnen im Jahre 1580 gab. Sie haben sich mitten in der Fluth Englischer, Holländischer, Französischer Namen, welche spätere Seefahrer in Fülle in der Magellan's-Strasse einführten, wunderbarer Weise erhalten, was man wohl als einen Beweis der Anerkennung nehmen darf, die dem Fleisse und der Zuverlässigkeit Sarmiento's von den Seefahrern und

---

*) S. Relacion del ultimo Viage al Estrecho de Magellanes. S. 168.

Geographen gezollt wurde*). Auch noch vor dem östlichen Ausgange der Magellan's-Strasse steht sein Name auf unsern Seekarten verzeichnet. Eine vor dem Cap Virgins liegende Sandbank die Sarmiento durch zahlreiche Peilungen entdeckte und näher bestimmte, heisst: „Sarmiento Bank".

Beide, Drake und sein Nachfolger Sarmiento, kehrten fast gleichzeitig (im Herbste des Jahres 1580) in ihre respectiven Heimathländer zurück, der Eine mit Gold, Silber, Gewürzen und geraubten Schätzen beladen, der Andere mit detaillirten Reiseschilderungen, trefflichen geographischen Bemerkungen, astronomischen Beobachtungen, dazu mit grossartigen Plänen und Vorschlägen. Sowohl in England, als auch in Spanien dachte man sogleich daran, von den Entdeckungen beider Seefahrer Nutzen zu ziehen und bereitete neue Unternehmungen zu denselben Gegenden vor. Zuerst betraten die Spanier wieder das Feld.

3) Flores de Valdes und Sarmiento (1581—1590).

In dem Jahre, in welchem Sarmiento nach Spanien zurückkehrte (1580), schickte sich Philipp II. eben an, so zu sagen, die ganze Welt für sich dahin zu nehmen. Nach dem Untergange des Königs Sebastian von Portugal und nach dem Tode seines nur kurze Zeit regierenden Nachfolgers, des Cardinals Heinrich, liess Philipp eine Armee unter Alba in Portugal einrücken, um seine Ansprüche auf dieses Königreich geltend zu machen. Er ergriff Besitz davon und auch von allen Portugiesischen Colonien und Reichen in Amerika, Afrika und Asien. Die Spanische Herrschaft und Macht, die jetzt den Zenith ihrer Höhe erreichte, ging rund um den Globus herum. Das grosse Pacifische Weltmeer schien wirklich zu einem Mare clausum für die Spanier werden zu sollen. Wiederholte Weltumseglungen mussten nun, so schien es, in Spanien etwas Gewöhnliches werden, und die Magellan's-Strasse, neben dem Wege um's Cap der Guten Hoffnung das zweite Hauptthor, durch das man von der östlichen zur westlichen Erdhälfte gelangen konnte, musste wohl in den Augen des weltbeherrschenden Königs von Spanien wieder eine erhöhte Wichtigkeit gewinnen.

Philipp II. war daher sehr geneigt, auf die Vorschläge des

---

*) Als solche sind mir bei einer Vergleichung von Sarmiento's Tagebuch mit der neuesten Karte der Magellan's-Strasse vom Jahre 1875 (von James Imray) unter andern folgende aufgestossen: Ich setze die Seitenzahlen der „Reise Sarmien'o's", auf denen sie vorkommen, in Klammern bei: Concepcion (105), St. Jago (108), Lobos (109), Sta Lucia (129), St. Estevan (134), Victoria (149), Virtudes (150), Isabel (151), St. Pedro (217), Isidro (220), Lomas (221), Sta. Anna (222), Valentin (223), St. Vicent (249), Gracia (252), St. Jago (272) etc. etc.

Sarmiento einzugehen, die sich auf eine militärische Besetzung, Besiedlung und Befestigung der Magellan's-Strasse, dieses Hauptgliedes der Kette, mit welcher Spanien den Globus umschlingen wollte, bezogen. Er liess eine so grosse Kriegsflotte ausrüsten, wie sie bisher vielleicht noch keinem zur Neuen Welt ausgehenden Eroberer oder Entdecker gegeben war. Sie bestand aus 23 Schiffen und 3500 Leuten, Matrosen, Kriegern, Colonisten und ausserdem noch 500 Soldaten, die nach Chile übergeführt werden sollten.

Eine so grosse Flotte mit so vielen Menschen zu einer Colonien-Stiftung in so rauhe Gegenden und in so unvollkommenen Fahrzeugen, wie sie zu jener Zeit noch existirten, zu führen, war ein kühnes und gewagtes Unternehmen. Es wäre vielleicht noch heutigen Tages schwierig. Der Erfolg bewies, dass es damals viel zu kühn war, und dass es besser gewesen wäre, wenn Philipp II. lieber den Vorstellungen seines vorsichtigen Generals Alba, der davon abrieth*), als den Vorschlägen des zwar rührigen und geistvollen aber wie es scheint etwas sanguinischen Sarmiento sein Ohr geliehen hätte. Aber Spanien sollte in jenen achtziger Jahren des 16. Jahrhunderts gerade auf der Höhe seiner Macht zwei gewaltige Unternehmungen scheitern sehen, erstlich die zahlreichste Flotte, welche bisher zur Neuen Welt ausgelaufen war, und dann bald nachher auch die grösste Flotte, die Spanien überhaupt je ausgerüstet hat, jene stolze „Armada", welche die Nordischen Gewässer Europa's rings umher mit Schiffstrümmern und Leichnamen erfüllte.

Die für Süd-Amerika und die Magellan's-Strasse bestimmte Expedition stellte König Philipp unter das Ober-Commando des Diego Flores de Valdes als „Capitan general de la Armada". Sarmiento wurde demselben beigegeben als „Capitan general del Estrecho de Magellanes y Gobernador de lo, que en el se poblase." (General-Capitän der Magellan's-Strasse und der dort beabsichtigten Colonie).

Valdes und Sarmiento segelten zu einer der Schifffahrt sehr ungünstigen Jahreszeit zur Zeit der Aequinoctial-Stürme (September 1581) aus und von dem ersten Tage an war ihre Fahrt eine unheilvolle. Sie bezeichneten, so zu sagen, die ganze Linie ihrer Reiseroute mit Unfällen und Schiffbrüchen. Schon in den Gewässern zwischen Afrika und Spanien verschlangen die Winde und Wellen sieben von ihren Schiffen mit 800 Leuten**) und

---

*) Alba soll damals den für die wilde Magellan's-Strasse charakteristischen Ausspruch gethan haben, dass ein dahin bestimmtes Schiff nichts besseres mitnehmen könne als eine volle Ladung von Kabeltauen und Reserve-Ankern. S. Burney Coll., Vol. II. pag. 45.

**) Relacion del ultimo viage, p. 233.

nöthigten die Flotte zur Rückkehr nach Cadix. Abermals ausgelaufen, verloren sie auf dem Atlantischen Oceane fast 200 Personen durch Krankheit. Auch an der Küste Brasiliens, im Hafen von Rio Janeiro, am La Plata, wo er die für Chile bestimmten Soldaten mit ihrem Gouverneur aussetzte, um sie von da zu Lande weiter marschiren zu lassen, überall verlor Valdes, dem die Spanischen Schriftsteller wohl mit Recht grosse Ungeschicklichkeit vorwerfen, Schiffe und Mannschaften. Auch wurde er unterwegs von Französischen und Englischen Freibeutern umschwärmt und zuweilen angegriffen.

Ueber dies Alles kam er spät und in ungünstiger Jahreszeit (im März 1583) zu Anfang des dortigen Winters bei der Magellan's-Strasse an. Er fand zwar ihren Eingang, versuchte die Einfahrt, flüchtete aber vor einem conträren Sturm wieder auf's Meer hinaus und beeilte sich, ohne auf die Vorstellungen des längst mit ihm entzweiten Sarmiento zu achten, mit dem Reste seiner Schiffe den nördlichen Hafen von Rio Janeiro wieder zu gewinnen. Hier fand er einige Schiffe, die ihm zur Aushülfe von Spanien nachgeschickt waren. Er legte daselbst zunächst einen Theil seiner Flotte vor Anker und beschäftigte die andere Hälfte mit der Jagd auf Englische und Französische Freibeuter. Die ersteren verfolgte er vergebens. Den letzteren zerstörte er einige Fahrzeuge und ein Fort, das sie bei Paraiba gebaut hatten, und nachdem er diese dürftigen Lorbeeren errungen hatte, kehrte er nach Spanien heim.

Sein in Rio Janeiro zurückbleibender Vice-Admiral und Flotten-Präfekt Ribera und der designirte Gouverneur des Magellan's-Landes Sarmiento gingen mit einem Reste von fünf Schiffen und mit 530 noch übrig gebliebenen Leuten am 2. December 1583 zu ihrer Bestimmung ab. Zwar erreichten sie die Strasse glücklich, drangen hinein, setzten einige hundert Soldaten und Colonisten, darunter auch 30 Frauen an's Land, wurden aber dann von einem Sturme gleich wieder vom Anker und zur Strasse hinausgetrieben. Vier Mal fuhren sie heran, die Strasse zu nehmen und eben so oft jagten die Winde sie wieder auf's Meer hinaus, ein Mal bis zum 49.° S. Br. hinauf. Um den an's Land ausgesetzten und dort Noth leidenden Leuten Vorräthe zuzuführen, wusste man kein anderes Auskunftsmittel als eins der Transportschiffe mit Allem, was es enthielt, am Ufer auf den Strand laufen zu lassen und es so den Colonisten in die Hände zu spielen.

Eines so anstrengenden Kampfes mit den Elementen überdrüssig, segelte darauf der Flotten-Präfekt Ribera, ohne seinen Collegen Sarmiento zu benachrichtigen, mit vier noch seetüchtigen Schiffen ebenfalls wie schon früher sein Chef Valdes nach Spanien zurück. Der ausdauernde Sarmiento mit seinem Schiffe „Maria" kam endlich in die Strasse hinein.

Er war mit den Seinen auf acht Monate verproviantirt und begann nun das beabsichtigte Werk der Besiedlung und Befestigung des grossen Weltthores. Zuerst baute er nicht weit vom östlichen Eingange der Strasse ein Fort, das er „Nombre de Jesus" (Name Jesus) nannte, und in das er 50 Mann Besatzung legte. Von da marschirte er, die Gegend recognoscirend, unter unsäglichen Drangsalen und Kämpfen mit den Patagoniern, an denen auch auf beiden Seiten die Spanischen und Patagonischen Hunde Theil nahmen, zum Centrum der Strasse, zu jener Localität hinaus, die er auf seiner früheren Fahrt als für eine Festung so äusserst geeignet erkannt zu haben glaubte. Das einzige Schiff, das ihm noch geblieben war, die „Maria", kam dort zur Freude seines Mangel leidenden Häufleins auch bald an. Hier, etwas nordostwärts von unserm heutigen Cap Froward, in jenem Hafen, den er auf seiner früheren Reise „Bahia de la gente" (Bai des Volks) genannt hatte, legte er eine zweite Anpflanzung an, die er zu Ehren seines Königs „Ciudad del Rey Felipe" (Philipps-Stadt) nannte und mit der noch vorhandenen Kriegsmunition und Artillerie versah, „um alle Ungläubigen und nördlichen Völker von der Magellan's-Strasse fern zu halten." Es ist die kälteste Zone, bis zu welcher die Spanier mit Städtebau vorgedrungen sind und die südlichste Ansiedlung, welche von Europäern in Amerika versucht worden ist.

Kaum hatten die Bürger von „Philippopolis" ihre Blockhäuser vollendet, als der südliche Winter (Mai 1584) sie überraschte und die junge Pflanzung unter tiefem Schnee begrub. Sarmiento sah ein, dass sehr bald Succurs und frische Lebensmittel nöthig sein würden. Diese möglichst schnell zu beschaffen, segelte er daher mit seiner „Maria" nach Rio Janeiro, wo er eine kleine Partie Mehl und Lebensmittel erlangte, die er sogleich in einer Barke zur Magellan's-Strasse abgehen liess. In der Absicht, noch mehr Lebensmittel zusammenzubringen, ging er von da nach Pernambuco. Doch traf ihn an der Brasilianischen Küste eine Reihe unerhörter Unglücksfälle. In einem Sturm verlor er sein einziges Schiff die „Maria". Er selbst rettete sich auf Schiffstrümmern an's Ufer, arbeitete sich nach Bahia durch, wo ihm die Behörden ein neues gut bemanntes und wohl verproviantirtes Fahrzeug verschafften. Er machte sich wieder auf den Weg zur Magellan'sStrasse, um den Seinigen Hülfe zu bringen. Doch nöthigte ihn unter dem 39° S. Br. ein wüthender Sturm, „bei dem Himmel und Erde und alle Elemente nur ein einziges wirres Knäuel zu bilden schienen", zur Erleichterung seines Schiffes den grössten Theil seiner

Vorräthe über Bord zu werfen. Er musste abermals nach Rio Janeiro zurücksegeln, wo er seine Mehlbarke, welche die Magellan's-Strasse ebenfalls nicht hatte erreichen können, schon vorfand. Nach Ausbesserung und Verproviantirung seines Schiffes lief er von dort zum dritten Male aus, um zunächst nach Spanien zu gehen, fiel aber dann drei Englischen Schiffen, denen er keinen Widerstand zu leisten vermochte, in die Hände. Der Commandant derselben nahm ihn mit sich nach England*).

In England traf Sarmiento, der auf die besagte Weise sich wenigstens das Lob eines höchst energischen und ausdauernden Mannes sicherte, mit seinem Gegner und Rivalen Drake zusammen und hatte mit ihm, so wie mit der Königin Elisabeth, welcher man ihn vorstellte, eine in Lateinischer Sprache geführte Unterredung, „die für ihn sehr lehrreich war, und die er später noch für grössere zum Ruhme seines Vaterlandes geplante Dinge zu benutzen gedachte"**). Aber er sollte nicht viel Grosses mehr ausführen. Die Königin Elisabeth entliess ihn zwar mit einem Geschenke von 1000 Escudos aus der Gefangenschaft. Als er aber über Frankreich nach Spanien reisen wollte, fiel er in der Grafschaft Béarne, wo damals Katholiken und Hugenotten mit einander in Streit lagen, einem Capitän des Vicomte von Béarne in die Hände und wanderte dann noch von einer Gefangenschaft in die andere. Endlich im Jahre 1590 löste ihn sein König Philipp II. mit 6000 Ducaten und 4 Pferden aus. „Gealtert, gebrochen, grauhaarig und zahnlos" ging Sarmiento aus der letzten Gefangenschaft hervor und kam nach Spanien. Darnach brachte er einige Zeit mit der ausführlichen Abfassung seiner vortrefflichen, aber lange in den Spanischen Archiven vergrabenen Reiseberichte im Escorial zu und unternahm dann noch eine Seereise zu den Philippinen. Von dieser schrieb er im Jahre 1592 noch ein Mal an seinen König, und dieser Brief enthält die letzten Nachrichten, welche wir von dem für die Magellan's-Strasse so denkwürdigen Manne besitzen***).

Sarmiento's Colonisten in „Philippopolis" und in „Nombre de Jesus" hatten unterdessen noch schrecklichere Drangsale als er selbst zu bestehen gehabt und ein sehr tragisches Ende gefunden. Sie fingen bald nach Sarmiento's Abfahrt an die bitterste Noth zu leiden. Hunger und Krankheit rafften viele von ihnen hin.

---

*) S. über dies Alles: Laët, Novus Orbis, p. 513. Relacion del ultimo viage pag. 239sqq. Nach „Relacion del ultimo viage" soll der Englische Capitän, der den Sarmiento nach England brachte, Whiddon geheissen haben. Andere sagen, es sei der berühmte Raleigh selber gewesen.
**) Argensola, Conquista de las islas Malucas. Madrid 1609 pag. 136.
***) S. hierüber: Navarrete, Opusc. Tomo I. pag. 247.

Von den Europäischen Pflanzen und Sämereien, welche sie säeten, gediehen keine. Beim Fischfange und auf den Jagden, die sie zu ihrem Unterhalte anstellten, wurden viele von wilden Thieren und von den eben so wilden Patagoniern getödtet. Die Mehrzahl der Einwohner der Philippstadt wanderte unter der Anführung des Andres de Viedma, der nach Sarmiento's Abreise den Oberbefehl übernommen hatte, aus der Mitte der Strasse an's östliche Ende derselben zum Fort Nombre de Jesus zurück, um in der Nähe zu sein, wenn etwa ein rettendes Schiff erscheinen sollte. Sie selbst besassen nach der Abfahrt der „Maria" Sarmiento's kein Fahrzeug mehr. Der Versuch, zwei kleine Barken zu bauen, schlug auch fehl. Nach zwei überstandenen Wintern war von den 400 zur Strasse gebrachten Colonisten nur noch eine sehr geringe Anzahl von Männern und Frauen am Leben. Eine Partie von diesen fasste nun den verzweifelten Entschluss, nordwärts zu Lande durch die ganze Länge Patagoniens zum Rio de la Plata zu marschiren. Sie machten sich auf. Aber keiner von ihnen kam am Ziele an und man hat nie erfahren, wie sie geendigt haben. Sie sind in der Wüste Patagoniens verschollen und umgekommen*).

Eine andere Partie von circa 20 Personen, die sich nicht entschliessen konnten, den Zug in's Innere mitzumachen, blieb an der Magellan's-Strasse zurück. Einen von diesen, einen Mann Namens Thomé Fernandez, nahm einige Jahre später (1587) der Englische Weltumsegler Cavendish, als er die Magellan's-Strasse und die Trümmer der dortigen Spanischen Colonien besuchte, an Bord und führte ihn mit sich nach Peru, wo derselbe ihm aber entschlüpfte**). — Noch einen Anderen nahm schliesslich der Englische Capitän Mericke, der im Jahre 1589 mit Chidley zur Magellan's-Strasse segelte, auf und führte ihn mit sich. Dieser allerletzte der Spanier, die Sarmiento ihren vaterländischen Laren entrissen und in jene rauhen Gegenden verpflanzt hatte, starb aber während der Seereise.

4) Fenton (1582).

Wenige Unternehmungen der Spanier in der Neuen Welt sind so vollständig gescheitert, wie der Plan des Königs Philipp, das wichtige Wasserthor im Süden zur Besieglung seiner Weltherrschaft

---

*) So erzählen wenigstens einige Spanische Autoren.
**) Der damalige Vicekönig von Peru, Francisco de Borja, liess den Thomé Fernandez über sein und seiner Genossen Schicksal examiniren. Die nicht bedeutenden Resultate dieses Examens sind ausführlich in dem Anhange zu dem Buche „Viage al Estrecho de Magellanes por Pedro Sarmiento" mitgetheilt.

allen nördlichen Völkern zu verschliessen. Die Spanier mussten nun jene rauhen Gegenden den nördlichen Völkern für längere Zeit ganz überlassen. Die Engländer und bald darauf auch die Holländer schwärmten heran und setzten am Ende des 16. und im Anfange des 17. Jahrhunderts die alte Spanische Entdecker-Arbeit an der Südspitze Amerika's fort. Die Engländer sandten in den achtziger Jahren des 16. Jahrhunderts eine ganze Reihe von kleinen Flotten aus, welche fast alle das Feld, auf dem Drake so reiche Erndten gehalten hatte (die Südsee), zum Ziele hatten und die meistens zunächst auf den dahin führenden Weg, die Magellan's-Strasse, gerichtet waren.

Die erste dieser Expeditionen wurde von den „Lords of the Council" unter das Commando von Edward Fenton, einem Seefahrer, der schon Frobisher bei seinem Versuche, Amerika im Norden zu umsegeln, begleitet und sich dabei ausgezeichnet hatte, gestellt. Schon bald nach Drake's Rückkehr im April des Jahres 1582 lief Fenton mit vier kleinen Schiffen aus und folgte der Route Drake's zu den Küsten Brasiliens. Doch kam er gar nicht bis zur Magellan's-Strasse hinab. Er war gleichzeitig mit jener grossen Spanischen Flotte unter Valdes und Sarmiento in See und er fürchtete wohl in der Magellan's-Strasse auf eine überlegene Spanische Kriegsmacht zu stossen. Er begnügte sich damit, im Atlantischen Ocean zu kreuzen, machte hier Jagd auf Spanische Schiffe und wurde seinerseits wieder von den Spaniern gejagt. Binnen Jahresfrist und nach allerlei Abenteuern und Gefahren kehrte er mit einiger Beute nach England zurück*). Für die Magellan's-Strasse so wie überhaupt für geographische Entdeckung war seine Unternehmung ohne Erfolg. Doch erntete er später (1588) als Anführer eines Kriegsschiffes noch grossen Ruhm in den Seeschlachten der Engländer gegen die grosse Spanische Armada.

5) Withrington (1586).

Eine der Fenton's ähnliche Expedition war die, welche einige Jahre später auf Veranlassung des Earls von Cumberland zur Südsee unternommen wurde. Wie in Spanien, so war es auch in England längst gewöhnlich, dass reiche Privatpersonen auf ihre eigenen Kosten Schiffe rüsteten und sie auf Entdeckungen und Gewinn verheissende Schifffahrten aussandten. Der damalige Earl von Cumberland (Lord George Clifford) hatte diess schon mehre Male gethan und im Jahre 1586 veranlasste ihn das Andenken

---

*) S. den Bericht über Fenton's Reise von seinem „Vice-Admiral" Luke Ward geschrieben bei: Hakluyt. Tom. III. pag. 754 ff.

an Drake's glückliche Unternehmungen seine Aufmerksamkeit auch auf die Südsee zu richten. Er liess zwei Schiffe, den „Rothen Drachen" und die „Bark Clifford" mit der nöthigen Mannschaft und Munition versehen und übergab sie dem Commando des Master Robert Withrington. Die Instructionen, die der Earl seinen Leuten vor ihrer Abreise „in seiner Geheimen Kammer" gab, lauteten dahin, dass sie auf alle Weise zur Südsee vorzudringen trachten und nicht von der Richtung dahin abweichen sollten, es sei denn, dass sie unterwegs „irgend einem so guten Glücke begegneten, dass dadurch ein reiner Ertrag von 6000 Pfund Sterling gesichert würde"*). Die beiden Schiffe des Earls von Cumberland, dem sich noch zwei andere dem Sir Walter Raleigh gehörende Schiffe anschlossen, verliessen England im Juni 1586.

Von der Afrikanischen Küste bei Sierra Leone, wo sie im Vorüberfahren an's Land gingen und „eine hübsche bewundernswürdig nette und reinlich gehaltene Negerstadt" anzündeten, verbrannten und plünderten, richteten sie ihren Lauf direct zu den südlichen Partien Amerika's und erreichten dieselben beim Rio de la Plata. Daselbst nahmen sie einige Portugiesische Schiffe weg und gingen dann in der Richtung auf die Magellan's-Strasse bis zum 42. Grade S. Br. vor. Da ihnen aber hier die kalten Südwinde mit Regen, Sturm und Wellenschlag so unangenehm entgegenbliesen, die gefangenen Portugiesen ihnen aber viel Schönes und Verlockendes von der Stadt Bahia in Brasilien, von ihrem herrlichen Klima, von ihren Reichthümern und vertheidigungslosen Zustande erzählten, so hielt Withrington mit seinen Offizieren darüber einen Rath, in welchem einer derselben sich dahin aussprach: dass Bahia für die Gesundheit der Leute und die Sicherheit der Schiffe ein viel besserer Platz sei, als die Magellan's-Strasse und dass sie nach dem, was ihre Portugiesen sagten, wohl nicht zweifeln könnten, dass es ihnen möglich sein würde, die Stadt „mit Gottes Hülfe und durch eigene Anstrengung" zu nehmen und zu plündern. So könnten sie sich reichlich mit Lebensmitteln versehen und dort auch noch sonst auf manche gute Dinge stossen, „mit denen sie Seine Lordschaft, den Earl von Cumberland, ihren Patron, contentiren und zugleich für sich Credit und Ruhm gewinnen möchten". Obgleich ein anderer Offizier dagegen vorstellte, dass Seine Lordschaft ihnen in seiner geheimen Kammer ausdrücklich befohlen hätte, unter keiner Bedingung vom Wege zur Südsee abzuweichen, es sei denn, dass sie den Werth von

---

*) S. den von John Serracoll, „merchant in the voyage" (dem Handelsmann der Expedition) geschriebenen Bericht über diese Reise in Hakluyt. Tom. III. S. 769 ff.

6000 Pfund sicher in die Hand bekämen, so wurde doch am Ende, nachdem sie noch bis zum 44.° S. Br. weiter gesegelt und die Winde dort noch immer kälter und widriger geworden waren, der erste Vorschlag beliebt. Sie fuhren nach Bahia, liessen daselbst ihre Trompeten und Trommeln erschallen und nahmen den Portugiesen, obwohl diese von allen Seiten her ihr grosses und kleines Geschütz auf sie richteten, vier Schiffe weg. „Gott, der Verleiher aller Siege, segnete ihre kleine Compagnie und stärkte im Gefechte ihre Gemüther und Arme dermassen, dass sie ihre Beute gegen eine weit überlegene Portugiesische Truppe von beinahe 1000 Bewaffneten behaupteten und noch ein fünftes Schiff dazu nehmen konnten". — Sie glaubten nun zu haben, was Seine Lordschaft befriedigen könne, machten ihrer Fahrt ein Ende und kehrten nach Jahresfrist (1587) nach England zurück.

Sie hatten zwar wenige oder keine neuen Länder gesehen. Aber unter den von ihnen erbeuteten Gegenständen befand sich doch einer, der so gut wie eine Entdeckung war und jedenfalls den damaligen Geographen sehr interessant sein musste, nämlich die handschriftliche Abhandlung eines Portugiesen Lopez Vaz über die Spanisch-Portugiesischen Besitzungen an der Südsee und in Westindien, in welcher auch manches für die Entdeckungsgeschichte jener Länder neue und wichtige Factum gemeldet wurde*).

6) Cavendish (1586—1588).

Den Schiffen Fenton's und des Earls von Cumberland folgte eine andere und folgenreichere Expedition der Engländer auf dem Fusse nach. Ein wohlhabender Edelmann aus der Grafschaft Suffolk, Master Thomas Cavendish**) von Trimley, der wie die Vorgenannten von der Begierde beseelt war, in Drake's Fusstapfen zu treten, rüstete grösstentheils auf eigene Kosten drei Schiffe aus und stach mit ihnen etwas später als Withrington (Ende Juli 1586) in See.

Wie sein Vorgänger stritt er an der Afrikanischen Küste mit den Negern um frisches Wasser und Mundvorräthe, überrumpelte einige Portugiesische Schiffe und segelte dann nach Brasilien hinüber und zur Küste Patagoniens hinab. Letztere erreichte er zuerst bei jener breiten Halbinsel, welche unter 48° S. Br. mit hohen Küsten in's Meer hinausragt, und auf deren Ostfront zwischen dem Cabo Blanco und dem Cabo Desuelo er die tief ein-

---

*) Diese höchst interessante, vortrefflich geschriebene und für die Geschichte der Magellan's-Strasse wichtige Abhandlung hat Hakluyt im III. Theile seines Werkes S. 778 ff. in einer Uebersetzung mitgetheilt.
**) In den alten Reiseberichten gewöhnlich „Candish" oder auch „Caundish" geschrieben.

schneidende Bai entdeckte, die bisher noch jeder Patagonische Seefahrer übersehen zu haben scheint, und dem er nach einem seiner Schiffe den Namen „Port Desire" gab, welchen sie noch heute trägt (auch bei den Spaniern: „puerto deseado"). Cavendish lief in diese interessante Bai, die den andern bereits bekannten Baien des südöstlichen Patagoniens, dem Hafen S. Julian, dem Hafen Santa Cruz etc. sehr ähnlich ist, ein, und verweilte daselbst einen Monat, um seine Schiffe zu kalfatern. Er fand die Bucht, ebenso wie es alle die übrigen an der Küste sind, voll von Pinguinen, Seehunden und Seelöwen. Seine Leute tödteten von diesen letzteren viele „und das Fleisch der Jungen schmeckte ihnen so gut wie Kalbfleisch". Auch machten sie Excursionen in's Innere des Landes und kamen mit den eingebornen Patagoniern zusammen, „die eine Art Riesen sind, und deren Füsse sie 18 Zoll lang fanden"*).

Im Januar 1587 umsegelten sie das Cap der Jungfrauen, wo ihnen heftige Stürme aus der Magellan's-Strasse entgegenbliesen. Nachdem sie drei Tage mit ihnen gekämpft hatten, erzwangen sie endlich die Einfahrt und gelangten zu der ersten Enge der Strasse. Hier fand Cavendish einen Rest von circa 23 unglücklichen Spaniern, noch am Leben gebliebenen Colonisten Sarmiento's. Er machte ihnen den Vorschlag, sich mit ihm einzuschiffen, er wolle sie nach Peru mitnehmen. Die Spanier zauderten ein wenig, sich den Engländern und Ketzern anzuvertrauen. Darüber erhob sich ein für die Fortsetzung der Fahrt günstiger Wind, und Cavendish segelte westwärts weiter. Nur einen der Spanier, der schon oben von mir erwähnte Thomé Fernandez, der an Bord seiner Schiffe gekommen und geblieben war, führte er mit sich. Bald nachher erreichte er, die zweite Enge der Strasse passirend, die Trümmer von „King Philipp's City" (die „Ciudad de Don Felipe"). Die Engländer fanden hier keine lebendige Seele mehr, statt dessen viele „Leichname von Männern und Weibern in ihre Kleider eingehüllt und wie Mumien daliegend". „Der ganze Trümmerhaufen war von einem Ende zum andern mit einem wunderbar üblen Geruche erfüllt". Die Geschütze der Festung waren vergraben. Diese scharrten die Engländer hervor und bekamen sie alle. Der Boden bei der Kirche und den Häusern war rings umher mit Muschel-Schalen bestreut, woraus man entnehmen konnte, dass die armen Bewohner der Stadt zuletzt nur von Muscheln und Schnecken kümmerlich gelebt hatten**).

---

*) S. den Bericht über des Cavendish Reise, den Master Francis Pretty, a gentleman in the same action (ein Edelmann, der die Reise mitmachte) schrieb, bei Hakluyt, Tom. III. S. 803.

**) Hakluyt l. c. S. 806.

Cavendish gab daher diesem Orte des Elends den Namen „Port Famine", der von den Spaniern später adoptirt und mit „Puerto del Hambre" übersetzt wurde*). Diesen hässlichen Namen hat der schöne Hafen auch noch jetzt. Neben ihm erhebt sich ein dichtbewaldeter und in die Augen fallender Berggipfel, der noch heutiges Tages zur Erinnerung an König Philipp's Stadt den Namen „Mount San Felipe" trägt.

Vom Hungerhafen aus umsegelten sie die Südspitze des Amerikanischen Continents, das Cap Froward (das trotzige Vorgebirge), welcher berühmte Name zuerst in der Reise des Cavendish genannt ist, und wahrscheinlich von ihm ertheilt wurde**). Sie trafen hier eine grosse Anzahl Patagonier, „die freundlich an's Ufer kamen und die fremden Gäste zum Landen einluden". Cavendish liess aber seine Leute mit ihren Arquebusen auf sie schiessen und viele von ihnen tödten, „weil er ihrer Einladung nicht traute, sie für Menschenfresser (men-eaters) hielt und weil er an ihren eisernen Waffen zu erkennen glaubte, dass sie die Räuber und Mörder der unglücklichen Spanier von King Philipps City gewesen seien"***).

Wahrscheinlich bekam auf der Reise des Cavendish auch der noch jetzt viel genannte „Port Gallant" im Nordwesten von Cape Froward seinen Namen von einem der Schiffe, welches „the Hugh Gallant" hiess.

Hiernach hatten Cavendish und die Seinen einen Monat lang mit ganz abscheulich schlechtem Wetter („most vile and filthie fowl weather") zu kämpfen, kamen aber doch endlich nach zwei und fünfzigtägiger Meerengen-Fahrt in die Südsee hinaus, wo alsbald heftige Stürme aus Süden sie packten und pfeilschnell an der ganzen Westküste von Patagonien vorüberführten, so dass sie von dieser bei ihrer Rückkehr der Welt nicht viel Neues überliefern konnten.

Von nun an war aber des Cavendish Reise, wenn auch nicht für die Geographie bedeutend, doch für seinen eigenen Beutel äusserst erfolgreich. Wie ein verzehrendes Feuer („un fuego devorador"), so klagt ein Spanier, fuhr er längs der Küsten Chile's und Peru's hinab. — Spanische Schiffe, mit reichen Ladungen, unter

---

*) Die Republikaner von Chile wollten diesen Namen im Jahre 1849 zu Ehren ihres damaligen Präsidenten in „Puerto de Bulnes" umändern. Damals wurde die „Sträflings-Colonie" von der Insel Iuan Fernandez zu diesem Hafen versetzt, die aber im Jahre 1853 ein eben so blutiges und tragisches Ende nahm, wie im 16. Jahrhundert die Colonie Sarmiento's.
**) Auch der treffliche Laët (Novus Orbis. Lugd. Bat.: 1633. pag. 507) glaubt dies.
***) Hakluyt. l. c. S. 807.

ihnen die grosse Manila-Galeone S. Anna mit einer Ladung im Werthe von 122,000 Pezos de oro, und ausserdem, wie er selbst sagt*), noch achtzehn andere Schiffe kapernd, Peruanische und Neuspanische Küstenstädte (Payta, Puna, Puerto de Navidad und Azatlan) überfallend und verbrennend, mit geraubten Silberbarren, Perlen und Specereien seine Schiffe beladend, — so fuhr dieser Weltumsegler, ein zweiter Drake, wie dieser ein Schrecken der Spanier rund um den Globus (round about the circumference of the globe) und kam nach nicht ganz drei Jahren „durch die erbarmende Gnade des Allmächtigen glücklich in den lang ersehnten Hafen von Plymouth den 9. September 1588 zurück", wo er sich rühmte, dass er alle Städte und Dörfer der Spanier, bei denen er nur irgend habe landen können, geplündert und verbrannt hätte, und alle diese Dienste und Trophäen Seiner Königin Elisabeth zu Füssen lege, welche, wie er sagte, „bis auf diesen Tag die glorreichste Königin ist, die auf der Welt lebt"**).

Cavendish hatte zwar, dem Gesagten zufolge, viel zerstört und grosse Beute gemacht, aber für einen blossen Seeräuber kann man ihn doch eben so wenig, wie seinen Vorgänger Drake ausgeben, wie dies die Spanischen Schriftsteller gethan haben. Er war zugleich auch ein Entdecker. Er entdeckte vor Allem jenen Patagonischen Hafen Port Desire, der nachher so wichtig wurde, — bestimmte die geographische Breite von fast hundert Punkten***), — brachte zahlreiche Tiefen-Bestimmungen der Oceane, und sehr reichliche Beobachtungen über gute Ankerplätze, über die Beschaffenheit der Küsten, über die Richtung der Ströme und Winde nach Hause, — und ohne Zweifel muss man die Erforschung und Feststellung solcher Dinge auch für Entdeckungen gelten lassen†). Unter andern brachte er auch eine grosse Karte von Chile mit, aus der seine Zeitgenossen über dieses Land viel Neues erfuhren, was uns hier freilich nicht näher angeht.

Wir haben es in unsern Tagen erlebt, dass Ross und Franklin und andere Nordpol-Fahrer sich ihrer im hohen Norden geschauten Eis- und Schnee-Wunder beständig erinnerten und so lange zu ihnen zurückkehrten, bis das Schicksal ihrer Laufbahn ein Ende machte. Es ist daher um so mehr begreiflich, dass ein Cavendish seine silbergefüllten Südsee-Häfen und Spanischen Waarenschiffe nicht vergessen konnte und dass er noch ein Mal sein Leben daran setzte. Er fuhr den 26. August 1591 abermals

---

*) In einem Briefe an Lord Hunsdon bei Hakluyt l. c. S. 837.
**) S. den citirten Brief an Lord Hunsdon bei Hakluyt l. c.
***) Sie sind alle bei Hakluyt l. c. S. 826 sgg. verzeichnet.
†) Bei Hakluyt l. c. 837 ist seine ganze geographische Ausbeute gesammelt.

von England mit fünf Schiffen aus, jagte brennend und plündernd an den Küsten von Brasilien hinab und lenkte mit den vollen Segeln „der Sehnsucht" („the Desire" hiess auch dies Mal sein Schiff) in die Magellan's-Strasse ein. Er kam bis in eine Entfernung von 40 Leguas der Südsee nahe *). Hier wurde er aber in ein so wildes und unaufhörliches Sturm- und Regenwetter eingehüllt, von so viel Noth, Hunger und Krankheit und auch von seinen verzweifelnden und rebellischen Leuten so geplagt, dass er sich wieder aus der Strasse zurückzog, um sich in milderen Klimaten zu neuen Versuchen zu stärken. Allein der unersättliche Schiff- und Städtezerstörer fand dabei sein Ende. Er wurde nach mancherlei Abenteuern von seinen eigenen Schiffen getrennt, auf den Atlantischen Ocean hinausgetrieben, und man hat nie wieder etwas von ihm gehört. Es scheint, dass er auf dem Meere das Leben verlor **).

Von seinen fünf zerstreuten Schiffen waren indess noch zwei übrig geblieben. Diese erreichten unter dem Commando des Capitäns John Davis, (desselben, der sich schon durch seine Nordischen Entdeckungen einen grossen Namen gemacht hatte, und nach dem die „Davis-Strasse" bei Grönland benannt worden ist) den Port Desire, kalfaterten daselbst, versorgten sich mit Fischen, Pinguinen und Seehunden und hofften eine Zeit lang auf die Rückkehr ihres Ober-Anführers Cavendish. Da er aber nicht kam, so glaubten sie, er sei in die Magellan's-Strasse und weiter in die Südsee gefahren. Sie machten sich daher auf den Weg, ihm dahin zu folgen. Auf der Fahrt wurden Davis und die Seinen „50 Leguas weit oder noch etwas mehr" ostwärts verschlagen und bekamen dabei einige Inseln in Sicht, „die noch niemand vor ihnen erblickt hatte". Es waren unsere heutigen „Falklands-Inseln", welche von den Engländern damals aber nach dem allerersten Englischen Entdecker „Davis Southern Islands" (des Davis südliche Inseln) genannt wurden. Davis und die Seinen erreichten darnach die Magellan's-Strasse und machten mehre Versuche, durch sie in die Südsee vorzudringen. Zwei Mal kamen sie im Laufe der Jahre 1592 und 1593 wirklich hinaus, und zwei Mal wurden sie mit Verlust vieler Leute und eines Schiffes wieder zurückgeschlagen und abermals zum Einlaufen in Port Desire genöthigt.

„Endlich war das letzte ihnen gebliebene Schiff ohne Masten,

---

*) S. den von John Lane, „einem guten Beobachter" (a man of good observation) geschriebenen Bericht über diese Reise des Cavendish bei Hakluyt l. c. S. 843.
**) S. das Buch „Ultimo viage" S. 245 fg. und Laët, Nov. Orbis. pag. 508.

ohne Anker, ohne Segel, ohne Brod und ohne hinreichende Mannschaft", und die so ausdauernd verfolgten Pläne mussten daher aufgegeben werden. Mit Mühe und Noth kamen noch 16 von den Leuten des Cavendish zuletzt in einem gemisshandelten, halb zerstörten Wracke und als arme verlorne Wanderer („poor lost wanderers") an der Küste von Irland an, wo Irische Bauern sie aufnahmen und verpflegten*). Unter den Geretteten befand sich auch jener Capitän John Davis, der berühmte Nordpol-Fahrer, der dann später noch andere Dinge ausführen konnte, die für unseren Gegenstand aber kein Interesse haben.

Karte zu „Drake" und „Cavendish".
(Hierzu Tafel III).

Ob Drake auch kartographische Aufnahmen von den auf seiner Weltumseglung gemachten Entdeckungen mit heimgebracht habe und welche, finde ich nirgends angemerkt. Auch scheint es nicht, dass irgend Einer seiner Englischen Zeitgenossen sich bemüht habe, etwa nach vorhandenen Berichten über Drake's Reise solche Karten zu entwerfen. Sogar die grosse Weltkarte, welche Hakluyt seinem Buche: „The principal Navigations and Discoveries of the English nation" etc., welches 1589, also wenige Jahre nach Drake's Heimkehr in London erschien und in welchem auch ein Bericht über Drake's Reise enthalten ist, beifügte, enthält keine Spur von den merkwürdigen Wahrnehmungen, die Drake über die Insularität des Feuerlandes machte. Vielmehr ist auf ihr die „Terra del Fuego" wie gewöhnlich als mit dem grossen Süd-Continent („Terra Australis nondum cognita") ganz verschmolzen dargestellt. Das Verdienst, Drake's Entdeckungen in jener Gegend auf einer Karte richtig darzustellen und den Zeitgenossen die wahre Beschaffenheit des Süd-Endes von Amerika zu zeigen, sollte sich ein fleissiger Niederländer erwerben.

Josse Honde (oder Jodocus Hondius) war am Ende des 16. Jahrhunderts das Haupt einer Familie ausgezeichneter Kupferstecher, und ein „berühmter Geograph", der kurz vor und nach 1600 mehre geschätzte geographische und kartographische Werke herausgab, unter andern auch verbesserte Ausgaben von Mercator's Atlas bearbeitete. Im 20. Jahre seines Lebens 1583 flüchtete er vor den Unruhen in seiner Vaterstadt Gent nach London, „wo er sich ganz auf die Kosmographie legte". Hier wurde er auch auf Drake, dessen Ruhm damals blühte, aufmerksam und mag dessen Reiseberichte und etwaige Karten studirt und darnach die-

---

*) S. Hakluyt. l. c. S. 845—852.

jenige Weltkarte entworfen haben, aus der das obige auf unsern Gegenstand bezügliche Bild genommen ist*).

Ein Facsimile dieser Hondischen Weltkarte haben die Herren von der Hakluyt-Gesellschaft ihrer neuen Ausgabe des Buchs; „The World encompassed by Sir Francis Drake" beigefügt, und da sie dieselbe in der Einleitung (pag. XV) als „äusserst merkwürdig" preisen, so ist es wohl gewiss, dass auch sie in England keine bessere Karte von Drake's Fahrt haben entdecken können. Die Karte hat folgenden Titel:

„Vera totius expeditionis nauticae descriptio D. Francisci Draci, qui 5 navibus probe instructis, ex Anglia solvens 13. Decembris anno 1577 terrarum orbis ambitum circumnavigans, unica tantum navi, ingenti cum gloria ceteris partim flammis partim fluctibus corruptis in Angliam rediit 27. Septembris 1580. Addita est etiam viva delineatio navigationis Thomae Caundish nobilis Angli, qui eundem Draci cursum fere tenuit, etiam ex Anglia per universum orbem, sed minori damno et temporis spacio vigesimo primo enim Julii 1586 navem conscendit et decimo quinto Septembris 1588 in patriae portum Plimmouth, unde prius exierat, magnis divitiis et cum omnium admiratione reversus est".

("Jodocus Hondius".)

(Wahrhaftige Darstellung der ganzen nautischen Expedition des Herrn Franciscus Dracus, der mit 5 wohl ausgerüsteten Schiffen aus England am 13. December 1577 ausfahrend, den ganzen Erdkreis umschiffend, nur mit einem einzigen Schiffe, indem die andern theils vom Feuer, theils von den Meeresfluthen vernichtet wurden, mit unermesslichem Ruhme nach England zurückkehrte am 27. Sept. 1580. — Hinzugefügt ist auch ein treuer Entwurf der Schifffahrt von Thomas Caundish, eines Englischen Edelmannes, der ungefähr denselben Cours wie Drake, von England aus um den ganzen Erdkreis einhielt, aber mit geringerem Verlust und in einer kürzeren Zeitfrist; er bestieg nämlich das Schiff am 21. Julii 1586 und ist am fünfzehnten des September 1588 in den Hafen seines Vater-Landes Plimmouth, von welchem er früher ausgelaufen war, mit grossen Reichthümern und zur Bewunderung Aller, zurückgekehrt.)

(Jodocus Hondius).

Hieraus geht hervor, dass die Karte nicht vor 1588, wahrscheinlich aber bald darauf publicirt wurde.

---

*) S. die Biographie des Hondius von I. C. Iselin. Historisch-Geographisches Lexicon. Basel 1726. II. Theil. S. 830.

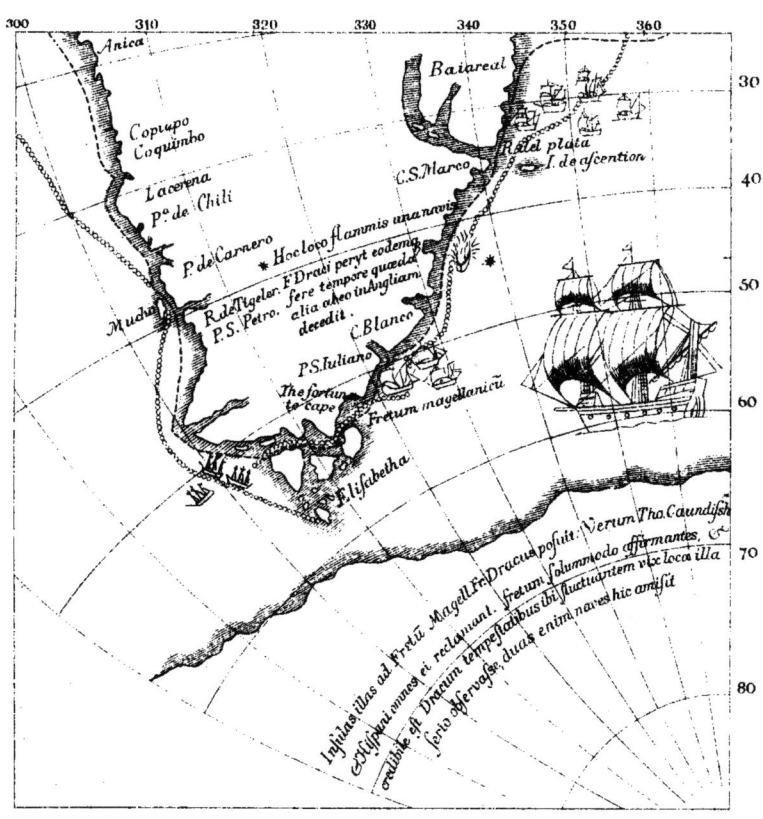

**Drake's Entdeckung der Süd-Spitze Amerika's
nach Jod. Hondius**

Die Reise-Route des Drake ist auf ihr mit kleinen Perlen (oooooo) angedeutet, die des Cavendish mit kleinen Strichen (------).

Die Küsten Patagoniens sind ziemlich verkehrt gezeichnet: Man hatte von ihnen in Spanien längst richtigere Karten. Das berühmte Cap der Sta Maria in der Mündung des La Plata ist „C. S. Marco" genannt und auch irrthümlich auf die Südseite der La Plata-Mündung verlegt, da es auf der Nord-Seite liegen sollte.

Drake hatte beim Aussegeln von England 5 Schiffe. Dass nichtsdestoweniger auf unserer Karte vor der Mündung des La Plata 6 Schiffe gemalt sind, erklärt sich vermuthlich daraus, dass hier das von Drake unterwegs gekaperte und mit fortgeführte Portugiesische Schiff „Maria" mitgezählt und auch dargestellt wurde. Weiterhin nimmt die Anzahl der Schiffe ab und wird auf drei und zuletzt auf eines reducirt. Unter 44^0 S. Br. ist ein Punkt an der Küste mit einem * bezeichnet und dazu die Inschrift gegeben: „Hoc loco flammis una navis F. Draci periit, eodemque fere tempori quaedam alia ab eo in Angliam decedit". (An diesem Orte wurde ein Schiff des Drake von den Flammen zerstört und ungefähr zu derselben Zeit verliess ihn ein anderes Schiff und kehrte nach England zurück).

Von allen Baien und Häfen der Patagonischen Westküste ist nur der St. Julian's Hafen („P. S. Juliano") verzeichnet, der auf Drake's Fahrt durch das Straf-Gericht, welches er dort abhielt und durch längeren Aufenthalt eben so denkwürdig wurde, wie auf der Fahrt des Magellan durch ein ähnliches Blutgericht. Er hat seine ganz richtige geographische Lage: 50^0 S. Br.

In der Nähe des Eingangs der Magellan's-Strasse sind nur drei Schiffe dargestellt und diess stimmt mit dem Reiseberichte Fletcher's überein. Denn von den 6 Schiffen, die Drake vor der La Plata-Mündung hatte, war eines verbrannt, ein zweites heimgekehrt, und „ein drittes", sagt Fletcher, „die gekaperte Portugiesische „Maria", zerstörte Drake selbst, weil sie zu leck und mürbe geworden war".

Der Name „the fortunate Cape" (das glückbringende Vorgebirge) scheint für das Cap der 11000 Jungfrauen bestimmt zu sein. In dem Reiseberichte Fletcher's wird gesagt, die Spanier hätten es „Capo Virgin Maria" genannt, und es wird nicht bemerkt, dass Drake eine Aenderung des Namens versucht habe. Aber er stellte bei der Erreichung dieses Vorgebirges an Bord seiner Schiffe ein grosses Fest an und es ist immerhin möglich, dass bei dieser Gelegenheit das Vorgebirge als „the fortunate Cape" gepriesen wurde*).

---

*) S. World encompassed (Hakluyt edition) p. 71.

Der bei weitem interessanteste und wichtigste Gegenstand auf unserer Karte ist die Darstellung des Landes im Süden der Magellan's-Strasse, des Feuerlandes. Dasselbe ist auf ihr ganz in Inseln aufgelöst, und die südlichste dieser Inseln in 56° S. Br. hat den Namen „Elisabetha", was wohl eigentlich „the Elizabethides" (die Elisabethiden) heissen sollte. Denn diesen Namen gab Drake (nach Fletcher's Bericht*) den südlichsten Ausläufern, Klippen und Inseln des Feuerlandes. Die Reise-Route, welcher Drake, von Stürmen getrieben, zu diesen Inseln folgte, ist auf unserer Karte gut angegeben. Im Süden von „Elisabetha", dem äussersten Südende der Amerikanischen Lande, erscheint ziemlich weit hinaus ein freies Meer. Erst jenseits des 60° S. Br. fängt der weit nach Süden zurückgedrängte grosse Süd-Continent an. Diess Alles ist ganz in Uebereinstimmung mit dem Fletcherschen Reiseberichte in: „the World encompassed", wo entschieden gesagt wird, dass das Südende Amerika's aus lauter Inseln („broken Islands") bestehe und kein Theil des grossen Süd-Continents sei, dass man es früher als „Terra Incognita" bezeichnet habe, dass es nun aber nach Drake's Reise „Terra bene cognita" genannt werden müsse**). Das äusserste Ende von Amerika liegt auf unserer Karte in der Nähe von 56° S. Br., und Fletcher's Bericht sagt auch geradezu Folgendes: „The uttermost cape or headland of all these Islands, stands near in 56 Deg. without which there is no maine nor Island to be seen to the Southwards, but that the Atlantic Ocean and the South Sea, meet in a most large and free scope". (Das äusserste Cap oder Vorland aller dieser Inseln steht im 56. Grad, ausser welchem gar kein Continent noch eine Insel südwärts gesehen werden kann. Der Atlantische Ocean und die Südsee begegnen sich hier weit und breit).

Es ist wunderbar, dass nachdem dies Alles so richtig und so bestimmt behauptet und auch auf einer Karte, wie die unsrige, so deutlich dargestellt worden war, dennoch bis zum Jahre 1616, wo die Niederländer die Le Maire's Strasse und das Cap Horn fanden, nicht daran geglaubt wurde. Und noch auffallender ist es, dass die Königin Elisabeth sich die schöne Gelegenheit entschlüpfen liess, ihren Namen mit einem so merkwürdigen Erdpunkte, wie es das Süd-Ende der Neuen Welt ist, für alle Zeiten zu verbinden, eine Gelegenheit, die ihr treuer Capitän Drake ihr deutlich genug anbot.

Ohne Zweifel giebt hierüber die Inschrift, die sich auf dem grossen Südlande unserer Karte findet, einigen Aufschluss. Sie lautet: „Insulas illas ad Fretum Magell. Fr. Dracus posuit. Verum

---

*) S. World encompassed l. c. S. 92.
**) S. World encompassed l. c. S. 88.

Tho. Caundish et Hispani omnes ei reclamant, fretum solummodo affirmantes, et credibile est, Dracum tempestatibus ibi fluctuantem vix loca illa serie observasse, duas enim naves hic amisit. (Alle jene Inseln bei der Magellan's-Strasse (die Inseln des Feuerlandes) hat Fr. Drake dahin gesetzt. Aber Thomas Cavendish und alle Spanier widersprechen ihm, indem sie versichern, dass hier bloss eine Strasse existire. Und es ist auch glaublich, dass Drake, der dort von Stürmen herumgeworfen wurde, jene Lokalitäten wohl kaum deutlich erkannt und beobachtet habe. Er verlor hier auch zwei Schiffe.)

Wenn also alle Spanier*) und auch Cavendish, der Nachfolger Drake's, an dessen Wahrnehmungen bei der Südspitze Amerika's nicht glauben wollten, und wenn auch Iodocus Hondius selbst, der diese Karte zeichnete, hervorhob, dass Drake wohl nicht richtig habe beobachten können, so mag es begreiflich sein, dass alle Zeitgenossen und auch die Königin Elisabeth an der Richtigkeit der Sache zweifelten, und dass man auch noch viel später die Länder, die Drake unter 56° S. Br. erblickte, ganz anderswo suchte. Fast alle Kartenzeichner und Geographen nach Drake und Hondius bis auf die Entdeckung der Holländer fuhren fort, das Feuerland als eine Partie der grossen Terra Australis darzustellen.

Die Namen, welche unsere Karte auf der Westküste Patagoniens und Chile's giebt, haben wenig Interesse. Manche Namen: „Rio de Tigeler", „P. S. Petro" etc. kann ich nicht deuten. „Mucho" ist die bekannte kleine Insel Mocha nördlich von Valdivia in Chile, bei der viele der Englischen Weltumsegler und Piraten anlegten, und die in ihren Reise-Berichten häufig genannt wird. „la cerena" (statt Serena), Copiapo, Coquimbo sind bekannte Chilenische Hafenorte, in denen die Engländer plünderten und caperten. „Anica" soll vermuthlich das Peruanische „Arica" sein.

7) Chidley (1589).

Der zweiten Fahrt des Cavendish war in Art und Weise der Begegnisse und in Bezug auf den traurigen Ausgang ganz ähnlich die Reise eines anderen Engländers, des Masters John Chidley of Chidley, der im August 1589 von England mit einer Flotte von 3 Schiffen und 400 Mann zur Magellan's-Strasse und Südsee aussegelte.

Nur eines von diesen drei Schiffen, die vom Capitän Andrew Merick geführte „Delight of Bristol", erreichte die Magellan's-

---

*) Auch der Spanier Acosta (Histoire des Indes. Paris 1618 pag. 97) sagt, der Vicekönig von Peru Don Martin Henriquez habe ihm versichert, „dass er das umgehende Gerücht, dass das Land im Süden der Magellan's-Strasse eine Insel sei, und dass sich dort beide Meere zu Einem verbänden, für eine Erfindung der Engländer halte."

Strasse wirklich. Sie kam dahin, nachdem sie von den übrigen beiden Schiffen und vom Commandanten Chidley selbst im Sturm getrennt worden war.

Die „Delight" unter Merick lief, wie die Flotte des Cavendish bei Port Desire, welcher Hafen nun in England bald sehr bekannt wurde, an, erfrischte sich hier, kam auch wie die Flotte des Cavendish in's Centrum der Magellan's-Strasse hinein. Capitän Merick und die Seinen erreichten den Port Famine, sahen die Ruinen der Philipps-Stadt und fanden hier noch einen lebenden Spanier aus der Colonie des Sarmiento, der sich dort allein durch Jagd und Fischfang sechs Jahre lang am Leben erhalten hatte. Sie nahmen ihn an Bord. Doch starb er auf der Reise, wie ich schon oben bemerkt habe*). Sie umsegelten dann das Cap Froward und drangen noch zehn Leguas weit in die nordwestliche Abtheilung der Magellan's-Strasse ein. Widrige Winde, Nebel, Strömungen und der drohende Winter traten ihnen aber hier entgegen. Wie früher die Mannschaft des Cavendish, so lehnte sich auch die des Schiffes „Delight" gegen die ihr zugemutheten unerträglichen Anstrengungen und Entbehrungen auf, und Merick sah sich genöthigt, wieder ostwärts zu segeln, das Weite zu suchen und nach England zurückzukehren.

Das von Wind und Wogen gemisshandelte Schiff wurde als Wrak an die Küste der Normandie angespült, und von der ganzen Mannschaft kamen nur sechs lebend in ihr Vaterland zurück, unter ihnen ein gewisser W. Magoths, der die Geschichte dieser unheilvollen Unternehmung beschrieb**).

Capitän Merick, der Commandeur, war unterwegs auf dem Atlantischen Ocean gestorben. Chidley's, des ursprünglichen Anführers dieser Fahrt, Endschicksal ist unbekannt geblieben***). Es ist derselbe Chidley, dem zu Ehren im hohen Norden Amerika's das berühmte „Cape Chidley" am Eingange zur Hudsons-Strasse benannt worden ist.

8) Hawkins (1593—1595).

Im Jahre 1588 hatte England jenen gewaltig drohenden Angriff bestanden, der dem Könige von Spanien 120 Millionen Dukaten, einen grossen Theil seiner besten Edelleute, Truppen und Schiffe kostete. Die grosse Spanische Armada war vernichtet und der Ocean rings umher den Engländern frei. Ihre siegreichen

---

*) Hakluyt. Vol. III. (1600) pag. 839.
**) S. den Reisebericht bei Hakluyt. Tom. III. S. 839 ff.; cf. auch die von Hakluyt (l. c. 840) aufbewahrte Vorstellung und Eingabe der unzufriedenen Mannschaft in der Magellan's-Strasse an ihren Master Robert Burnet.
***) Burney l. c. Vol. II. pag. 95.

Schiffe liefen darnach wieder aus verschiedenen Häfen des Landes aus, um auf die Spanier Jagd zu machen und sie in Spanien selbst oder in ihren Amerikanischen, Afrikanischen und Asiatischen Pflanzstädten anzugreifen. Mehre kleine Flotten folgten einander während der neunziger Jahre des 16. Jahrhunderts in verschiedenen Richtungen: James Lancaster, Henry May und andere Capitäne wandten sich um Afrika herum nach Ostindien. Christopher Newport, Robert Dudley, Amias Preston, Sir Francis Drake und Sir John Hawkins und viele andere See-Capitäne machten Angriffe auf Westindien und verrichteten überall Heldenthaten. — Cavendish und Chidley gingen, wie ich sagte, 1589—1592 zur Magellan's-Strasse, und ihnen folgte im nächsten Jahre (1593) alsdann in derselben Richtung ein anderer kühner Seefahrer, Sir Richard Hawkins, dessen Reise wieder einige Lücken in der stets wachsenden Kenntnis der Umgegend der Südspitze Amerika's ausfüllte*).

Sir Richard Hawkins, der seit seiner Kindheit auf dem Salzwasser gewesen war, sich auch schon bei der Zerstörung der Spanischen Armada (1588) ausgezeichnet hatte, wurde durch seinen Vater, den berühmten und kühnen Sir John, von dem Gedanken inspirirt, in die Fusstapfen des Drake und Cavendish zu treten, die Südsee, China, Japan, den Orient zu besuchen und sich den Genannten als dritter englischer Weltumsegler anzureihen**).

Er rüstete dazu auf seine Kosten und sein Risico („at my cost and adventure")***) zwei Schiffe nebst einer Pinasse aus und segelte mit ihnen im April 1593 von England ab.

Beinahe ein ganzes Jahr gebrauchte er zur Durchschiffung des Atlantischen Oceans, weil er von Stürmen, meuterischer Mannschaft und Lebensmittelnoth viel zu leiden hatte. Der letzteren wurde nur ein Mal etwas abgeholfen durch ein von ihm gekapertes Portugiesisches Schiff, das mit Mehl und Zucker beladen gefunden wurde. Dagegen aber verlor er erst seine Pinasse und dann in der Nähe des Rio de la Plata auch sein zweites Schiff, das in einem Sturme verschlagen wurde, und dessen Mannschaft unter dem Com-

---

*) Umständliche Berichte über diese Reise finden sich in dem Buche: The Observations of Sir Richard Hawkins in his voyage to the South-Sea. Anno Domini 1593. London 1622, und in Purchas Pilgrims, Vol IV. Book VII. Chap. V. Purchas sagt, er hätte bei der Abfassung seines Berichts die ursprünglichen von Hawkins selbst aufgesetzten Bemerkungen und Schilderungen, „sowohl solche, die schon durch den Druck publicirt gewesen, als auch solche, die bloss im Manuscript existirten, vor Augen gehabt". — Die Londoner Hakluyt-Gesellschaft hat im Jahre 1847 die weitschweifigen und auffallend unbedeutenden „Bemerkungen des Richard Hawkins auf seiner Südsee-Reise" noch ein Mal herausgegeben.
**) Purchas l. c. S. 1367.
***) Purchas l. c. S. 1384.

mando von Robert Tharlton „feigherziger und verrätherischer Weise" nach England zurückkehrte. Diesem Verrathe und Verluste schrieb Sir Richard Hawkins den gänzlich unglücklichen Ausgang seines Unternehmens zu. Er setzte die Reise auf dem einzigen ihm gebliebenen Schiffe fort. Auf seiner Fahrt längs der Ost-Seite Patagoniens, wurde er, wie dies schon früher dem Begleiter des Cavendish, dem John Davis geschehen war, von heftigen Westwinden weit nach Osten hinausgetrieben und zu seiner Verwunderung sah er am 2. Februar 1594 mitten im Ocean, „in einer Entfernung von 60 Leguas vom Continent von Amerika", Land in einer Gegend, wo keine seiner Karten ein solches angab. Da die Winde westlich blieben und des neuen Landes Küste sich nach Osten erstreckte, segelte er mehre Tage und Nächte längs derselben hin und recognoscirte eine Küsten-Strecke von 60 Leguas („threescore leagues"). Er konnte diese Küste zwar selbst nicht betreten, wie er wohl gewünscht hätte, weil der Wind bald wieder östlich, d. h. günstig für die Magellan's-Strasse wurde, zu der er des nahenden Winters wegen eilen musste. Doch erkannte er die Natur des neuen Landes, soweit dies aus der Ferne möglich war, schon ziemlich richtig. Er konnte sich der Küste, da sie gefahrlos war, auf eine geringe Distanz nähern. Sie schien ihm vielversprechend („a goodly champion-country"), nicht gebirgig, das Klima und die ganze Beschaffenheit etwa wie in England*). Viele Flüsse kamen aus dem Innern hervor. Er hielt das Land für bewaldet und auch, weil er viele Feuer zu sehen glaubte, für bevölkert, was allerdings beides eben so irrig war**), wie die geographische Breite, die er für dasselbe ausfand. Er verlegte es unter 48° S. Br., da doch die Falklands-Inseln unter dem 51° S. Br. liegen. — Der Zustand der Witterung und sein unermüdliches Auf- und Absegeln mochten ihm keine genaue astronomische Beobachtung gestatten***). — Er gab dem neuen Lande, zu Ehren der Jungfrau-

---

*) Auch Bougainville, Voyage autour du monde S. 54 ff. stellt die Falklands-Inseln mit Irland in Parallele.

**) Bougainville l. c. S. 49 sagt, die Falklands-Inseln seien von grün bemoosten und mit Schilf und Gebüsch versehenen Torfhaufen bedeckt, welche aus der Ferne den Anblick von Bäumen und Wäldern gäben, und die Hawkins und seine Nachfolger getäuscht hätten.

***) Vielleicht hat sich aber auch nur ein Gedächtniss- und Schreibfehler in Hawkins' Berichte eingeschlichen. Denn da er kurz zuvor die Lage des Hafens St. Julian „zwischen dem 48. und 49. Grade" (s. Purchas l. c. S. 1383) ganz richtig angab, und da er auch gleich darauf von den Falklands-Inseln den Eingang zur Magellan's-Strasse unter dem 52. Br. Gr. ebenfalls ganz richtig bestimmte, so begreift man nicht, wie Beides möglich war, wenn er sich bei seinem neuen Lande um 3 Breiten-Grade (d. h. um 45 deutsche Meilen) irrte.

Königin Elisabeth, „seiner souveränen Herrin und Dame", („my souvereigne Lady, Mistress and Maiden Queen") und „zum ewigen Angedenken ihrer Keuschheit" („in perpetuall Memory of her chastitie"), so wie auch, um sich zugleich selbst neben ihr zu verewigen, den Namen „Hawkins' Maidenland" (des Hawkins Jungfrauen-Land). — Da er nur längs der Nordküste desselben hinsegelte, konnte er sich nicht davon überzeugen, dass es blosse Inseln seien. Er und auch nach ihm seine Zeitgenossen hielten dieses „Jungfrauen-Land" daher für einen nördlichen Theil des grossen Austral-Continents*), den man in den Süden und Osten Amerika's versetzte, und von dem man ja auch die Tierra del Fuego, so wie auch die von Drake in 57^0 S. Br. erblickten Küsten als Theile ansah.

Am 5. Februar wendete sich der Wind nach Osten und Hawkins verliess daher, zur Magellan's-Strasse segelnd, seine neue Entdeckung. Noch lange nachher aber dachte er mit Kummer und Sorge daran zurück und bereute es, dass er die „Geheimnisse" („the secrets") eines scheinbar so vielversprechenden Landes nicht besser erforscht habe**).

Hawkins gilt jetzt ziemlich allgemein für den Entdecker der bezeichneten Inseln, die ihrer Lage nach ganz zu Amerika gehören und auch ihrer Natur nach sich am nächsten dem Feuerlande anschliessen***). Ich habe oben bemerkt, dass nach der Meinung Einiger schon Amerigo Vespucci (1502) diese Inseln zuerst erblickt, so wie auch dass Capitän Davis, der Begleiter des Cavendish, im Jahre 1586 sie von weitem gesehen und Hawkins mithin nur eine Wieder-Entdeckung ausgeführt habe. — Ich will hier gleich in aller Kürze die weitere Entdeckungsgeschichte jener Inseln hinzufügen. Sie figurirten seit 1594 lange (fast das ganze folgende 17. Jahrhundert hindurch) auf allen Karten unter dem Namen „Hawkins-Maiden-Land", den die Holländer in „Ankes Magdeland", die Franzosen in „Virginie de Hawkins" oder auch „Terre de la Vierge ou de la Pucelle" verwandelten. Man versetzte sie bald unter einen höheren, bald unter einen niederen Breitengrad, und liess sie zuweilen als ein Land für sich, zuweilen als einen Theil des grossen Austral-Landes erscheinen. — Im Jahre 1689 fand der englische Capitän John Strong dieses Land wieder auf, untersuchte es näher, entdeckte, dass es Inseln seien, und dass zwischen den beiden Hauptinseln ein breiter Canal, der jetzt sogenannte „Falkland Sound" (bei den Spaniern „Estrecho de San Carlos") hindurchgehe. Davon bekamen sie den Namen „Falklands-

---

*) S. Laët Novus Orbis l. c. S. 508.
**) S. Purchas l. c. S. 1383.
***) S. Bougainville l. c.

Inseln". — Im Anfange des 18. Jahrhunderts wurden sie zu wiederholten Malen von den kühnen französischen Schiffern von St. Malo besucht. Ein „Armateur" dieser Stadt, Namens „Anican", nannte sie nun „les Isles d'Anican". Doch hat sich dieser Name nur äusserst geringe Geltung verschafft. Da aber die „Malouins" (Schiffer von St. Malo) sie in der besagten Zeit häufiger und fast ausschliesslich des reichen Seehundsfanges wegen besuchten, so kam endlich der Name „Isles Malouines" auf, der bei den Franzosen noch jetzt ziemlich allgemein ist. Doch nannten die Franzosen sie auch wohl die „Isles de St. Louis", nach einem französischen Schiffe „St. Louis", das hier landete. Im Jahre 1721 sah sie der Holländer Roggeween wieder und nannte sie „Süd-Belgien" („Belgique Australe"). Sie hatten also in einem Jahrhundert sechs verschiedene Namen.

Sie konnten mit ihren guten Häfen für die Schiffe, welche durch die Magellan's-Strasse und um das Cap Horn segeln wollten, einen vortrefflichen Stütz-Punkt und Stations-Platz abgeben. Man hatte dies längst erkannt. Aber erst im Jahre 1763 entschlossen sich die Franzosen, zu diesem Zwecke auf den Malouinen eine Niederlassung zu gründen. Bougainville führte diesen Plan 1764 aus und nahm dann von diesem Ultima Thule des Südens für Frankreich Besitz. Fast gleichzeitig (1765) landete daselbst auch mit ähnlichen Absichten der Englische Admiral Byron, der von den Inseln im Namen Englands Besitz ergriff, worauf dann im Jahre 1766 die Engländer daselbst bei einem Hafen, den sie Port Egmont nannten, ebenfalls eine Niederlassung anlegten, von der aus sie nun die Franzosen bedrohten. Diese traten daher ihre Ansprüche, die sie auf die Malouinen zu haben glaubten, an die Spanier ab, welche sie als einen Theil Süd-Amerika's für sich selbst in Anspruch nahmen. Derselbe Bougainville, der die französische Colonie hier gegründet hatte, wurde abgeschickt, den Spaniern diese Colonie und die Inseln zu übergeben, und er that dies im Jahre 1767[*]). Die Spanier schickten zu diesem Zwecke Kriegsschiffe und zerstörten im Jahre 1770 die Niederlassung der Engländer bei Port Egmont, da diese sich nicht zu einer ähnlichen friedlichen Uebergabe, wie die Franzosen, bequemen wollten. Seit den Reisen Bougainville's und Byron's kann man die Entdeckung der Falklands-Inseln als vollendet ansehen. Beide Reisende besuchten sie an sehr verschiedenen Punkten und gaben die ersten guten Schilderungen und brauchbaren Karten von ihnen. Die Spanier blieben zwar lange Zeit nachher im Besitz der Inseln

---

[*]) S. über dies Alles Bougainville, Voyage autour du monde. Vol. I. Chapitre III. und IV.

und gaben ihnen, so wie den meisten Häfen, Flüssen, Baien etc. Spanische Namen. Auch gründeten sie daselbst eine kleine Colonie. Als aber später die conföderirten La Plata-Staaten, als Spaniens Erben, sich in Besitz der Inseln setzen wollten, nahmen die Engländer sie ihnen weg. Die Geographie und Nomenclatur dieser Inseln ist daher jetzt wieder fast ganz Englisch, obwohl allerdings für einige Vorgebirge, Flüsse und Häfen noch Spanische Namen geblieben sind.

Ich kehre zu der Reise des Hawkins zurück, der, wie ich sagte, im Februar des Jahres 1594 von den Falklands-Inseln westwärts zur Magellan's-Strasse eilte. Seine Durchsegelung derselben brachte der Geographie ausser einigen neuen Namen von Häfen, in die er um Schutz vor Stürmen zu suchen, einlief, nichts besonders Neues ein. Er benannte einen Hafen „Blanches Bay", einen andern „Tobias Cove", einen dritten „Crably Cove", lauter Namen, die aus unserer Geographie wieder verschwunden sind. Doch ist Hawkins' eigener Name in der Magellan's-Strasse nicht ganz unverewigt geblieben. Eine kleine Bai des Feuerlandes in der Mitte der Strasse, südlich von Cap Froward, heisst noch jetzt „Hawkins-Bay". Die Abenteuer und Unglücksfälle, die er auf seiner Reise bestand, die Schwierigkeiten, die er überwand, waren für den Entdecker selbst sowohl als auch für seine Zeit merkwürdig und interessant genug. In der ersten oder östlichen Abtheilung der Strasse war seine Fahrt leichter, desto schwieriger in der westlichen, zwischen hohen Bergen gerade auslaufenden Partie, die er zum ersten Male mit einem Namen nannte, welcher für den langgestreckten Wasser-Canal sehr charakteristisch ist, nachher bei den Engländern häufig wieder vorkommt und auch jetzt noch besteht. Er nannte sie nämlich „the long Reach" („der lange Lauf"). In diesem „langen Lauf" wurde er von den Stürmen zu wiederholten Malen aufwärts und abwärts gejagt, vom Cap Froward in der Mitte bis Cap Pillares am Ausgange und wieder zurück. Seine Leute fassten bald denselben Gedanken, der sich der Mannschaft des Cavendish und Fenton bemächtigt hatte, nämlich den, dass es besser sei, nach Brasilien zurückzukehren, und den nächsten Frühling abzuwarten. „Aber in solchen Fällen", sagt Hawkins, „ist es für Den, der sein Unternehmen durchsetzen will, am besten, sich die Ohren zu verschliessen, und keinen Strich breit nachzugeben"*).

Wenn er einen Hafen erreichen konnte, setzte Hawkins seine Leute an's Land und unterhielt sie mit Scheibenschiessen, Ringen und andern Spielen, um ihre trüben Gedanken zu zerstreuen und

---

*) Purchas l. c. S. 1389.

sie in Thätigkeit zu erhalten. Ein Mal musste er seine Anker kappen, ein ander Mal lief er auf einen Felsen und zerbrach einen Theil seines Kiels, ein drittes Mal riss der Sturm ihm einige seiner Hauptsegel vom Maste. „Endlich zeigte Gott seine Allmacht und seine gütige Gnade, liess die Weststürme schweigen und sandte einen günstigen Ostwind", mit dem sie dann auf einmal den ganzen „langen Lauf" durchsegelten und in die offene Südsee hinausfuhren, was schon seit mehren Jahren, seit des Cavendish erster Reise, Niemandem wieder geglückt war*).

Darüber, das die westlichen Partieen des Feuerlandes bloss aus Inseln beständen, war Hawkins mit Sir Francis Drake ganz einerlei Meinung. — Er selbst hatte aber keine Gelegenheit, sich davon so gut wie dieser zu überzeugen**). Denn er fuhr direkt längs der Küste von West-Patagonien nach Chile weiter. Er begann hier, indem er Schiffe überrumpelte, zuerst in Valparaiso und dann an andern Orten Waaren-Magazine plünderte und zerstörte, dieselbe Carriere, welcher vor ihm Drake und Cavendish gefolgt waren. Er konnte sie aber nicht so erfolgreich zu Ende führen, wie seine beiden glücklicheren Vorgänger. Denn die Spanier, die nun auf ihrer Hut waren, kamen ihm mit einer Flotte von 6 Kriegsschiffen unter dem Befehl von Don Beltram de Castro entgegen, griffen ihn und seine 75 Männer und „Buben" (boys) mit einer Uebermacht von 1300 Soldaten an und zwangen sie nach einer tapferen Vertheidigung zur Uebergabe***). Die Engländer verstanden sich jedoch zu derselben nur unter der Bedingung einer guten Behandlung, und die Spanier, deren Edelmuth und Menschenfreundlichkeit der verwundete Hawkins selbst lobt, liessen ihnen diese in vollem Maasse zu Theil werden †). Sein Schiff, mit dem er die Reise gemacht und das er selbst anfangs „the Repentance" (die Reue) getauft hatte, das aber dann von der Königin Elisabeth, als sie es vor der Abreise besucht und seiner hübschen Einrichtung wegen bewundert hatte,

---

*) S. über dies Alles Purchas l. c.
**) Der Holländische Verfasser der „Brevis narratio navigationum per fretum Magellanicum" in der oben citirten Amsterdämer Ausgabe giebt dies zwar zu verstehen, indem er sagt, Hawkins sei bei seiner Ausfahrt in die Südsee bis zum 56^0 S. Br. hinab verschlagen worden, und habe daselbst gesehen, dass alles Feuerland dort Inselland sei („tempestatum vi versus Austrum propulsus est ad gradus usque 56, verum insulas plurimas reperuit, continentem nequaquam"). Davon steht nichts in dem Berichte bei Purchas und ebenfalls nichts in den von Hawkins selbst verfassten „Observations" etc. Beide lassen ihn vielmehr gleich nach Chile herumgehen. (S. Purchas l. c. pag. 1391).
***) S. Ultimo viage al Estrecho etc. S. 248.
†) S. Purchas l. c. S. 1410—1411.

„the Dàinty" (der Leckerbissen) umgetauft worden war, wurde von den Spaniern in Besitz genommen, und jetzt „La Visitazione" (die Heimsuchung) genannt. Den Hawkins selbst aber führten sie zuerst nach Peru, dann nach der Insel Terceira, zuletzt nach Sevilla und Madrid. Auch hier wurde er weniger als ein Gefangener, sondern, wie er selbst sagt, „mehr als ein Prinz" behandelt[*]), und darauf nach England entlassen, woselbst er, auf fernere Seereisen verzichtend, einigen friedlichen Aemtern vorstand, bis ihn im Jahre 1622 ein plötzlicher Tod hinraffte.

IV. Reisen der Holländer zur Magellan's-Strasse, Entdeckung der Le Maire's-Strasse und die durch sie hervorgerufenen Fahrten der Spanier.

1) Mahu, Cordes und Weert (1598—1600).

Mit der Niederlage, welche die Spanier dem Hawkins beibrachten, geriethen die von Drake eingeleiteten Unternehmungen der Engländer zur Magellans-Strasse und Südsee in's Stocken. Die erste heroische Blüthe-Zeit ihrer Schifffahrten und ihres Entdeckungs-Eifers unter ihrer „Jungfrau-Königin" nahm mit dem 16. Jahrhundert ein Ende. Im 17. Jahrhundert wurde England von den Königen aus dem schottischen Hause Stuart regiert, von denen das Volk sich zu grossen Unternehmungen nicht so sehr inspirirt fühlte, und die dasselbe in eine lange Reihe innerer Convulsionen stürzten. Die grossen Englischen Weltumseglungen hörten nun vorläufig für einige Zeit auf, und die Seethätigkeit, welche noch im Gange blieb, war hauptsächlich auf Nord-Amerika gerichtet, wo die Engländer nun anfingen, Zufluchtsstätten und Pflanzorte für die aus dem unruhigen Vaterlande Flüchtenden aufzusuchen. Cavendish war längere Zeit der letzte „Circumnavigator" der Engländer und Hawkins auch für lange ihr letzter Magellan's-Strassen- und Südsee-Fahrer.

Dagegen traten nun in beider Hinsicht die in ihren Freiheitskämpfen gegen die Spanier erstarkten und vom Enthusiasmus für ihre Religion und Republik angefeuerten Holländer in die Fusstapfen der Briten, mit denen sie, so lange Spanien zu fürchten war, in freundnachbarlicher Verbindung standen, deren Rivalen sie aber nach Spaniens Demüthigung wurden. Sie hatten schon in den Jahren 1594—1596 verschiedene Expeditionen unternommen um den Osten Asiens auf einer Nordfahrt um Skandinavien und Sibirien herum zu erreichen. Auch hatten sie schon im Jahre 1595 „auf dem Portugiesischen Wege" um das Cap der Guten Hoffnung

---

[*]) S. Purchas l. c. pag. 1417.

herum nach Ost-Indien Schiffe ausgesandt. Ihre Fahrten zur Magellan's-Strasse und um die Welt begannen kurze Zeit nach Cavendish und Hawkins im Jahre 1598 und wurden mit kleinen Intervallen dreissig Jahre lang fortgesetzt. — Ihre ersten Magellan's-Strassen- und Süd-See-Fahrten, zu denen sie durch das Beispiel des Drake und seiner Nachfolger veranlasst wurden, und bei denen ihnen auch Englische Piloten mehrfach die Wege wiesen*), waren zwar in Bezug auf das unmittelbar vorschwebende Ziel, die silberreichen Südsee-Häfen der Spanier, eben so erfolglos wie die letzte Reise der Engländer. Doch erlangten sie dadurch eine unerwartete Wichtigkeit, dass der Zufall und selbst das sie begleitende Unglück sowohl zu merkwürdigen geographischen Entdeckungen, als auch zu wichtigen commerciellen und politischen Verbindungen führten.

Die erste von Holländischen Kaufleuten und Schiffs-Rhedern für die Magellan's-Strasse und Südsee ausgerüstete Flotte von 5 Schiffen ging unter dem Commando von Jacob Mahu den 27. Juni 1598 von Rotterdam aus unter Segel. Unter vielerlei Abenteuern und Wechselfällen kam sie erst nach Jahresfrist bei der Magellan's-Strasse an. Da es der erste grossartige Versuch der Holländer in dieser Richtung war, so machten sie bei ihrer Fahrt mehre zeitraubende Versehen. Der Befehlshaber Mahu starb unterwegs am Skorbut und der Capitän Simon Cordes übernahm statt seiner das Commando. Obgleich der südliche Winter (April 1599) vor der Thür war, kamen sie doch glücklich bis zur Mitte der Strasse durch, fanden aber wie viele ihrer Vorgänger grössere Schwierigkeiten in der westlichen Abtheilung derselben, in dem von den Engländern so genannten „langen Laufe" (long reach), Die Nord-West-Stürme rissen die Schiffe von den Ankern, zersplitterten ihre Masten und „grosse riesige Wilde von 11 Fuss Länge, welche die stärksten Bäume ohne Mühe aus dem Boden zogen und wie Keulen zum Kampfe schwangen", versperrten ihnen den Weg und hinderten sie bei mehren beabsichtigten Landungen**). Es scheint, dass nicht blos die Schiffe und Steuerleute sondern auch die Einbildungskraft und die Visionen der Holländer den Spuren und Fingerzeigen ihrer Vorgänger, der Engländer und Spanier, folgten. Die Schwierigkeiten des Vordringens in die

---

*) Der Holländer Sebastian de Weert hatte den Engländer William Adams und später der Holländer Oliver Noort den Engländer Melis als Hauptsteuermann (chief pilote) an Bord. S. Purchas I. S. 81 und 87. Wie zur Magellan's-Strasse, so folgten damals die Holländer den Fussspuren der Engländer auch nach Nord-Amerika und auch nach Russland. S. Macpherson's Annals of commerce. Vol. II. S. 264.

**) S. Laët. l. c. S. 509.

Südsee schienen unüberwindlich. Aber die Holländischen Capitäne liefen in eine Bai der westlichen Partie der Strasse auf der südlichen Seite derselben ein, stifteten hier zu ihrer Aufmunterung und Kräftigung, „zu Treue und gegenseitigem Zusammenhalten", so wie zum Andenken an ihre Abenteuer, Gefahren und Thaten unter feierlichen Eiden einen brüderlichen Bund, den sie „den Orden des befreiten Löwen" (nämlich des befreiten Holländischen Löwen) nannten*). Das Hauptgelöbniss der Brüder oder Ritter dieses Ordens war, dass sie ihr Leben und ihr Alles daran setzen wollten, die Holländischen Waffen und Flagge in demjenigen Lande, aus welchem die Könige von Spanien ihre vornehmsten Kräfte und Mittel zur Unterdrückung Hollands bezogen hätten, nämlich in Peru triumphiren zu machen. Sie wollten mit dem in der Mitte des grossen Weltthores vollzogenen Akte ihre Oberherrschaft auf diesen Meeren besiegeln, wie dies früher die Spanier in demselben Thore durch Gründung ihrer Festung „Philipps-Stadt" für sich angestrebt hatten. — Der Bai der Magellan's-Strasse, in welcher jener Bund gestiftet wurde, gaben die Holländer den Namen des „Ritter-Busens" („Ridders Baye") und setzten dann endlich ihr Unternehmen durch, indem sie den Ausgang in die Südsee erzwangen**).

Kaum hatten die neuen Löwen-Ritter sich dieses Triumphes einige Tage lang erfreut, so überfielen sie die furchtbaren Stürme des Grossen Oceans, „der in dieser Gegend besser den Namen des Wüthenden, als des Stillen haben sollte", trennten die Flotte und führten ein jedes der fünf Schiffe zu verschiedenen Schicksalen und Zielen.

Das eine, unter dem Commando des Capitäns Dirk Gherritz oder Gueritke,***) wurde wie früher Drake südwärts, aber noch viel weiter als dieser, hinabverschlagen und kam „bis zum 64. Grade S. Br.", unter welcher hohen südlichen Breite so lange die Welt stand, bis dahin noch keine Europäische Menschen-Seele geathmet hatte. Er entdeckte hier eine wilde, gebirgige mit Schnee bedeckte Küste, die ihm der Küste des nördlichen Norwegens zu ähneln schien, und die vermuthlich das im Süden von Amerika später wieder aufgefundene und dann „New-South-Shetland" genannte Land, ein Theil der Antarktischen Festländer war†). —

---

*) Laët. l. c.
**) Der Orden wurde in den letzten Tagen des Monats August gestiftet und den 3. Sept. gelangten die Holländer in die Südsee. S. Laët l. c.
***) Der Holländische Verfasser bei Herrera S. 80 nennt ihn Theodorus Gerardus (Dietrich Gerhard).
†) Diese sehr wahrscheinliche Vermuthung spricht Dumont d'Urville in seinem Werke: Voyage au Pole Sud etc. aus. Auch auf unseren neuesten Welt-Karten trägt noch ein Küstenstrich von „Süd-Shetland" oder „Grahams-Land" den Namen „Gerrits-Land".

Diese Entdeckung war für die Geographie nicht wenig bedeutsam, denn sie zeigte (wenigstens dem Entdecker Gherritz), wie weit der freie Ocean sich nach Süden erstreckte und wie landfrei die Meere weit hinaus ringsumher um die Südspitze von Amerika waren. Freilich scheinen damals die Geographen von dieser Entdeckung noch nicht viel gevortheilt oder doch ihr nicht viel Glauben geschenkt zu haben, denn an ihrem grossen Südcontinent festhaltend, fuhren die Gelehrten und die Kartenzeichner noch lange fort, ihn bis nahe zu Amerika vorgehen zu lassen. Allerdings bestärkte sie Gherritz selbst gewissermassen in diesem Irrthum, denn er berichtete, es habe ihm geschienen, als ob die Küste jenes südlichen Landes westwärts bis zu den Salomons-Inseln fortgehe*). — Gherritz, dieser Länderentdecker wider Willen, rettete sich nachher noch aus den eisigen Armen des Südpols, fiel aber dafür in die Hände der Spanier. Er kam mit Mühe und Noth nach Chile, wo sein Schiff von den Spaniern genommen, und er selbst, wie früher der Engländer Cavendish, zum Gefangenen gemacht wurde.

Zwei andere Schiffe der Flotte des Cordes wurden in die Magellan's-Strasse zurückgejagt und ebenfalls nach einiger Zeit wieder von einander getrennt. Das eine derselben, von dem Capitän Sebald de Weert commandirt, wurde mehre Monate lang in jener wilden Strasse umhergetrieben, ohne dass es wieder den Ausweg finden konnte. Dabei erlangte aber de Weert von allen Holländern die beste Kenntniss von der Magellan's-Strasse, und wurde für sein Vaterland der Haupt-Entdecker und Erforscher derselben. Seine Darstellungen, Karten und Berichte von der Strasse dienten in Holland späteren Karten und Schilderungen für einige Zeit als Grundlage**). Er hatte darnach zwar die Freude, ganz unverhofft einer zweiten von Holland ausgesegelten Flotte unter dem Commando von Olivier de Noort, von der ich gleich reden werde, zu begegnen. Allein, da er, sein Schiff und seine Mannschaft sich in einem ganz elenden, gelähmten Zustande befanden, konnte er von diesem Glücke nicht vortheilen und statt, wie er wünschte, mit dem genannten Noort zur Südsee zu segeln, sah er sich zur Heimreise gezwungen.

---

*) Die oben citirte „Brevis narratio" S. 80b.
**) Laët. l. c. S. 509. Unter Anderen rühmten sich noch im Jahre 1640 die Gebrüder Blaeu in ihrem bekannten Atlas der Welt, dass ihre grosse Karte der Magellan's-Strasse von den Aufnahmen des Sebald de Weert herrühre. Die Phrase auf dieser in dem genannten Jahre publicirten Karte lautet so: „Descriptionem hanc novam freti Magellanici nobis communicavit clarissimus vir Bernardus Ioannis Monasteriensis, qui novem menses in peregrinatione hujus freti impendit sub duce Sebaldi de Waerdt."

Auch hierbei veranlasste ihn ein Sturm zu einer neuen Entdeckung. Bei seinem Austritt aus dem östlichen Ende der Magellan's-Strasse wurde er weit nach Osten hinausgejagt und „unter dem 51. Breiten-Grade" zu einer Gruppe kleiner Inseln getrieben, die im Nordwesten der von Hawkins entdeckten Malouinen oder Falklands-Inseln liegen, und die wir jetzt „Iason's-Inseln" nennen. Er selbst oder seine Landsleute, die Holländer, nannten sie nach seinem Namen „Sebald de Weerdt's Eylanden" (die Inseln des Sebald de Weert) oder auch kurz „die Sebalds-Inseln". Die grossen Malouinen, obgleich sie ganz nahe waren, sah Sebald de Weert nicht. Auch gewannen weder er noch seine Landsleute eine richtige Vorstellung von dem nachbarlichen Zusammenhange jener Inseln mit dem „Maiden-Island", welches ja Hawkins (fälschlich) unter den 48. Grad der Breite versetzt hatte. Wir sehen daher auf den meisten Karten jener Zeit und auch noch auf denen des 17. Jahrhunderts „die Sebalds-Inseln" (von den Franzosen „Isles Sebaldes" oder „Isles Sebaldines", später auch „Isles Salvages" genannt) ganz allein und vereinsamt in der Gegend unserer Malouinen figuriren.

Sebald de Weert rettete sich von hier aus mit einem Theil seiner Mannschaft glücklich, aber in einem höchst traurigen Zustande nach Europa zurück. 36 Personen kamen mit seinem Schiffe nach Holland heim, und das war beinahe Alles, was von der grossen Flotte des Mahu die Heimath wiedersah. Später (im Jahre 1602) machte Weert als Vice-Admiral noch eine Reise nach Ostindien mit der grossen Holländischen Flotte unter dem Admiral Wybrand van Warwyk und wurde auf dieser Reise nach mancherlei Schicksalen, die uns hier nicht näher angehen, auf Sumatra ermordet.

Noch merkwürdiger und folgenreicher für Holland als Weert's Reisen, wenngleich nicht so wichtig für den uns hier vorliegenden Gegenstand der Förderung der Entdeckung des südlichen Amerika's, waren die Schicksale der übrigen Schiffe der Flotte des Simon de Cordes.

Der Capitän, welcher mit Weert in die Magellan's-Strasse zurückgelaufen und dann dort, wie ich sagte, von ihm getrennt worden war, Balthasar de Cordes, ein Bruder des Simon, kam wiederum glücklich in die Südsee hinaus, wo er dann, da er keinen seiner Genossen fand, auf eigene Hand die Küsten von Chile besegelte und hie und da besuchte und plünderte. Die Eingebornen des Landes, mit denen er sich in's Vernehmen setzte, und die ihn, den Feind der Spanier, als ihren Befreier begrüssten, wollten ihn zu ihrem Könige erwählen. Balthasar hatte aber wenig Lust, diese Rolle zu spielen und segelte quer über die

Südsee zu den Molucken. Die Portugiesen nahmen ihn hier zwar gefangen und führten ihn nach Malacca*), aber er hatte doch seinen Landsleuten zuerst den westlichen Weg zu jenen Inseln gezeigt, die den Holländern später bis auf unsere Tage herab so reichen Gewinn bringen sollten.

Einen noch merkwürdigeren Weg zeigten denselben Holländern die übrigen beiden Schiffe, die unter dem Admiral der ganzen Flotte Simon de Cordes und dem Vice-Admiral Gerard van Beuningen standen, und die sich einige Zeit nach der Zerstreuung der Schiffe an der Küste von Chile glücklich wieder zusammenfanden, und dann von da aus nach Ausübung einiger Feindseligkeiten gegen die Spanier über den Stillen Ocean hinüber nach Asien ihren Cours nahmen. Auch sie wurden unterwegs noch wieder von einander getrennt. Unter dem 27. Grade S. Br. überfiel sie ein Sturm, in welchem am 24. Februar 1600 der Admiral Simon de Cordes verschwand, ohne dass man je im Stande gewesen ist, etwas über sein Schicksal zu erfahren**).

Beuningen dagegen wurde mit seinem Schiffe an die Küsten von Japan verschlagen, wo er im Jahre 1600 mit nur sechs dienstfähigen Matrosen im Hafen Bungo auf der Insel Kiusiu einlief, und mitsammt seinem Schiffe und seiner Mannschaft von den Japanern gefangen genommen wurde. Sein englischer Pilot Adams, den der Kaiser von Japan zu sich kommen liess, erlangte aber durch seine Kenntnisse, seine vernünftigen Rathschläge und seine dem Kaiser angenehme Persönlichkeit einen so grossen Einfluss bei demselben, dass man sein Auftreten als das erste Samenkorn des lang blühenden Handels und der Bedeutsamkeit der Holländer in Japan betrachten muss. Adams, den zwar der Kaiser von Japan selber nie nach Europa entlassen wollte, erwirkte doch seinen Gefährten und Landsleuten die Erlaubniss zur Heimkehr. Sie und der Vice-Admiral Beuningen durften mit einem Japanischen Schiffe zu den Molukken gehen, wo sie ein Holländisches Geschwader vorfanden. Beuningen wurde auf demselben als Commandant eines der Schiffe angestellt, nachher aber in einer Seeschlacht mit den Portugiesen bei Malacca getödtet. Einige wenige seiner Leute kehrten jedoch später nach Holland zurück und müssen demnach eigentlich als die ersten Holländischen Weltumsegler betrachtet werden. — Der besagte Adams starb später im Jahre 1620 in Japan***).

---

*) S. die Brevis Narratio l. c. Fol. 80a.
**) S. seine Biographie von Eyries in Michaud „Biographie Universelle" Vol. IX. pag. 196.
***) S. seine Biographie von Eyries in Michaud „Biographie Universelle" Vol. I. pag. 152.

Die Schicksale dieser ersten Holländischen Expedition zur Südsee auf dem Westwege durch die Magellan's-Strasse waren also sehr mannigfaltig und in der That einzig in ihrer Art. Die Ritter des Holländischen Löwen-Ordens wurden von der Magellan's-Strasse aus, so zu sagen, über die ganze Welt nach Osten, Süden, Westen und Norden zerstreut und verbreiteten den Samen der Holländischen Welt-Kenntniss und Handels-Verbindungen. Die Resultate und Ergebnisse dieser Zerstreuung waren in Kürze folgende: Gründliche Erforschung der Magellan's-Strasse für die Holländer, — Entdeckung der Sebalds-Inseln, — Erreichung des 64.° S. Br. und der Antarktischen Festlande, — Anknüpfung der Holländischen Handels-Verbindungen mit Japan, und mit den Molukken auf dem Westwege.

Eine Bai auf der Nord-Küste der Magellan's-Strasse nordwestlich von Cap Froward erhielt den Namen „Bahia de Cordes". Sie figurirte, noch lange an diese Expedition erinnernd, auf den Holländischen sowohl als auf den Spanischen Karten der Strasse*). Auch jene „Ritter-Bai", in welcher die Holländer ihren merkwürdigen Löwen-Orden stifteten, wurde noch häufig auf Holländischen und Spanischen Karten, auf letzteren „Bahia de los Cavalleros" genannt, verzeichnet. Auf den heutigen Englischen See-Karten scheinen aber beide Namen verschwunden zu sein.

2) Olivier van Noort (1598).

Die zweite Expedition der Holländer zur Magellan's-Srasse, welche zugleich die erste glücklich durchgeführte Holländische Welt-Umseglung war, wurde wie die erste vorzugsweise von Rotterdamer Kaufleuten ausgerüstet und lief wie die vorige von Goere bei Briel aus der Mündung der Maas aus. Dieser kleine Hafen Goere und die Maas-Mündung spielten eine Zeit lang dieselbe Rolle in der Schifffahrt der Holländer, wie der Hafen San Lucar und die Guadalquivir-Mündung in der der Spanier.

Die kleine aus vier Schiffen bestehende Flotte ging kurze Zeit nach der ersten im September 1598 unter dem Commando des berühmten vierten Weltumseglers Olivier van Noort ab. Sie hatte, wie die vorige, einen Englischen Steuermann, der früher mit Cavendish gesegelt war, an Bord. Nach den Abenteuern, welche die Englischen und Holländischen Weltumsegler an der afrikanischen Küste mit Negern und Portugiesen gewöhnlich zu bestehen hatten, und nachdem er zwei Mal aus der Nachbarschaft Afrika's zur Küste Brasiliens über die ganze Breite des Atlantischen Oceans

---

*) Unter andern z. B. auf der Karte des später noch zu erwähnenden Spanischen Seefahrers Nodal vom Jahre 1621.

hinüber und herüber verschlagen war*), kam Noort mit seiner Flotte im September 1599 in Port Desire an der Patagonischen Küste an. Seit der Entdeckung dieses Hafens durch Cavendish scheint derselbe den Englischen und Holländischen Magellan's-Strassen-Fahrern, eben so wie einst den Spaniern der von Magellan entdeckte St. Julians-Hafen, als die gewöhnliche Ruhe- und Aussetz-Station für die „Strasse" gedient zu haben. Er ist daher auch auf den holländischen Karten, so namentlich auf der Karte, welche Noort's Reiseschilderung begleitet, etwas prahlerisch als ein ausserordentlich grosser und tief eindringender Meerbusen gezeichnet.

Nach viermonatlichen Kämpfen mit Stürmen und Widerwärtigkeiten aller Art gelang es dem Noort gegen Ende Februar 1600 durch die Magellan's-Strasse in die Südsee hinauszukommen. Er umsegelte alsdann weiter die ganze Welt und kehrte im August 1601 nach Holland zurück. Seine Reise hatte indess fast keine interessanten geographischen Entdeckungen zur Folge**), obwohl sie als die erste Holländische Weltumseglung und als die vierte Weltumseglung überhaupt eine grosse Rolle spielte und häufiger genannt wurde als die Fahrten des Cordes und seiner Gefährten, die, wie ich zeigte, für Geographie und Handel weit interessanter und erfolgreicher waren.

Nur einige wenige Häfen in der Magellan's-Strasse erhielten auf Noort's Reise Holländische Namen, die sich für längere Zeit in der Geographie dauernd festsetzten. So die „Olivier's-Bay" im Nordwesten von Cape Froward, in welcher Noort etliche Wochen vor Anker lag, und an die noch heutigen Tages unser „Cape Holland" erinnert. So auch die „Mauritius-Bay" und die „Guysen-Bay" auf der südlichen Seite der Strasse. Die „Guysen-" oder „Bettler-Bay", die man noch auf vielen späteren Karten findet, wurde so genannt, weil in ihr der wegen Verrätherei und Meuterei angeklagte und verurtheilte Vice-Admiral Noort's, Jacob Claesz, mit einem Brodsack und etwas Wein an's Land gesetzt und seinem traurigen Schicksal überlassen wurde. Die Strafgerichte über ungehorsame und verrätherische Vice-Commandanten haben sich seit Magellan's Zeit fast bei allen Schifffahrten nach Patagonien wiederholt.

3) Spilberg (1614).

Den Schluss der Reihe der nur mit Hülfe der Magellan's-Strasse ermöglichten Umseglungen Amerika's und der Erde, die der grosse Portugiese in Spanischen Diensten vor 100 Jahren

---

*) Brevis Narratio bei Herrera l. c. Fol. 80 a.
**) S. Bougainville, Discours préliminaire. S. 2.; cf. Relacion del ultimo viage etc. pag. 255.

angefangen hatte, machte ein Deutscher in Holländischen Diensten im Jahre 1614, Namens Georg Spilberg, von den Holländern „Spilbergen" geschrieben.

Diese „letzte Reise durch die Magellan's-Strasse"*) war so kurz und glücklich wie die allererste. Die beiden ersten Holländischen Reisen mochten in Bezug auf die pecuniären Vortheile den Erwartungen der Rheder wenig entsprochen haben. Auch hatte Spanien im Jahre 1604 mit England einen Frieden und im Jahre 1609 mit Holland einen zwölfjährigen Waffenstillstand abgeschlossen. Es trat daher in den See-Unternehmungen eine Pause von 15 Jahren ein. Mittlerweile (im Jahre 1602) hatten aber die Holländer ihre grosse und bald mächtige Ostindische Compagnie gestiftet und ihre Augen auf ganz Amerika geworfen, bereits auch an mehren Punkten dieses Continents sowohl im Norden am Hudson-Flusse (in Neu-Belgien, dem jetzigen Staate Neu-York), als auch an den Küsten von Guyana und von Brasilien festen Fuss gefasst. Sie wollten nun Amerika auch wieder im Süden umzingeln und ihre Erb-Feinde, die Spanier, mit denen sie trotz des abgeschlossenen Waffenstillstandes bald wieder in Conflikt gerathen waren, mit erneuter Kraft in der Südsee angreifen. Sie liessen daher — es geschah auf Veranlassung der Holländisch-Ostindischen Gesellschaft **) — eine Flotte von 6 Kriegsschiffen ausrüsten und sandten dieselbe den 8. August 1614 unter dem Commando des besagten Deutschen Georg Spilberg, der schon früher eine Flotte auf dem Ostwege um Afrika herum nach Ostindien geführt hatte, zur Magellan's-Strasse ab.

Spilberg durcheilte die Strasse trotz der Schwierigkeiten, die ihm seine oft widerspenstigen Mannschaften bereiteten, in der kurzen Zeit von 39 Tagen (vom 28. März bis 6. Mai 1615).

Eben so glücklich, geschickt und muthvoll wie in dieser Meerenge zeigte er sich auch auf den Gewässern des Stillen Oceans, wo er eine Spanische Kriegsflotte unter dem Commando des Don Rodrigo de Mendoza angriff, zum Weichen brachte und darnach an den Küsten von Chile und Peru Schrecken und Zerstörung verbreitete. Er ging von Amerika nach Asien hinüber, wo er Dinge erlebte und verrichtete, die uns hier nicht weiter interessiren, und kam dann nach drei Jahren (im Juli 1617) mit fast allen Schiffen, mit denen er ausgesegelt war, um das Cap der Guten Hoffnung herum nach Holland zurück, welches Glückes

---

*) „Ultima navigatio per Fretum Magellanicum" nennt sie Laët l. c. S. 512. Man muss diesen Ausdruck natürlich dahin verstehen, dass es die letzte der Reisen war, die nothwendig durch diese Strasse, als den einzigen damals bekannten westlichen Weg zur Südsee, angestellt werden mussten.

**) Laët. l. c. S. 512.

sich bisher noch kein Magellan's-Strassen-Fahrer und kein Weltumsegler hatte rühmen können.

4) Le Maire und Schouten (1615—1617).

Die Magellan's-Strasse schien durch die Reise Spilberg's, der da zeigte, wie gut man sie unter Umständen und bei einiger Geschicklichkeit benutzen könne, von Neuem an Wichtigkeit gewinnen zu sollen. Aber ihre ganze welthistorische Bedeutung wurde gleich darauf durch die berühmte Entdeckung, welche die Holländer Le Maire und van Schouten machten, fast ganz in Schatten gestellt, da in Folge derselben eine andere Weltstrasse mit ihr in Concurrenz trat, welche viel grössere Bequemlichkeit verhiess.

Die ersten Entdecker und Befahrer der Magellan's-Strasse und mit ihnen fast alle Geographen der Zeit hatten, wie ich sagte, angenommen, dass das Land im Süden derselben einem grossen südlichen Continente angehöre. Wie die von Magellan gesehene „Tierra del Fuego", so hielt man auch das von Hawkins entdeckte „Maidenland" (die Falklands-Inseln) und auch das Land, welches Drake im Süden des westlichen Ausgangs der Magellan's-Strasse erblickt hatte, das sogenannte „Sir Francis Drake's-Land" für Theile dieses Continents, den man westwärts bis Neu-Guinea und Neu-Holland fortlaufen, in einer breiten Ausdehnung den Süd-Pol rings umher umschliessen, und wie der Südspitze von Patagonien, so auch den Südspitzen Asiens und Afrika's nahe treten liess. Man nannte dieses phantastische Riesen-Land „die grosse Terra Australis" oder auch wohl die „Regio Magellanica", wie Mercator sagt: „ab ejus inventore" (von seinem Entdecker). Man schmückte es mit einer Menge aus der Luft gegriffener Busen, Vorgebirge und Flüsse, die jeder Geograph, so zu sagen, auf seine Weise darstellte und benannte. Gerard Mercator z. B. versetzte in die Nähe der Gegend, wo dieser Continent America berührte, im Südosten der Magellan's-Strasse einen grossen Busen, den er den „Golfo di San Sebastian" nannte. In diesen Busen liess er mehre Flüsse ausströmen, von denen er einen „Rio dolcissimo" nannte. Im Südwesten der Magellan's-Strasse hatte er einen ähnlichen Busen, den er „Archipelago Minore" nannte. Diese Namen kommen auf vielen vor dem Jahre 1600 angefertigten Karten vor, neben ihnen auch der von Magellan auf der Südseite seiner Strasse entdeckte und benannte Berg „Campana de Roldan" (unser Mount Sarmiento).

Der Glaube an diesen südlichen Continent in der Nähe von Südamerika war nun in der letzten Zeit durch die Schifffahrten der Engländer und Holländer (wenigstens bei denen, welche die Berichte über diese Fahrten studirt hatten) sehr erschüttert. Dass das

Feuerland wenigstens eine Halbinsel sei, so viel stand schon gleich von der ersten Entdeckung her fest, denn man musste wohl gleich beim Ein- und Ausgange bemerken, dass die Küsten auf beiden Seiten nach Süden zurückwichen. Je öfter die Magellan's-Strasse befahren wurde, desto häufiger ereignete es sich, dass Schiffe beim Aus- und Eingange in die Strasse durch Stürme südwärts von ihrem Course verschlagen wurden. Es wurde dabei immer mehr Ocean, immer weniger Land im Süden Amerika's erkannt, und das Feuerland musste sich mehr und mehr halbinselartig ablösen. Man kann dies allmählige Inselwerden des Feuerlandes auf den Karten des 16. Jahrhunderts von Stufe zu Stufe verfolgen. Auf den älteren Karten, (z. B. auf denen von Munster) ist das Feuerland noch ganz in dem südlichen Festlande so zu sagen verwachsen und zeigt noch wenig Tendenz zur Trennung und Isolirung. Dagegen stellt es sich auf den am Ende des Jahrhunderts von dem jungen Mercator herausgegebenen bereits als eine längliche und ein wenig gelöste Halbinsel dar.

Dass das Feuerland nicht Continent, sondern eine Gruppe von Inseln sei, fing man zuerst an bei seiner Westseite zu ahnen. Hier hatte schon Magellan selbst mehre Nebenarme eindringen sehen und die Vermuthung aufgestellt, dieselben möchten wohl ganz zum Südmeere hinauslaufen. Andere Seefahrer hatten dies bestätigt. Namentlich aber erhob es der Engländer Drake zur Gewissheit. Er wurde bei seinem Auslaufen aus der Magellan's-Strasse (im Jahre 1578) bis zum $57\frac{1}{2}°$ S. Br. verschlagen und ging hier an einer inselreichen Küste vor Anker. Die ersten Berichterstatter über Drake und ihnen folgend die übrige Welt hielten diese Küste zwar für einen Theil des Grossen Südlandes. Aber Drake selbst that dies nicht. Er war vielmehr seiner seits überzeugt, dass er auf der Südwestküste des Feuerlandes gewesen sei und dass er hier gegen Süden einen weit ausgedehnten Ocean vor sich gehabt habe. Er glaubte auch, dass er die südlichste Spitze alles Festlandes von Amerika erreicht habe, und sprach diese Ueberzeugung gegen Andere, namentlich z. B. gegen den Englischen Seefahrer Hawkins aus, der dies in seinem Reiseberichte erzählt[*]).

Im Jahre 1599 wurde, wie ich oben zeigte, auch Dierk Gueritke, einer der Capitäne des Simon de Cordes, sogar bis zum 64. Grade S. Br. hinab verschlagen, ohne dass er bis dahin irgendwo Land gefunden hätte. Erst unter der besagten Breite stiess er, wie gesagt, auf ein südliches Festland, unser heutiges „New-South-Shetland". Zwischen diesem Lande und Amerika im Norden

---

[*]) S. Purchas, l. c. Tom. IV. S. 1391.

sah er aber überall freies Wasser. New-South-Shetland liegt nicht nur sehr weit südlich vom Feuerlande, sondern zugleich auch mehre Grade östlich von demselben. Da bekanntlich im Süden Amerika's die Stürme und auch die Meeres-Strömungen meistens aus Westen und Nordwesten kommen, so ist es daher natürlich, dass Gueritke nach Süden und zugleich auch nach Osten verschlagen wurde, und dass auch Drake weit ostwärts herum kam. Jener herrschenden Luft- und Wasser-Bewegungen wegen, sage ich, musste die Entdeckung der Isolirung des Feuerlandes und der Existenz eines freien Oceans im Süden Amerika's, so wie die Nichtexistenz des grossen Continents zuerst von Westen oder vom Stillen Ocean her gemacht werden.

Anders war dies auf der Ostseite. Hier biegt sich erstlich die Küste des Feuerlandes, nachdem sie von der Magellan's-Strasse eine kurze Strecke nach Süden gerichtet ist, wieder ganz nach Osten herum, und stellt sich den von Norden Herabsegelnden als eine Barriere gegen Süden dar. — Man musste hier also länger an ein Verschlossensein der Meere glauben. Dazu kam noch, dass die Schiffe, die an der Küste von Patagonien zur Magellan's-Strasse hinabfuhren sich immer möglichst nahe am Lande hielten. Erstlich weil längs ihr der geradeste Weg dahin führte, und dann weil sie immer, bevor sie sich in die stürmischen Gewässer der Strasse und dann in die endlosen Wasserwüsteneien der Südsee hinauswagten, noch einmal in einen der dort bekannten Häfen (St. Julian oder Port Desire, oder Santa Cruz) einzulaufen wünschten, um sich mit dem nöthigen frischen Wasser, Holz, Fischen, Pinguinen etc. zu versehen, und um ihre Schiffe auszubessern. Sie unternahmen daher nicht häufig solche weiten Ausgriffe nach Osten und Südosten, wie sie deren am andern Ende der Strasse zuweilen zu machen von den Weststürmen gezwungen wurden. Aber wenn auch das Süd-Ost-Ende des Feuerlandes mit einem weiten grossen Continente zusammenhängen sollte, so musste doch nach den Fahrten des Drake und des Holländers Gueritke Jedem, der von den durch sie erforschten Geheimnissen Kenntniss nahm, klar werden, dass jenes Ost-Ende wenigstens nur äusserst schmal sein dürfe, dass es höchstens nur eine Länderbrücke oder einen Isthmus vorstelle, und dass dieser Isthmus daher irgendwo von einer Strasse durchbrochen sein könne.

In Amsterdam gab es im Jahre 1614 einen rührigen Kaufmann, Namens Isaac Lemaire*), den seine grossen Verbindungen und Kenntnisse in Stand setzten, solche Studien anzustellen.

---

*) Sein Landsmann Laët l. c. S. 514 nennt ihn einen „mercator imprimis industrius".

Auch waren besondere Umstände vorhanden, welche ihn dazu reizten, die Auffindung eines zweiten oceanischen Thores im Süden von Amerika zu betreiben. Es war seit Columbus Zeiten in Europa ein alter Grundsatz, dass Jeder, was er entdeckt habe, auch für sich benützen dürfe und solle. — Die Holländisch-Indische Compagnie hatte nun auf ihre Kosten die Magellan's-Strasse für Holland entdeckt und eröffnet. Sie wurde dafür durch ein Privilegium auf alleinige und ausschliessliche Benutzung dieses Thores zu Südseefahrten belohnt. Die General-Staaten verboten allen ihren Unterthanen, welche jener Compagnie nicht angehörten, die Befahrung der Magellan's-Strasse. Solche Privilegien sind für die Ausgeschlossenen gewöhnlich ein Reiz zu Anstrengungen geworden, besonders wenn man ihnen für ihre etwaigen neuen Entdeckungen ähnliche Vortheile verhiess, wie ihren Vorgängern für die alten. Dies letztere thaten die General-Staaten. Fast gleichzeitig mit jenen die Magellan's-Strasse verschliessenden Edikten, erliessen sie andere, in denen sie ihren Unterthanen neue Entdeckungen empfahlen, indem sie ihnen versprachen, dass jeder, der neue Länder, Inseln und Wege auffände, das Recht haben solle, dieselben für sechs Schifffahrten ganz und gar allein zu benutzen, und dass jeder, der vor Beendigung dieser sechs Schifffahrten dieselben Entdeckungen benutze, an den Entdecker 50,000 Holländische Dukaten bezahlen und eine Confiscation seiner Schiffe und Güter gewärtigen solle *).

Jener Isaac Lemaire in Amsterdam brachte nun mit mehren andern in der Stadt Hoorn etablirten Kaufleuten eine Verbindung zu Stande, die sich „Australische Compagnie" nannte, und die auf eigene Kosten zwei Schiffe ausrüstete, von denen das eine „Eendragt" und das andere „Het Hoorn" (das Horn) hiess**). Sie stellten an die Spitze dieser kleinen Flotte zwei erfahrene Seeleute, den Wilhelm Cornelis Schouten, als „Schiffsführer" und den jungen Jacob Le Maire, den Sohn jenes alten Kaufmanns Isaac Le Maire, als kaufmännischen Hauptagenten und als „Präsidenten"***).

---

*) Dieses „Privilegium sive Beneficium concessum omnibus iis, quorum opera et studio novae Regiones, Portus, Insulae ac Viae detegentur", findet sich unter anderen vor der „Descriptio navigationis Australis" in dem Anhange zu Herrera's Descriptio Indiae Occidentalis. Amstelodami 1622.
**) S. hierüber die Vorrede „ad benevolum lectorem" zu der citirten Navigatio Australis.
***) Wie gewöhnlich sind nach Beendigung der Reise Eifersüchteleien und Streitigkeiten zwischen den Anführern der Expedition und ihren Freunden ausgebrochen. Der „Schiffsführer" Schouten liess zuerst einen Reisebericht veröffentlichen, in welchem er sich nicht nur als den eigentlichen commandirenden Befehlshaber der Expedition, sondern auch als denjenigen darstellte, der zuerst

Der Zweck der Expedition war ausdrücklich auf die Entdeckung einer neuen Strasse im Süden der Magellan's-Strasse gerichtet, und die neue Le Maire-Strasse ist mithin eben so planmässig und nicht zufällig aufgefunden, wie die Magellan's-Strasse selbst*).

In der Mitte des Juni 1615 stachen Schouten und Le Maire vom Texel in See, versehen mit einem ihnen vom Statthalter der Niederlande, dem Prinzen Moritz von Nassau, ausgestellten Empfehlungsbriefe („Litterae fiduciariae") an alle Kaiser, Könige, Herzoge, Fürsten, Republiken und Gouverneure der Welt**).

Am Ende December desselben Jahres erreichten sie den südlichen Theil von Patagonien und erholten sich hier bei dem gewöhnlichen Stationsplatze der Engländer und Holländer in dem Port Desire. Sie hatten also, was bisher selten geschehen war, die ganze Länge des Atlantischen Oceans in der kurzen Zeit von 6 Monaten durchschifft. Ihre Vorgänger brauchten dazu meistens drei viertel- oder ein volles Jahr. Beim Repariren und Kalfatern ihrer Schiffe im Port Desire gerieth eines derselben, die kleine Yacht „Het Hoorn", in Brand und es blieb von ihr nichts übrig als einige Silber- und Gold-Klumpen und eiserne Geräthschaften, die sie mit sammt den Offizieren und der Mannschaft an Bord der Eendragt nahmen***). Mit dieser allein setzten sie die Reise fort und verliessen den „Hafen Desire" den 12. Januar 1616, gelangten also in die Umgegend des Feuerlandes gerade in der günstigsten Jahreszeit, der Mitte des dortigen Sommers. Ihrer Absicht gemäss hielten sie sich von vornherein mehr östlich, wie vor ihnen De Weert dasselbe zufällig und vom Winde genöthigt gethan hatte und bekamen daher die „Sebaldus de Weerts-

---

die Idee und den Plan zu derselben angegeben habe, und dem auch der ganze Ruhm der erfolgten Entdeckung gebühre. Dagegen liessen die Rheder bald darnach einen andern Bericht erscheinen, in welchem die ganze Ehre der ersten Ausarbeitung des Reise- und Entdeckungsplanes dem Vater Isaac Le Maire, und die Ehre der Ausführung und Entdeckung selbst dem Sohne Jacob Le Maire gegeben wurde. Letzterer wird darin als der eigentliche „Praefectus" der beiden Schiffe „Concordia" und „Cornu", Schouten aber nur als der „Capitän des Schiffes Concordia" (non nisi Naucleri munus obiit in navi Concordia) dargestellt. S. die Vorrede „ad benevolum lectorem" zu der oben citirten „Navigatio Australis". Ich bin im Obigen der Ansicht und Darstellung des unparteiischen Laët gefolgt.

*) S. Speculum Orientalis Occidentalisque Indiae Navigationum. Lugd. Batav. 1619. pag. 121.

**) S. diese Litterae fiduciariae vor der Fol. 46 der Navigatio Australis l. c. Auch aus diesem Empfehlungsschreiben geht hervor, dass Jacob Le Maire etwas mehr an Bord der Flotte gewesen ist, als ein blosser „Kaufmanns-Commis", wie ihn Einige genannt haben. Er wird darin vom Prinzen Moritz „Noster Capitancus Iacobus Le Maire" angeredet, und das Schreiben scheint sogar blos an ihn, und nicht auch an Schouten gerichtet zu sein. —

***) Navigatio Australis l. c. pag. 54a.

Inseln" in Sicht. Von da an gingen sie nach Südsüdwesten hinab in der Hoffnung, so ihre gesuchte neue Südstrasse („Australes angustias") zu finden. Sie stiessen alsbald auf die lange östliche Spitze des Feuerlandes, die ihnen als eine hohe nach Osten gestreckte Barriere entgegentrat. Sie hatten die See-Karte von einem Wilhelm Johansen bei sich, nach welcher der herrschenden Meinung gemäss jene Barriere noch ferner im Osten mit anderem Festlande zusammenhangen sollte. Anfangs konnten sie des Landes Ende im Osten noch nicht absehen. Als sie aber noch etwas weiter ostwärts fuhren und der Küste selbst zugleich näher rückten, entdeckten sie einen breiten Einlass, aus dem die Gewässer aus Westen mit hohen Wellen und Fluthen und mit grosser Gewalt hervordrangen, so dass ihr kleines Schiff zwischen den Wasserbergen fast ganz begraben wurde *). Bei wiederholten Peilungen fanden sie in diesem Einlasse eine ausserordentliche Tiefe und zugleich ein grosses Gedränge von ein- und auspassirenden Walfischen. Aus diesen Umständen schlossen sie, dass derselbe ein vom Atlantischen zum Stillen Meere durchgehender Canal sein müsse, so wie einst Magellan dasselbe aus ganz ähnlichen Erscheinungen und Beobachtungen beim Eingange zu seiner Strasse geschlossen hatte.

Am 25. Januar segelten sie südwärts in den Canal ein, wobei sie sowohl im Osten als im Westen hohe, wilde, schroffe Küsten zur Seite hatten. Innerhalb der Enge wurde die Strömung so stark, dass sie dieselbe sogar mit lebhaftem und günstigem Winde kaum überwinden konnten. Auch fanden sie noch mitten in der Strasse das Meer 50 Klafter tief und blickten südwärts in ein weites nirgends begränztes Gewässer hinaus.

Jetzt gewannen Alle die fast sichere Ueberzeugung, dass sie eine Strasse, einen grossen und wichtigen Communications-Weg des Welt-Verkehrs, eine „Regia Via" (einen Königs-Weg), wie sich ihr Bericht ausdrückt, gefunden hätten. Sie fühlten sich von Freude ergriffen, dankten Gott und mit allgemeiner Beistimmung wurde beschlossen, das Land im Westen zu Ehren des Prinzen, der sie mit officiellen Empfehlungsschreiben versehen hatte, „Mauritius-Land" und das im Osten ihren General-Staaten zu Ehren „Staaten-Landt" zu nennen. Der Strasse selbst scheinen sie jetzt noch nicht gleich einen Namen gegeben zu haben. Die Berge der Küsten zu beiden Seiten waren hoch und mit Schnee bedeckt. Sie schienen aber Häfen zum Einlaufen zu gewähren, besonders das Staaten-Land. Noch ehe es am 25. Januar dunkel wurde,

---

*) Ich folge hier in meinen Ausdrücken überall dem Berichte der „Navigatio Australis."

konnten sie sehen, dass sich dieses Staaten-Land gegen Osten so weit ausdehnte, wie nur die Blicke reichten *). Sie glaubten daher, dass es der Anfang oder Ausläufer eines andern grossen Continents (des supponirten grossen Süd-Continents) sei**).

Als es aber Nacht geworden war, fühlten sie ihr Schiff gewaltig arbeiten und von sehr grossen Wogen hin- und hergeschaukelt, und sie schlossen daraus, dass sie sich schon, wie es wirklich der Fall war, auf den freien Gewässern des Süd-Meeres befänden. Südwestwärts weiter fahrend, entdeckten sie in den folgenden Tagen mehre Inseln, die vor der südlichen Küste des Feuerlandes lagen, und die sie zu Ehren des grossen Staatsanwalts Ian van Oldenbarnevelt, „die Barnevelts-Eilande" nannten. Von diesen Inseln in südwestlicher Richtung weiter lavirend, hatten sie nach Süden stets den weiten Ocean vor sich, erblickten aber am 29. Januar im Norden ein hohes nach Süden hervorragendes Vorgebirge, das ihnen aus einem einzigen hohen Berge mit beschneiten Spitzen und mit zerrissenen und zerklüfteten Abhängen zu bestehen schien. Sie glaubten, dass es der südlichste Punkt und Bergpfeiler aller nordwärts liegenden Länder und Inseln der Tierra del Fuego und ganz Amerika's sei, und gaben ihm den Namen „Het Kaep van Hoorn" zu Ehren der Stadt Hoorn, aus welcher Capitän Schouten und die Mehrzahl ihrer Rheder, so wie auch einige ihrer Reisegefährten gebürtig waren. Sie bestimmten die Lage des Caps auf 57^0 $48'$ S. Br., was freilich ein ziemlich grosser Irrthum war, da das Cap Hoorn in der That gerade in 56^0 S. Br. liegt. Sie erkannten damals auch noch nicht, dass das Cap Hoorn bloss die südlichste Spitze einer kleinen Insel sei. Weil sie diese südlichste Partie Amerika's nur von ferne sahen, erschien ihnen der ganze dortige Insel-Archipel als ein zusammenhängendes Ganze.

Ihr Vorrücken nach Westen war langsam und schwierig, denn schon damals machten sie die Entdeckung, dass in diesen Meeresgegenden die Westwinde vorherrschten, eine Erfahrung, die später so viele ihrer Nachfolger häufig genug zu bestätigen das Unglück hatten. Auch wunderten sie sich über die Verschiedenheit des Klimas und Himmels, die beide sehr rauh und trübe waren, und darin mit dem Klima und Himmel auf der Ostseite bedeutend contrastirten***).

---

*) „Ordinum terra, quoad longissime oculorum radii pertingere poterant; versus Volturnum expaciebatur." Navig. Austr. pag. 56a.

**) In dieser Weise, als die Spitze eines grossen Continents, ist das Staatenland unter andern auf der kleinen Karte dargestellt, welche Jacob Le Maire auf dem der Navigatio Australis vorgesetzten Portrait in der Hand hält.

***) S. Navigat. Aust. pag. 56b.

Gegen West- und Nordwestwinde lavirend kamen sie am 3. Februar bis zum 59⁰ S. Br. hinab*), und dann mit einer Schwenkung nach Westen und Nordwesten bis zur Breite der Magellan's-Strasse hinauf. Da sie bis dahin ihr „Moritz- und Staaten-Land" und ihr „Cap Hoorn" im Norden gelassen hatten, vor sich aber nirgends mehr weder im Westen noch im Süden Land sahen, so schlossen sie nun mit völliger Sicherheit, dass sie sich im Stillen Ocean befänden, und zwar in der Abtheilung desselben, in welche schon Drake und Gueritke hinabverschlagen waren, dass sie mithin ganz gewiss auf der Westseite Amerika's angelangt seien, und dass also jene Strasse, die sie durchfahren hatten, ein Canal sei, welcher den östlichen und westlichen Ocean verbinde.

Erst jetzt gaben sie sich einer von keinem Zweifel mehr getrübten Freude hin. Die Commandeure liessen der Mannschaft doppelte Rationen austheilen und veranstalteten ein Fest an Bord des Schiffes. Alsdann wurde über die gemachte Entdeckung ein schriftlicher Akt aufgesetzt, den alle Offiziere unterzeichneten, in welchem sie „Gott, dem Schöpfer des Himmels und der Erde" für seinen Beistand dankten, ihre Thaten kurz erzählten und von der Südspitze Amerika's und den umliegenden Meeren und Inseln im Namen des Prinzen Moritz von Nassau und der Generalstaaten der Niederlande Besitz ergriffen**).

Nun gaben sie denn auch der die Oceane verbindenden Strasse einen Namen und nannten sie „die Meerenge Le Maire".

Man sollte denken, sie hätten die Strasse so genannt zu Ehren des Vaters Isaac Le Maire's, des Haupt-Armateurs der Flotte, des vornehmsten Unterstützers des ganzen Projekts und des Mannes, der durch seine Erkundigungen und Studien die Existenz einer solchen Meerenge wahrscheinlich gemacht hatte. Allein jenes officielle Document, das sie, wie ich sagte, darüber aufsetzten***), besagt, sie hätten die Strasse „Fretum Jacobi Le Maire" genannt, also zu Ehren des Sohnes Jacob, unter dessen Mitwirkung oder Oberleitung die Strasse wirklich gefunden war. Mehre Schriftsteller †) haben gesagt, sie hätte gerechter Weise „Schouten's Strasse" genannt werden müssen. Allein hier wäre dann wieder die Vorfrage zu entscheiden, wer die Expedition eigentlich commandirte und leitete, und eben daraus, dass man den Namen Le Maire dem von Schouten vorzog, scheint wieder hervorzugehen, dass der Sohn Jacob Le Maire wirklich noch etwas anderes an

---

*) Laët l. c. S. 515.
**) Dieser Akt steht in der Navigat. Australis pag. 56 b, ist auch bei Mercator und vielen andern Geographen und Historikern wiederholt abgedruckt.
***) S. Navigat. Austr. pag. 57 a.
†) z. B. De Laborde.

Bord der Flotte war, als ein blosser Kaufmanns-Commis oder Super-Cargo. Zudem wird auch berichtet, dass der Capitän Schouten, als sie noch auf der Nord-Ostseite des Feuerlandes nach ihrer Durchfahrt suchten, gar kein rechtes Vertrauen zum Gelingen ihres Unternehmens mehr gehabt habe. Er soll gerathen haben, das Ganze aufzugeben und lieber um Afrika herum zu segeln. Der junge Le Maire dagegen, so heisst es, habe ausdauernd auf Fortsetzung der Reise in der angefangenen Richtung bestanden, und ihm allein sei daher die Entdeckung der Strasse zu verdanken gewesen*). Der Name Le Maire's-Strasse ist seitdem für ewige Zeiten jener Meerenge geblieben, und er ist auch von allen Nationen adoptirt worden. Spanisch: „Estrecho de la Maire", Englisch: „Le Maire's Streights", Französisch: „Détroit de Le Maire", Lateinisch: „Fretum Lemairium" etc. — Eben so ist der Name der kleinen Stadt Hoorn an der Südspitze Amerika's verewigt geblieben. Auch die Spanier haben ihn mit der Zeit adoptirt und mit „Cabo de Hornos" übersetzt. Vielleicht trug dazu etwas bei, dass der Name wegen der Anspielung auf die Bedeutung des Wortes „Horn" für ein Vorgebirge so passend schien. Der Name der Stadt Hoorn wurde von Le Maire und Schouten später noch ein Mal in der Südsee ausgetheilt, und zwar an eine kleine Inselpruppe (in der Nähe der Salomons-Inseln), die sie „Hoorns-Inseln" nannten. Hier ist der Name aber wieder verloren gegangen.

Auch von den andern von Le Maire und Schouten ausgetheilten Namen sind die meisten von ganz Europa und von der Geographie adoptirt worden. So der für jenes östliche „Staaten-Land", den alle Völker in ihre Sprachen übersetzt haben, die Franzosen in „Isle des états", die Spanier in „Isla de los Estados", die Engländer in „Staten-Island". Manche Holländische Namen finden sich in fremden Sprachen und Geographen etwas corrumpirt wieder, so z. B. der Name der Insel Barnevelt im Spanischen „Las Barnahelas". Französische Geographen haben zuweilen aus dem Cap Hoorn ein „Cap Cornu" (das gehörnte Cap) gemacht. Andere von den Holländern gegebene Namen aber sind gar nicht zur Geltung gekommen, so der Name „Mauritius-Land", der wieder in den Namen „Feuerland" oder in der vom Engländer Narborough herrührenden Bezeichnung der grossen Ost-Insel: „Südland des Königs Carl" aufgegangen ist.

Am 1. März kam das Holländische Entdeckerschiff „Eendragt", dessen Name eben so wie die Namen der „Victoria" des Magellan

---

*) S. hierüber: De Brosse, Geschichte der Schifffahrten nach den Südländern S. 221. Note 18.

und des „Pelikan" des Drake, und der „Dainty" des Hawkins in der Entdeckungsgeschichte verewigt ist, auf den Inseln San Juan Fernandez unter dem 34. Breitengrade auf der Höhe der mittleren Partieen von Chile an, und die Holländischen Seefahrer hatten daher die ganze Umseglung Süd-Amerika's von der Le Maire's-Strasse bis in die wärmeren Klimate (über 500 Deutsche Meilen) in der Frist eines Monats*) zu Stande gebracht. Dies war eine äusserst schnelle Reise. Die Nachfolger Schouten's und Le Maire's gebrauchten für dieselbe Fahrt oft viele Monate, und erlitten dabei noch weit grössere Verluste an Menschen und Sachen als sie. — Es drängt sich also auch hier wieder die Bemerkung auf, dass die ersten bahnbrechenden Entdeckungs-Reisen fast immer von einem Glücke begünstigt waren, welches ihren Nachfolgern selten wieder zu Theil wurde. Vermuthlich erklärt sich dies zum Theil auch daher, dass sich zur Anbahnung neuer Wege immer nur tüchtige und muthige Männer anboten.

Bei den Inseln Juan Fernandez hielten sich Le Maire und Schouten etliche Tage auf, nahmen Erfrischungen ein und sammelten einige Bemerkungen über die Beschaffenheit dieser Gruppe. Sie waren die ersten Nichtspanier, welche auf jenen Inseln landeten und die sie für das übrige Europa gleichsam entdeckten**). Für Spanien oder vielmehr für Chile waren sie, wie ich oben sagte, schon lange vorher (1572) von dem Chilenischen Piloten Juan Fernandez auf seiner zur Umgehung der Süd-Winde und Süd-Strömungen längs der Küste Peru's und Chile's angestellten Fahrt entdeckt worden. Sie wurden nun bald für alle Umsegler des Caps Hoorn eine erwünschte Station. Die Vorgänger von Le Maire, die durch die Magellan's-Strasse fuhren, hatten gewöhnlich bei der Chilenischen Insel La Mocha angelegt, die nahe am Festlande liegt. Bei der Umsegelung des Caps Hoorn umfuhr man Amerika in grösserem Abstande, mit einem weiten Ausgreifen in den Stillen Ocean und dabei waren denn die Inseln Juan Fernandez, die fast hundert Meilen weit vom Lande abstehen, gelegener. Das Auftauchen ihrer Bedeutung steht also mit der Entdeckung des Caps Hoorn eben so in Verbindung, wie die von nun an häufiger werdende Befahrung der Sebalds- und Falklands-Inseln im Osten von Amerika. Alle den Küsten nahen Stationen verloren von ihrer ausschliesslichen Wichtigkeit, dagegen gewannen die mehr oceanischen Stationen an Bedeutung. Die Fahrt längs Amerika, sowohl die längs der Küsten von Peru und Chile, als auch die längs der Küsten von Brasilien und Patagonien waren

---

*) Genau genommen vom 25. Januar bis 1. März.
**) S. Laët l. c. S. 491.

bis dahin noch immer mehr oder weniger blosse Küstenschifffahrten gewesen. Durch die Entdeckung des Caps Hoorn erhielt sie mehr den Charakter einer grossen Oceanischen Welt-Schifffahrt.

Le Maire und Schouten kamen nach mancherlei Abenteuern zu dem Ostasiatischen Inselarchipel hinüber, in welchem damals schon die Holländer die Herren waren. Hier trafen sie ihren Vorgänger Capitän Spilberg, der sie nach Iava zu dem dort im Namen der grossen Indischen Compagnie commandirenden Gouverneur Johann Pieter Koenen führte. Dieser, wie auch Spilberg, hielt die Entdeckung einer neuen Strasse neben der des Magellan's den Interessen seiner Obern nachtheilig, confiscirte die „Eendragt" und arretirte die beiden „angeblichen Strassen-Entdecker"*), als Verletzer des Privilegiums der besagten Compagnie auf die ausschliessliche Befahrung des südamerikanischen Weltweges. Die Mannschaft der „Eendragt" musste in die Dienste der Compagnie treten. Schouten und Le Maire aber wurden an Bord des Schiffes „Amsterdam", welches Spilberg commandirte, nach Europa eingeschifft, um dort ihre Sache zu vertheidigen. Der arme, edle Jüngling Le Maire erlag auf der Heimreise den Anstrengungen und dem Kummer am 31. December**). Schouten langte endlich auf dem Schiffe „Amsterdam" am 1. Juli 1617 in Holland an, wurde als der sechste Weltumsegler gefeiert und hatte auch die Genugthuung, es noch zu erleben, dass seine Landsleute in der Folge die durch ihn und Le Maire eröffnete neue und kürzere Strasse zu ihren ferneren Weltfahrten benutzten.

Karte zu Le Maire und Schouten.
(Hierzu Tafel IV.)

Die Skizze, auf welcher die Entdeckungen Schouten's und Le Maire's an der Südspitze Amerika's dargestellt sind, ist eine Copie der Karte in dem Buche: „Diarium vel descriptio laboriosissimi et molestissimi itineris facti a Guillelmo Cornelio Schotenio Hornano Annis 1615, 1616, 1617. Amstelodami 1619". (Tagebuch oder Beschreibung der höchst beschwerlichen Reise, welche von Wilhelm Cornelius Schouten von Hoorn in den Jahren 1615—17 gemacht ist). Dieses „Tagebuch" rührt von Aris

---

*) So werden Schouten und Le Maire von Spilberg in seinem Reise-Journal genannt.
**) Der Verfasser der Navigatio Australis (pag. 74a) sagt bei Gelegenheit seines Todes: Magni animi juvenis, qui toto hoc itinere luculentum virtutum suarum specimen praebuit, diligentiamque, suam industriam ac prudentiam singularem omnibus nobis ac singulis probavit.

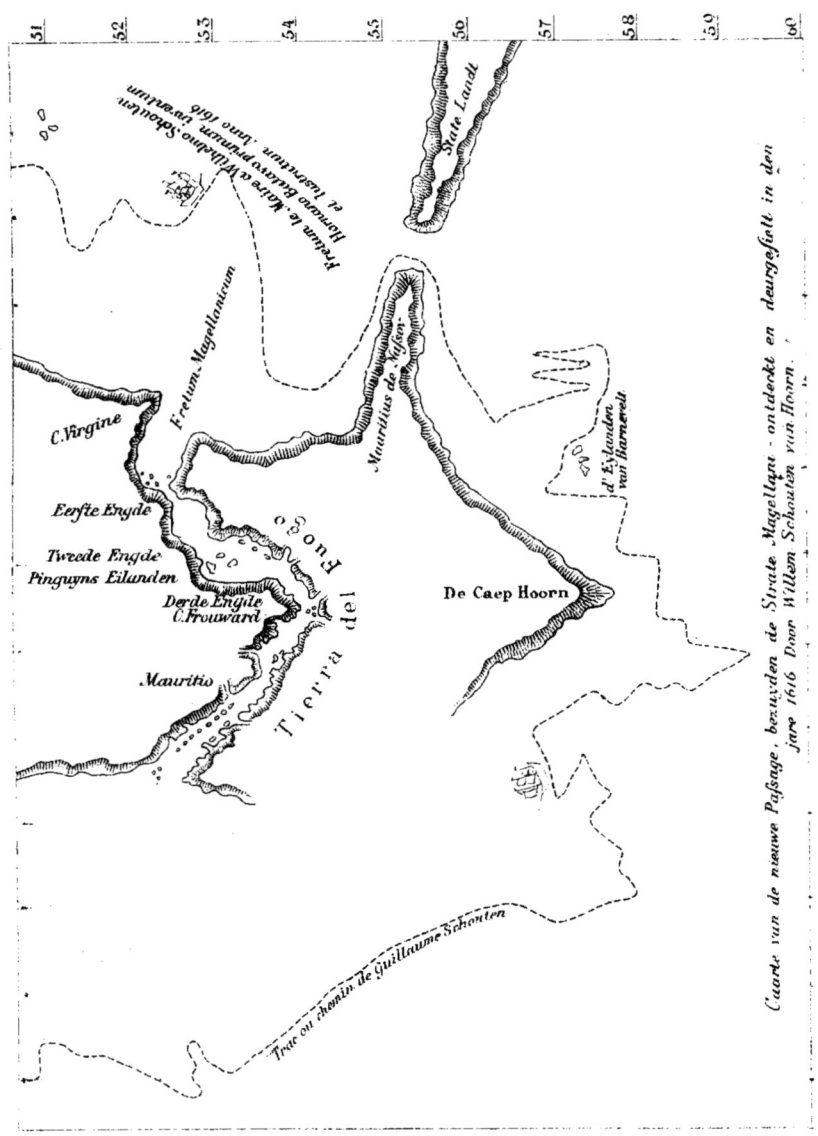

Feuerland und Le Maire-Strasse
nach Schouten und Le Maire.

Claessen (Adrian des Nicolaus Sohn) eines Begleiters und Commissars auf der Flotte Schouten's und Le Maire's her. Die Karte ist wohl ohne Zweifel nach den auf den Schiffen Schouten's und Le Maire's gemachten Aufnahmen der Holländischen Entdecker entworfen worden und stellt die geschauten Gegenden so dar, wie diese sie fanden oder sich dachten. —

Die Magellan's-Strasse ist auf ihr nach früheren Englischen und Holländischen (Spilberg) Karten gezeichnet, die östlichen Partien des Feuerlandes aber nach den neuen Holländischen Recognoszirungen.

Die Nordost-Küste des Feuerlandes erscheint hier zum ersten Male ziemlich richtig dargestellt und hat den von Schouten und Le Maire ertheilten Namen: „Mauritius de Nassov". Bei der Le Maire's-Strasse steht die Inschrift: „Fretum Le Maire a Wilhelmo Schouten Hornano Batavo primum inventum et lustratum. Anno 1616". (Die Meerenge Le Maire von dem Bataver Wilhelm Schouten von Hoorn zum ersten Male gefunden und erforscht, im Jahre 1616). Diese Inschrift scheint beiden Häuptern der Expedition gerecht werden zu wollen, da sie sie beide nennt. —

Das „State-Landt" (Staaten-Land) ist als ein sehr langes Stück Festland von unbestimmter Umgrenzung im Osten dargestellt. Ich bemerkte schon oben, dass auf einer kleinen dem Porträt des Le Maire in die Hand gegebenen Karte in der „Navigatio Australis" hervorzugehen scheine, dass Schouten und Le Maire sich das Feuerland als eine Halbinsel des grossen Süd-Continents gedacht haben.

Die „Eylanden van Barnevelt" stehen auf unserer Karte in einem etwas zu grossen östlichen Abstande vom Cap Hoorn. Dieses selbst („De Caep Hoorn") ist als ganz mit dem Festlande verschmolzen und als das äusserste sehr spitz zulaufende Süd-Ende des Welttheils Amerika gezeichnet. Seine Position ist wie in dem Berichte irrthümlich auf $57\frac{1}{2}°$ S. Br. angegeben.

Die punktirte Linie („Trac ou chemin de Guillaume Schouten") deutet in ihren Zickzackwindungen die Route des Schiffes „Eendragt" beinahe gerade so an, wie sie in dem Reiseberichte geschildert wird.

Beim untern Rande der Karte steht die Inschrift: „Caarte van de nieuwe Passage, bezuyden de Strate Magellani ontdeckt en deurgesielt in den jare 1616 door Willem Schouten van Hoorn". (Karte von der Neuen Passage, im Süden der Magellan's-Strasse, die in den Jahren 1616 von Wilhelm Schouten von Hoorn entdeckt und durchsegelt wurde.)

5) Nodal 1618.

Die Magellan's-Strasse hatte bis auf die Reise Le Maire's und Schouten's, als der einzige im Süden Amerika's existirende, den

Atlantischen und Stillen Ocean verbindende Canal gegolten. Die Auffindung eines zweiten Thores zur Erdumseglung, einer neuen „Via Regia", wie die Berichte von Schouten und Le Maire sie nannten, musste daher nicht wenig Aufsehen in der Welt machen. Am meisten wurden dabei die Interessen des Königs von Spanien und Portugal betroffen. Nach den letzten unglücklichen Fahrten der Engländer durch die Magellan's-Strasse mochte Spanien sich in Bezug auf seine Amerikanischen Südsee-Besitzungen einigermaassen beruhigt haben. Es schien darnach als ob die Magellan's-Strasse als ein höchst unbequemer Weg, doch nur mit grossen Schwierigkeiten und nur selten benutzt werden könne. Jetzt aber im Jahre 1618 kamen nun zwei Niederländische Weltumsegler und Südsee-Fahrer auf einmal nach Europa zurück, der Deutsche Spilberg, nachdem er die Magellan's-Strasse sehr rasch durchfahren, und Peru und Chile mit Schrecken erfüllt hatte, und die Holländer Schouten und Le Maire, nachdem sie eine ganz kurze, und wie es schien sehr bequeme Strasse gefunden, das äusserste Südende von Amerika entdeckt und glücklich und rasch umschifft, so wie denn auch dort die den Spaniern so erwünschte Barrikade des südlichen Continents zerstört hatten. Es entstand in Spanien eine ähnliche Aufregung wie vor 40 Jahren bei dem Einbruche des Engländers Drake.

Der Spanische Hof (jetzt König Philipp III.) war daher wie damals so auch dies Mal wieder die erste Macht, die sich beeilte, von dieser neuen Holländischen Entdeckung authentische Nachrichten einzuziehen, und sofort durch ihre eigenen Leute den neuen Weg recognosciren, namentlich auch untersuchen zu lassen, ob man ihn etwa durch Anlage von Festungen absperren könne. Die Spanier zogen einige Holländische Matrosen und Piloten, welche die Fahrt von Schouten und Le Maire mitgemacht hatten, in ihre Dienste, liessen zwei Caravelen ausrüsten, sie theils mit diesen Holländern, unter denen ein tüchtiger Amsterdamer Pilot Namens Johann de Moore war, theils mit Spaniern bemannen und stellten sie unter das Commando des Bartolemeo Garcia de Nodal und seines ihm adjungirten Bruders Gonzalo, zweier Seefahrer, die ihren Muth schon dadurch bewiesen hatten, dass sie bereits bei verschiedenen Gelegenheiten nicht weniger als 76 feindliche Schiffe entweder in Grund gebohrt oder verbrannt oder genommen hatten*).

Den 27. September 1618 reisten sie von Lissabon ab und kamen nach einem kurzen Aufenthalte in Rio Janeiro um die Mitte Januars 1619 bei der Magellan's-Strasse an, nachdem sie den

---

*) Ultimo viage al estrecho etc. S. 259.

ganzen Atlantischen Ocean so schnell wie keiner ihrer Vorgänger durchschifft hatten. Sie segelten dann längs der 70 Leguas langen Nordostküste des Feuerlandes hin. Ihr Vorgänger Le Maire war, wie ich sagte, von der Nachbarschaft der Falklands-Inseln aus auf diese Küste und zwar gleich in der Nähe ihres Ost-Endes gestossen. Diese ganze Küste war bis dahin noch nie, wie es durch die Nodals geschah, so in einem Striche und in solcher Nähe recognoscirt worden.

Es ist überhaupt, so unglaublich es scheint, die erste Forschungsreise längs dieser Partie des Feuerlandes, die wir sicher nachweisen können. Jener Hoces, der Capitän Loaisa's, hatte sie vielleicht von Weitem erblickt. Garcia de Nodal, der Haupt-Commandeur der Expedition, recognoscirte, entdeckte und benannte mehre Baien, Häfen und Vorgebirge, die Le Maire und Schouten ununtersucht zur Seite hatten liegen lassen. Er gab dem südlichen Eingangs-Cap der Magellan's-Strasse den Namen „Cabo del Espiritu Santo". Er entdeckte im Süden dieses Caps einen tief eindringenden Meeres-Arm, von dem er vermuthete, dass er ein zweiter Auslass der Magellan's-Strasse sei, und den er die „Entrada de San Sebastian" nannte. Dem Cap neben demselben gab er den Namen „Punta de Arenas" und eben so ertheilte er einem weiter südwärts vortretenden Cap den Namen: „Cabo de Peñas" (das Felsen-Vorgebirge) und einem noch südlicheren den Namen „Cabo de S. Ines". Noch im Jahre 1788 zeichnete man in Spanien diese sehr vernachlässigte Ostküste des Feuerlandes nach der Aufnahme Nodals*). Und sogar noch heutigen Tages finden wir auf unsern Karten dieser Küste wenig andere Namen, als die, welche Nodal dort austheilte.

Der Holländische Steuermann der Expedition Juan de Moore handelte an der Küste mit den Eingeborenen und erstand unter Anderm für wenige Eisengeräthschaften einen grossen schweren Klumpen gelbglänzenden Metalls, das er für Gold hielt, dessen Existenz aber für die Mannschaft ein grosses Geheimniss blieb. Moore brachte ihn gleich in seine Kajüte und in seinen Koffer unter Schloss und Riegel, und berichtete über diess „Geheimniss" später bloss dem Könige Philipp von Spanien. In einem ganz ähnlichen Lande wie das südliche Feuerland, nämlich im nördlichen Neu-Fundland erlangte zu derselben Zeit Sir Humphrey Gilbert auch einen gewissen goldglänzenden Metall-Klumpen und behandelte ihn eben so geheimnissvoll in seiner Kajüte wie jener Holländer den seinigen. Ich mag jedoch die Bemerkung hinzufügen, dass neuerdings die Chilenen in diesen Gegenden bei ihrer Colonie „Punta

---

*) Relacion del ultimo viage etc. p. 170.

Arenas" an der Magellan's-Strasse wirklich Gold gefunden und ein Goldbergwerk eröffnet haben.

Die Nodals fanden die Le Maire's-Strasse an der von den Holländischen Entdeckern angegebenen Stelle am Tage des Heiligen Vincenz und gaben ihr daher den Spanischen Namen „Estrecho de San Vicente" („Strasse des St. Vincenz")*). Dieser Name hat sich in der Geographie nicht erhalten, wenigstens für die Strasse selbst nicht. Doch trägt eines der Vorgebirge beim nördlichen Eingange der Strasse seitdem noch heutigen Tages den Namen „Cape St. Vincent". Ehe sie in die Strasse hineinsegelten, setzten die Nodals ihre Fahrt längs der Küste nach Osten noch etwas weiter fort und segelten eine Strecke längs des felsigen Staatenlandes hin, in der Hoffnung, dass sie vielleicht noch einen andern Durchbruch finden könnten. Es heisst, sie seien „30 Leguas längs des Staatenlandes" gefahren und hätten hier noch immer Berge und Küsten sich weithin nach Osten erstrecken sehen. Da das ganze Staatenland nicht viel mehr als 20 Leguas lang ist, so mag, wenn auch nicht in Bezug auf die Fahrt selbst, so doch in Bezug auf ihre Länge ein Irrthum obgewaltet haben. „Da sie kein Ende des Staatenlandes entdeckten, so glaubten sie, dasselbe gehe, mit andern grossen Süd-Continenten zusammenhangend, bis in die Nähe des Afrikanischen Vorgebirges der Guten Hoffnung herum"**).

Sie kehrten darnach zur Le Maire's-Strasse zurück und fuhren nun, da der Wind sie begünstigte, eben so glücklich durch sie hindurch, wie ihre Vorgänger Le Maire und Schouten. Innerhalb der Strasse selbst gingen sie eine kurze Zeit in einer sehr bequemen Bai vor Anker, der sie den Namen „Bahia del Buen Suceso" („die Bai des glücklichen Erfolges") gaben. Sie ist noch heutigen Tages unter dem Namen „Bay of Good Success" berühmt. Von da wandten sie sich zunächst wieder ostwärts und fuhren ebenfalls „30 Leguas" längs der Südküste des Staatenlandes hin, wie vorher längs der Nordküste, um zu sehen, ob es nicht doch irgendwo noch von einer andern Meerenge durchsetzt sei. Da sie es aber überall mit hohen Felsen und schneebedeckten Bergen vermauert fanden***), so kehrten sie wieder zur Le Maire's-Strasse zurück, und folgten nun den Spuren der Holländer

---

*) Relacion del ultimo viage etc. S. 261.
**) S. hierüber die Beschreibung der Reise der Nodals im Anhange zu der Navigatio Australis. pag. 74b. — Laët erwähnt S. 515 dieses Versuchs der Nodals, das Staatenland zu umsegeln, gar nicht, und lässt sie gleich durch die Strasse Le Maire gehen. Eben so die Relacion del ultimo viage.
***) Anhang zur Navig. Austr. pag. 75a.

längs des „Mauritius-Landes" und der „Barnevelts-Inseln" zum Cap Hoorn.

Die Nodals hatten den Auftrag, auch noch ferner die Westküste Patagoniens und des südlichen Chile zu untersuchen. Da aber ihre Lebensmittel knapp, Wind und Wetter dagegen für die Magellan's-Strasse äusserst günstig waren, so segelten sie schnell zu dieser hin und durch sie hinaus in den Atlantischen Ocean und dann eben so rasch nach Spanien zurück, wo sie den 9. Juli 1619 glücklich ankamen, ohne, wie es heisst, auch nur einen einzigen ihrer Leute verloren zu haben. Ein kleiner Berg in der Magellan's-Strasse nahe im Osten vom Cap Froward „Nodales Peak" genannt, erinnert noch heute an ihre Reise.

Die Nodals selbst hielten ihre Reise für eben so merkwürdig, wie ihre Spanischen Zeitgenossen es thaten. Sie verkündigten ihre Ankunft in Spanien mit einer Abfeuerung ihres gesammten Geschützes und mussten alsbald vor ihrem Könige erscheinen, ihm persönlich über die ganze Reise Bericht abzustatten. Sie waren die ersten Seefahrer, die beide Südamerikanische Seethore, das der Le Maire's und das der Magellan's-Strasse, auf derselben Reise beschifft und zugleich auch die ersten, die das ganze Feuerland ringsumher, und das Staaten-Land halb umsegelt und dazu das allersüdlichste Ländchen Amerika's entdeckt hatten. Diess Alles, so wie auch eine zweifache Durchschiffung der ganzen Länge des Atlantischen Oceans von Norden nach Süden hatten sie in neun Monaten und einigen Tagen zu Stande gebracht. — Ihre Fahrt wurde darum überall ausserordentlich bewundert. Sie bewies, dass die Schifffahrt Fortschritte gemacht hatte, und sie würde allerdings auch noch heute als eine sehr schnelle Fahrt gelten. — Der ausführliche Bericht über die Reise wurde daher auch sehr bald (1621) in Madrid publicirt und Auszüge aus ihm in andern Ländern mitgetheilt. In Holland kam ein anderer Bericht über die Reise heraus, der vielleicht von dem oben genannten Holländischen Piloten Juan de Moore abgefasst war, diesem das ganze Verdienst der Reise zuschrieb, sonst aber im Wesentlichen von dem Spanischen Berichte nicht abwich.

Karte zu der Reise der Nodals.
(Hierzu Tafel V.)

Tafel V ist eine verkleinerte Copie der Spanischen Karte Patagoniens und des Feuerlandes, die sich in dem bald nach der Heimkehr der Nodals (1621) in dem in Madrid erschienenen und von den Nodals selbst verfassten Reiseberichte findet. Sie enthält alle die von diesen Spaniern recognoscirten Küsten und die von denselben ausgetheilten Namen.

Der Titel der Karte lautet so:

Reconocimiento de los estrecho de Magellanes y San Vicente, Mandado hazer por Su Mgd. en el Real consejo de Indias; partieron de Lisboa en 27 de Setienbre de 1618 y llegaron de buelta a San Lucar en 9 de Julio de 1619. Cabo de los caravelas Bartolome Garcia de Nodal y Capitan Gonçalo de Nodal. Cosmographo Diego Ramires, piloto Juan Manço.

Echa por don Pedro Teixeira Ealbernas, Cosmographo de Su Mgd.

(Recognoscirung der Meeresstrassen von Magellan und San Vicente, zu machen befohlen von Seiner Majestät im Königl. Rathe von Indien. Sie reisten von Lissabon ab den 27. September 1618 und kamen zurück nach San Lucar am 9. Juli 1619. Befehlshaber der Caravelen waren Bartolomäus Garcia de Nodal und Capitän Gonzalo de Nodal, Kosmograph Diego Ramires, Pilot Juan Manzo).

(Don Pedro Teixeira Ealbernas Kosmograph Sr. Majestät hat's gemacht).

Die Küsten von Patagonien scheinen auf unserer Karte nichts Neues zu bieten. Sie wurden wohl nach älteren Spanischen Karten gezeichnet. Auf der Westküste Patagoniens ist der grosse leere Busen im Norden der Magellan's-Strasse auffallend. Gerade hier war das Haupttheater der detaillirten Recognoscirungen und Aufnahmen Sarmiento's gewesen. Der Kartenzeichner „Ealbernas" scheint nichts von ihnen gewusst zu haben. Sie waren damals schon in den Spanischen Archiven vergraben und wurden erst gegen Ende des 18. Jahrhunderts, wie ich oben sagte, wieder an's Licht geschafft und zu Ehren gebracht.

Ich mache an dieser westlichen Küstenstrecke nur noch auf die unter 48° S. Br. vorkommende Inschrift:

„Aqui se perdio diego Gallego".

(„Hier ging Diego Gallego verloren").

aufmerksam, die, wie ich früher gelegentlich bemerkte, auf so vielen Karten vorkommt und an einen oft genannten Spanischen Seefahrer, der zuweilen Diego, zuweilen Fernando heisst, erinnert.

Die Magellan's-Strasse ist, wie es scheint, mit Beihülfe früherer holländischer Karten gezeichnet. Sie enthält mehre holländische Namen in Spanischer Uebersetzung, so z. B. die „Bahia de los Cavalleros" (die holländische „Ritter-Bai"), die „Bahia de Cordes" (Bai des Cordes), „Primero Estrecho", „Segundo Estrecho" (Erste Engde, Tweede Engde) etc.

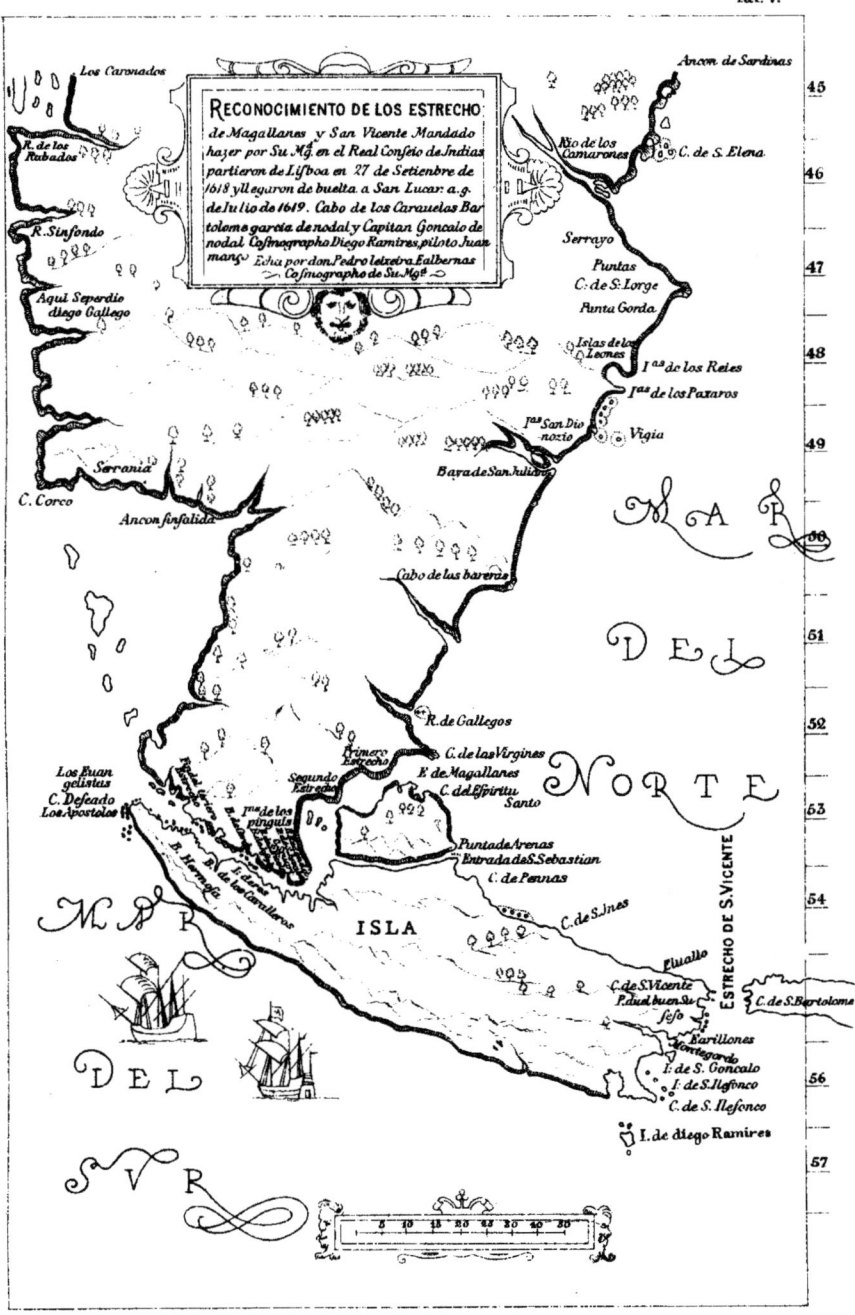

Karte zu der „Reise der Nodales."

Auf der Nordost-Seite des Feuerlandes erscheinen zum ersten Male die von Nodal ausgetheilten, und noch heute gültigen Namen: „Cabo del Espiritu Santo", „Punta de Arenas", „Entrada de S. Sebastian", „C. de Peñas", „C. de S. Ines".

Die Le Maire's-Strasse hat den Nodal'schen Namen „Estrecho de S. Vicente". In der Le Maire's-Strasse selbst erscheint zum ersten Male der treffliche Hafen „del buen Suceso", der noch jetzt unter dem Englischen Namen „Bay of good Success" bei allen diese Gegenden besuchenden Seefahrern bekannt ist. Das Staaten-Land ist wie auf der holländischen Karte ohne Abschluss im Osten.

Die Umrisse der Küsten in der Nähe des Cap Hoorn sind kaum wieder zu erkennen. Dieses selbst versuchte Nodal eben so wie die Le Maire's-Strasse umzutaufen. Er nannte es „Cabo de S. Ildefonso" oder, wie auf unserer Karte steht „Ilefonso". Bekanntlich drang er damit nicht durch. Die Spanier selbst adoptirten bald allgemein den holländischen Namen, den sie mit „Cabo de Hornos" übersetzten. Dagegen zeigt die Karte dieses Cap zum ersten Mal in seiner richtigen geographischen Breite. Es liegt auf ihr in $56°$ S. Br. während, wie ich oben sagte, die Holländer ihm fälschlich $57\frac{1}{2}°$ S. Br. angewiesen hatten. Der Kosmograph der Nodals Diego Ramires hatte besser beobachtet, als seine Vorgänger.

Im Südwesten des Caps sind zum ersten Male die allersüdlichsten kleinen Felsenländchen, die man noch zu Amerika rechnen kann, nämlich die Inseln, die jenem Spanischen Kosmographen zu Ehren „Islas de Diego Ramires" genannt wurden und noch jetzt so heissen, niedergelegt. An der Südwest-Küste des Feuerlandes, die mit sehr rohen Umrissen gezeichnet ist, müssen die Nodals rasch vorübergesegelt sein.

Auf den bald nach den Nodals und nach Le Maire und Schouten von den Geographen Europa's entworfenen Karten von Amerika gewahrt man eine Benutzung der Karten beider Seefahrer und eine merkwürdige Vermischung Spanischer und Holländischer Namen. So z. B. giebt der treffliche Niederländer De Laët in seinem „Novus Orbis" aus dem Jahre 1633 auf seiner Karte von Patagonien und vom Feuerlande (zu pag. 500) beiden ganz die Figur, die sie auf unserer Nodalschen Karte haben und auch die Spanischen Namen derselben, hat dabei aber zugleich die irrigen Breitengrade seiner Landsleute für das Cap Hoorn beibehalten.

Karte Patagoniens und des Feuerlandes von den Jesuiten Chile's.

(Hierzu Tafel VI.)

Tafel VI ist die verkleinerte, aber treue Copie einer in Chile im Verlaufe des 17. Jahrhunderts entworfenen Karte von Chile und den Magellanischen Ländern und Meeren, die sich in der Kartensammlung der grossen National-Bibliothek zu Paris befindet.

Die Jesuiten hatten im 17. Jahrhundert ihre Aufmerksamkeit wie auf ganz Süd-Amerika, so auch namentlich auf Patagonien gerichtet und hatten von Chile aus unter den Indianern Araucaniens und südlich davon mehre Missionen gestiftet. Wir besitzen einige von ihnen entworfene Beschreibungen und auch Karten jener Gegenden aus der Mitte des 17. Jahrhunderts. So unter andern eine sehr grosse und detaillirte, die der Jesuit „Pater Alfons de Oualle" im Jahre 1646 in Rom drucken liess und die zehn Jahre später (im Jahre 1656) der berühmte französische Geograph Nicolas Sanson d'Abbeville, den die Franzosen den Schöpfer der Geographie Frankreichs nennen, in Paris abermals drucken liess. Diese Sanson'sche Karte ähnelt in den Umrissen der Länder und Flüsse der hier mitgetheilten so sehr, dass man glauben möchte, dass die eine der andern zum Muster gedient habe oder dass sie beide von demselben Autor herrührten, der auf dem späteren Blatte nur die neuen Entdeckungen hinzufügte.

Unsere Karte trägt kein Datum und auch keinen Namen ihres Urhebers. Sie hat den Titel: „Tabula geographica Regni Chile" (Geographische Tafel des Reichs Chile). Die Inschrift zur Linken lautet so: „Ad lectorem. In hac mappa Lector omissis longitudinum gradibus solos latitudinum gradus eosque secundum longitudinem Mappae disposuimus, ut Mappa commodius sese inspectantium oculis sisterit". (An den Leser. In dieser Karte haben wir mit Unterlassung der Längengrade bloss die Breitengrade gegeben und sie längs der langen Seite der Karte angebracht, damit die Karte sich den Augen bequemer darstelle). Die Inschrift in dem kleinen Schilde lautet: „Studio et labore Patris Procuratoris Chilensis Societatis Jesu" (durch das Studium und die Arbeit des Paters Procurator der Gesellschaft Jesu zu Chile). Da die Karte schon eine Andeutung der Le Maire's-Strasse und den Namen des Cap Hoorn enthält, so muss sie jedenfalls nach dem Jahre 1620 angefertigt worden sein. Ebenfalls scheint es gewiss, dass sie vor 1656, dem Datum der oben erwähnten Karte des Paters Oualle gemacht worden ist, welche schon die im Jahre 1643 ent-

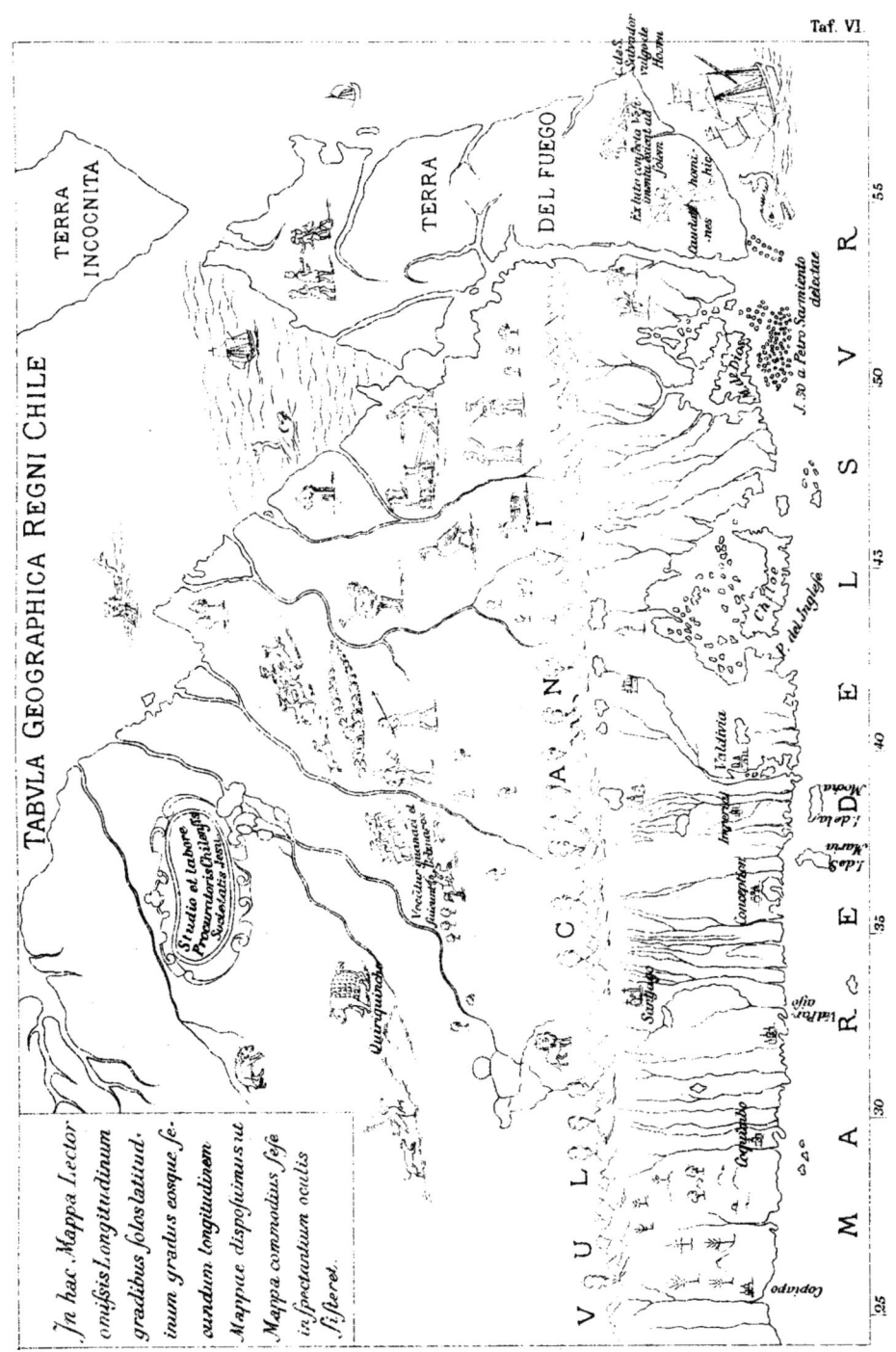

Karte Patagonien's und des Feuerlandes von den Jesuiten Chile's, aus d. J. 1640.

deckte „Brouwer's-Strasse", und die Insularität von Staaten-Land verzeichnet hat, während die unsrige von dieser Entdeckung noch nichts enthält. Da es vom „Cap Hoorn" auf unserer Karte heisst, es sei beim Volke („vulgo") so genannt, so muss wohl schon einige Zeit nach Le Maire's Entdeckung dieses Caps vergangen sein und es ist allen diesen Umständen nach sehr wahrscheinlich, dass wir die Karte etwa in das Jahr 1635, etwas früher oder später, setzen müssen, und dass sie uns die Kentnisse und Ansichten darstellt, welche die Chilenen oder ihre industriösen Jesuiten zu dieser Zeit von Patagonien, der Magellan's-Strasse und dem Feuerlande besassen. Die Küsten-Umrisse Patagoniens und des Feuerlandes verrathen keine Bekanntschaft mit den Aufnahmen der Gebrüder Nodal. Die Configuration des Cap Hoorn ist eher der ersten holländischen Darstellung desselben ähnlich.

Bemerkenswerth ist der Name, den unsere Karte diesem Cap giebt. Dasselbe heisst auf ihr: „Cabo de San Salvador" (das Vorgebirge des Erlösers). Dieser Name kommt sonst, so viel ich weiss, nirgends vor. Vielleicht haben die Jesuiten von Chile diesen merkwürdigen Punkt dem Erlöser selber widmen wollen, wie ihn einst Drake seiner Königin Elisabeth widmen wollte. Die kleine Stadt Hoorn hat hier über den Erlöser und über die Königin gesiegt.

Im Osten des Feuerlandes ist die Le Maire's-Strasse roh angedeutet. Das Staaten-Land erscheint als ein grosses Stück unbekannten Festlandes mit der Inschrift „Terra incognita". Von dem ersten Umsegler des Staaten-Landes Brouwer wusste man damals noch nichts.

Auch die Ostseite Patagoniens ist ziemlich auf's Gerathewohl gezeichnet. Doch kannte man schon die langen auf den Anden entspringenden und in den Atlantischen Ocean mündenden Patagonischen Flüsse, so wie ihren Zusammenhang mit Land-Seeen.

Auf der Westseite Patagoniens finden wir den von Sarmiento durchschifften Archipel unter einer ziemlich zutreffenden Breite angegeben, mit der Inschrift: „Insulae triginta a Petro Sarmiento detectae" (dreissig von Pedro Sarmiento entdeckte Inseln). Dabei seine grosse „Insula Madre de Dios", (Insel der Mutter Gottes), die noch jetzt so heisst. Gleich im Norden derselben erscheinen die „Chonos", ein Indianischer Name, der vermuthlich von den Jesuiten in die Geographie eingeführt wurde. Die grosse Insel Chiloe ist ziemlich richtig gezeichnet, und im Norden derselben ist der „Puerto del Inglese" (der Hafen des Engländers) bemerkenswerth. Ueber diesen Hafen spricht Burney und sagt[*]), dass in

---

[*]) Burney, History of the discoveries in the South-Sea. Vol. III. pag. 130—131.

jener Gegend auch in Brouwer's Tagebuch (1643) ein „Englischer Hafen", den Andere „Chilova" nennen, erwähnt werde. Er scheine auf einen vor 1643 segelnden Englischen Seefahrer und eine von ihm hier ausgeführte Landung hinzudeuten; doch sei weder Drake, noch Cavendish, noch Hawkins in dieser Gegend gelandet und man forsche vergebens nach einer andern Englischen Fahrt zu dieser Küste um die genannte Zeit. Möglich wäre es indess wohl, dass von den Schiffen der genannten Engländer einige Leute abhanden gekommen und später den Spaniern bei Chiloe begegnet seien und dass davon der „Puerto Ingles", der auf mehren alten Spanischen Karten, unter andern auch wieder auf der oben erwähnten des Jesuiten Alf. de Oualle vorkommt, seinen Namen erhalten habe.

Die Küste und das Gebiet Chile's sind offenbar mit guter Kunde des Landes gezeichnet, und sowohl die Küstenflüsse und Querthäler, als auch die Spanischen Colonien und Städte reichlich und richtig dargestellt. (Auf meiner sehr verkleinerten Copie habe ich nur die Hauptstädte aufnehmen können.)

Die schnurgrade Kette der Cordilleras „Vulcani" genannt, reicht so weit südwärts, wie Sarmiento sie erblickte, das heisst bis an die Magellan's-Strasse.

Am Fusse der Cordilleras im Osten, in den grossen Ebenen Patagoniens, sind die in denselben hausenden Menschen und Thiere abgebildet. Die meisten der dargestellten Wilden sind noch zu Fuss. Doch erscheint einer zu Pferde, was zu beweisen scheint, dass damals (1635) die Patagonier wenigstens schon angefangen hatten, sich die Nachkommen der Spanischen Pferde, die zuerst gegen die Mitte des 16. Jahrhunderts Don Pedro de Mendoza, der Gründer von Buenos Ayres, zum La Plata gebracht hatte, anzueignen. Hunde, deren auch einige auf unserm Bilde erscheinen, besassen die Patagonier schon vor der Ankunft der Europäer.

Die wichtigsten der von den Patagonischen Reisenden so häufig erwähnten Thiere finden sich alle auf unserer Karte: der Süd-Amerikanische Löwe oder der Puma, Hirsche und Guanacos in Menge. Bei einer Gruppe Guanacos steht die Inschrift: „Vocantur Guanaci et faciunt Belzuaros". (Diese Thiere werden Guanaci genannt und sie machen die Belzoar-Steine), eine Angabe, die allerdings vollkommen begründet ist.

Das kleine, auch in ganz Patagonien so häufige Armadillo (Gürtelthier) erscheint auf unserer Karte riesig gross und hat den Namen: „Quiriquincho"[*]. Auch der Patagonische Strauss ist nicht

---

[*] Der Engländer Musters sagt in seinem Werke über Patagonien, dass „Quiriquincho" noch heutigen Tages bei den Patagoniern der allgemeine Name

vergessen. Ebenso spielt der in Patagonien so häufige Geier auf unserer Karte eine grosse Rolle. Dicht am Ufer der Magellan's-Strasse sitzt auf einem Zweige ein Papagei, was bemerkenswerth ist, weil man noch am Ende des 18. Jahrhunderts bezweifelt hat, dass dieser tropische Vogel so weit südwärts in so rauhe Gegenden herabkäme. Ich bemerkte oben, dass schon Sarmiento (im Jahre 1580) Papageien bei der Magellan's-Strasse gesehen und erwähnt habe.

Dem Feuerlande werden ganz fabelhafte Bewohner gegeben, „geschwänzte Menschen". Einer derselben ist mit einem langen Schwanze abgebildet und dazu die Inschrift: „caudati homines hic". (Hier wohnen geschwänzte Menschen). Bekanntlich hat die Sage solche Menschen häufig in entlegene Weltgegenden versetzt, noch in der Neuzeit in's Innere von Afrika.

Bei der Spitze des Caps Hoorn liegt ein Sonnen-Anbeter auf dem Boden. Wenigstens scheint die Stellung der Figur und die dabeistehende Inschrift, etwas der Art andeuten zu wollen. Sie lautet so: „Ex luto confecta vestimenta exicat (= exsiccat) ad solem" (die aus Schmutz und Feuchtigkeit zusammengesetzten Kleider trocknet er an der Sonne).

6) L'Hermite (1623—1626).

Nach den beiden ersten so äusserst glücklichen Reisen durch die Le Maire's-Strasse regte sich in Europa und namentlich in Holland und Spanien eine grosse Theilnahme für dieses „so weit geöffnete Thor, das viel breiter und dabei achtzehn Mal kürzer sei, als die Magellan's-Strasse". Die Spanier erblickten in ihm nun die bequemste Durchfahrt zur Verbindung ihrer atlantischen und pacifischen Besitzungen und zur Verknüpfung Asien's, Amerika's und Europa's, und die Holländer glaubten, sich den Weg zur Eroberung der reichen Länder Peru und Chile so zu sagen sperrweit geöffnet zu haben. Beide rüsteten sich und bereiteten nun grossartige Flotten für die neue Le Maire's-Strasse vor.

In Spanien berechnete man, dass man jetzt auf diesem Wege in fast halb so kurzer Zeit um die Welt zu den Philippinen, den Molukken und nach China gelangen könne, als bei der Reise um das Cap der Guten Hoffnung herum. Auf dieser bisher gewöhnlichen Route erfuhr man von den wechselnden Monsuns des Indischen Oceans, die an verschiedenen Punkten abgewartet werden mussten, so viel Aufenthalt, dass man gewöhnlich zu einer Fahrt von Spanien

---

des diesem Volke als alltägliche Speise dienenden Thierchens ist, so wie auch, dass von ihm ein Stamm der Patagonier den Namen „die Quiriquintschen" erhalten habe.

und Portugal um Afrika herum zu den Philippinen und Molukken 12 bis 16 Monate gebrauchte. Die Nodals hatten dagegen gezeigt, dass man in vier Monaten über den Atlantischen Ocean zur Le Maire's-Strasse gelangen, und durch diese Strasse aus dem Atlantischen in den Stillen Ocean in wenigen Stunden hindurchschiffen könne. Von da und vom Cap Hoorn längs den Küsten von Chile und Peru mit den dort wehenden fast regelmässigen Süd- und Südwest-Winden glaubte man nur einen Monat nöthig zu haben, also von Spanien nach Peru 5 Monate. Von Peru konnte man mit den beständigen Ostpassatwinden leicht in 2 oder 3 Monaten zu den Philippinen hinüberkommen, und „im Ganzen", so versicherten die Piloten dem Könige von Spanien, „könnte daher die Flotte die ganze Fahrt von Spanien aus durch die Le Maire's-Strasse nach Asien, wenn sich nicht sonst etwas besonderes Widriges ereignete, in 8 oder 9 Monaten vollenden, was ungefähr nur halb so viel sei, als die Fahrt um Afrika herum" *).

Die Erwartungen waren fast so hoch gespannt, wie einst bei der Entdeckung der Magellan's-Strasse selbst. Der König von Spanien gab sogleich seinem Indischen Hause in Sevilla den Befehl, acht grosse Schiffe mit Truppen, Kriegs- und Lebensbedarf zu versehen und sie unverweilt durch die St. Vincenz- oder Le Maire's-Strasse zu den Philippinen und Molukken zu entsenden. Im November des Jahres 1619, so befahl er, sollte diese Flotte abgehen. Auch wurden wieder einige „Batavische Nauarchen" (holländische Schiffsmeister) engagirt, um sie dem spanischen Commandanten beizugeben. — Allein diese geplante grosse spanische Flotte kam gar nicht zum Auslaufen. Die Vorstellungen der Kaufleute und die in ihrem Namen redenden Gouverneure von Peru, Lima, Panama, Mexico verhinderten es. Die spanischen Häfen an der Südsee hatten jetzt ein Interesse daran, dass es bei dem alten ihnen geläufig gewordenen und ihnen auch sicherer und bequemer scheinenden Handelswege über den Isthmus von Panama und von den westlichen amerikanischen Häfen nach China und den Philippinen bleibe, und dass kein anderer Seeweg von Spanien aus dahin angebahnt würde. Die Nodals hatten daher lange keine spanischen Nachfolger **).

Die Holländer rüsteten sich dagegen um so nachdrücklicher, ihre Le Maire's-Strasse für ihre Zwecke zu nutzen. Der Waffenstillstand, den sie mit Spanien im Jahre 1609 geschlossen hatten,

---

*) Alle diese Betrachtungen, Berechnungen und Aeusserungen über die von der Le Maire's-Strasse erwarteten Vortheile sind in der Navig. Austr. Fol. 75 a und b vorgebracht. Sie rühren von einem Zeitgenossen her, der nur wenige Jahre nach der Entdeckung der Strasse, im Jahre 1621, schrieb.

**) S. „Ultimo viage al Estrecho" etc. pag. 263.

war im Jahre 1621 abgelaufen, und so traten sie wieder mit ihrem Erbfeinde in offenen Krieg. Sie rüsteten grosse Flotten aus gegen die spanischen Besitzungen in Amerika, eine gegen Brasilien und eine zweite, die auf Peru gerichtet war. Für diese letztere Unternehmung, die uns hier allein angeht, brachten sie eine mit beinahe 2000 Leuten und 300 Kanonen versehene Flotte von 11 grossen und bestversorgten Schiffen zusammen, und der Prinz Moritz und die General-Staaten übergaben das Commando derselben dem Admiral Jacob l'Hermite, der sich schon früher in Ostindien ausgezeichnet hatte. Die Grösse dieser Flotte, die in der Geschichte der Niederlande gewöhnlich als „die nassauische Flotte" bezeichnet wird, liess hinreichend erkennen, dass es hier nicht blos auf geographische Entdeckungen, vielmehr auf nichts mehr und nichts weniger als auf einen Angriff auf Peru und Chile und auf Eroberung dieser Länder, „die eigentliche Quelle des Reichthums und der Macht Spaniens", abgesehen war. Es ist die erste grossartige Expedition, welche eine Umschiffung Amerika's im äussersten Süden zu Stande gebracht hat.

Unter den Offizieren L'Hermite's befand sich auch ein deutscher Capitän, Adolph Decker, der nachher der beste Geschichtschreiber dieser Unternehmung geworden ist. Auch gab man der Flotte einen Steuermann Namens Valentin Jansz mit, der schon mit den Nodals in jenen Gegenden gewesen war. Nach einer langwierigen Fahrt von neun Monaten gelang es dem Admiral L'Hermite (im Anfang Februar 1624) unter der Führung des genannten hier, wie gesagt, kundigen Piloten, die Le Maire's-Strasse wieder aufzufinden und zu durchschiffen. Der schöne Hafen in der Le Maire's-Strasse, den die Nodals „Bahia del buen suceso" genannt hatten, erhielt von den Holländern den Namen „Valentyn's-Bay". Doch wurde später jener spanische Name in sein altes Recht wieder eingesetzt und der holländische Name Valentyn's-Bay einem andern Hafen in der Nachbarschaft gegeben, wo er noch jetzt das Andenken an jenen holländischen Seefahrer lebendig erhält*).

In der Nähe des Caps Hoorn entdeckte L'Hermite einen tief in's Feuerland eindringenden Meeres-Einlass, den er „die Bay von Nassau" nannte, und der auch noch heutigen Tages so heisst. Er glaubte, es sei ein das Feuerland durchschneidender Meeresarm, der mit der Magellan's-Strasse in Verbindung stehe. Bei der Untersuchung der Nassau-Bai bemerkte L'Hermite auch, dass das Cap Hoorn, welches Schouten und Le Maire als einen conti-

---

*) S. über diesen Punkt Burney, History of the discoveries in the South Sea. Vol. III. pag. 10.

nentalen Theil und Ausläufer des grossen Feuerlandes dargestellt hatten, nur einer kleinen Inselgruppe angehöre, die man nun nach dem Entdecker „die L'Hermite-Inseln" nannte, welchen Namen sie noch tragen. (Englisch: „Hermite Isles".)

Es wurden auch noch einige andere neue Baien und Buchten des Feuerlandes gefunden und benannt. So die „Windhond-Bay" (nach einem Schiffe der Flotte „de Windhond" [der Windhund] genannt), der Canal „Goree Road", die „Schapenham's-Bay" (zu Ehren des Vice-Admirals der Flotte Schapenham so genannt), deren holländische Namen zum Andenken an die Expedition L'Hermite's, welche mehr zur Kenntniss der Geographie des Südens des Feuerlandes beigetragen hat, als irgend eine andere Entdeckungsreise*) noch jetzt auf den englischen Admiralitäts-Karten figuriren.

L'Hermite erreichte mit seiner Flotte den seinen Schiffen bestimmten Sammelplatz bei der Insel Juan Fernandez. Von hier aus wüthete dann er und nach seinem bald vor Callao in Peru erfolgten Tode sein Nachfolger im Commando Schapenham ärger, als die Nordwestwinde, unter den Schiffen und Häfen der Spanier in Peru und Chile. Der letztgenannte Befehlshaber führte die Flotte, ohne freilich Peru erobert zu haben, zu den Philippinen und zum Ostindischen Insel-Archipel hinüber, wo er ebenfalls starb und wo die meisten seiner Fahrzeuge entweder verloren gingen oder eine andere Bestimmung erhielten.

Ein Schiff der Nassauischen Flotte kam endlich im Jahre 1626 nach dem Texel zurück und wurde als dasjenige betrachtet, welches die siebente Weltumseglung zu Stande gebracht hatte. Im Jahre 1628 kehrte auch der oben genannte deutsche Capitän Decker mit einem Reste der Mannschaft heim und liess dann bald darauf (im Jahre 1629) seine treffliche Schilderung dieser Unternehmung in Strassburg drucken. Sie ist in mehre Sprachen übersetzt und in verschiedenen Werken wieder abgedruckt worden.

V. Reisen der Holländer, der Bukkaniers und Anderer. Entdeckung der Insularität des Staatenlandes und des freien Oceans im Süden Amerika's.

1) Brouwer (1643).

Das einzige Land im Süden von Amerika, über dessen Hauptumrisse nach den ersten Reisen durch die Le Maire's-Strasse noch Ungewissheit herrschte, war das sogenannte „Staatenland". Weder die beiden Nodals, die das Ende dieses Landes vergebens gesucht hatten, noch auch Le Maire und L'Hermite, die durch die Le

---

*) Burney l. c. pag. 16.

Maire's-Strasse passirend, dasselbe ununtersucht zu ihrer Linken liegen liessen, hatten seine Beschaffenheit und Gestaltung vollständig erkannt. Die Nodals hatten durch ihre Berichte über das Staatenland die alten irrigen Ansichten der Geographen sogar eher bestätigt, als berichtigt, indem sie die Meinung aussprachen, „dass es sich vermuthlich weit bis nach Afrika und zum Cap der Guten Hoffnung hinüber erstrecke". Der Anblick des Staatenlandes schien diese Ansicht auch einigermassen zu unterstützen. Aeusserste Inseln und Landzipfel, mit denen grosse Gebirgsreihen und Ländermassen endigen, laufen häufig ganz allmählig und immer niedriger werdend aus. Beim Staatenland dagegen findet ein solcher Verlauf nicht statt. Es erhebt sich vielmehr noch einmal und gleichsam einen neuen Anlauf nehmend zu sehr hohen und wilden Felsen und mit Schnee bedeckten Gebirgen, und übertrifft darin noch das Feuerland, dem es sich südöstlich anschliesst*). Man mochte daher leicht auf den Gedanken kommen, dass hier ein anderer Continent von Neuem beginne und nicht der alte sich verlaufe, und da man schon so lange die Idee eines grossen Süd-Continents festgehalten hatte und nur schwer und gleichsam erst durch völlige Evidenz gezwungen, Schritt vor Schritt davon losliess, so nahm man daher noch längere Zeit das Staatenland als einen äussersten Arm dieses unbekannten Continents und verzeichnete es auch auf den Karten als eine Halbinsel. Nur solche vor- und umsichtige Geographen, wie der Niederländer Laët liessen das Ostende des Staatenlandes offen. Doch erschien es gewöhnlich als ein sehr langes Stück Land, im Westen in der Le Maire's-Strasse geschlossen, ostwärts aber weit aufgesperrt und mit unbestimmten Linien sich verlierend.

Das Verdienst, die Insularität des Staatenlandes erkannt und festgestellt zu haben, erwarb sich der holländische Seefahrer Hendrick Brouwer, der im Jahre 1643 diese Gegenden besuchte.

Nach dem missglückten Versuche der grossen „Nassau'schen Flotte" zur Eroberung der spanischen Colonien in Peru und Chile kamen die Holländer auf die Idee, mit den Eingebornen dieser Länder Verbindungen anzuknüpfen, um sie in ihr Interesse zu ziehen, Handel mit ihnen zu treiben und sie zur Empörung gegen die Spanier zu reizen. Hendrick Brouwer, ein angesehenes Mitglied der grossen holländisch-ostindischen Compagnie und dann auch einer der Directoren der west-indischen Compagnie war diesem Plane besonders geneigt und erbot sich selbst zu diesem Zwecke eine Flotte nach Chile hinüberzuführen.

---

*) Anson (Voyage round the World. 4th edition. London 1748 pag. 105) sagt: „The Island of Statenland far surpasses the Tierra del Fuego in the wildness and horror of its appearance."

Ihm wurde im Jahre 1642 das Commando von drei grossen wohlausgerüsteten Schiffen übergeben und er segelte mit ihnen am 6. November vom Texel aus, um über Brasilien durch die Le Maire's-Strasse nach Chile zu gehen. Der schöne Hafen in der Le Maire's-Strasse, die „Valentyn's-Bay" (Bahia del bueno suceso) wurde seinen Schiffen als Rendezvous bestimmt*). Bei der Ankunft vor der Le Maire's-Strasse fand Brouwer aber Wind und Wetter so ungünstig für eine Durchfahrt, dass er nach mehren vergebenen Versuchen diese aufgab und sich weiter ostwärts hinauswandte. Hier gelang es ihm, das östliche Ende des Staatenlandes zu finden, südwärts um dasselbe herumzusegeln und dann, ohne weiteren Hindernissen zu begegnen, in westlicher Richtung den oben genannten Valentyn's-Hafen am südlichen Ausgange der Le Maire's-Strasse zu erreichen. Er hatte also Staatenland ganz umschifft und dessen Insularität bewiesen, was bisher noch keinem seiner Vorgänger gelungen war.

Dies war der einzige Erfolg, der Brouwer's Namen in der Geschichte der Geographie verewigt hat. Im Uebrigen war seine Unternehmung so unglücklich und unfruchtbar, wie die L'Hermite's. Die Südspitze Amerika's umsegelnd kam er zwar auf der Westküste Patagoniens an, erreichte die grosse Insel Chiloe und traf dort in einem Hafen unter $41^0\ 30'$ S. Br., der nach ihm eine Zeit lang den Namen „Brouwer's-Hafen" trug, ein, starb aber daselbst den 7. August 1643. Sein Nachfolger im Commando, Vice-Admiral Harkmans, erreichte Valdivia, unterhandelte dort vergebens mit den Eingebornen, die ihm weder Gold, noch Waaren, noch Lebensmittel geben wollten oder konnten, und verliess endlich am 28. October 1643, weil es seinen Schiffen und Mannschaften an allem Nöthigen zu gebrechen anfing, diese Gegend. Er segelte nicht auf dem Wege seines Vorgängers Brouwer, sondern durch die Le Maire's-Strasse in den Atlantischen Ocean zurück und kam am 28. December 1643 in Pernambuco in Brasilien an.

Was Brouwer und Harkmans selbst von der Bedeutung ihrer Umseglung des Staatenlandes gehalten haben, wird in dem Bericht über ihre Reise nicht deutlich gesagt. Ihre Zeitgenossen aber, welche sich, wie gesagt, von der Idee der Existenz eines grossen Continents im Süden Amerika's nicht so leicht lossagen konnten und diesen Continent sich, so zu sagen, nur Brocken für Brocken entreissen lassen wollten, glaubten, dass Brouwer nicht durch freies Meer, sondern nur durch eine Meerenge zwischen Staatenland und dem grossen Südlande durchgeschlüpft sei, und sie

---

*) S. hierüber und über den Verlauf der ganzen Expedition Burney, History of the discoveries in the South-Sea. Vol. III. pag. 113 ff.

nannten diese eingebildete Meerenge: „Brouwer's-Canal", den sie sich der Le Maire's-Strasse ähnlich dachten. Derselbe wurde noch lange nach Brouwer auf vielen Karten dargestellt und in vielen geographischen Werken beschrieben. Sogar noch in dem bekannten grossen allgemeinen historisch-geographischen Dictionnaire von Hoogstraten und Schuer, das im Jahre 1733, also fast hundert Jahre nach Brouwer's Reise gedruckt wurde, findet sich in dem Artikel „Brouwer" folgende Bemerkung: „Brouwer ist eine Meerenge in Süd-Amerika, in der Magellan's-See belegen, im Süden der Le Maire's-Strasse. Sie wurde im Jahre 1643 von den Holländern unter der Anführung des Admirals Hendrick Brouwer entdeckt"[*]).

Und auch der französische Präsident Ch. de Brosses drückt sich in seiner zuerst im Jahre 1756 in Paris gedruckten: „Histoire des navigations aux Terres australes" sehr zweifelhaft über diesen Gegenstand aus. In der im Jahre 1767 zu Halle veröffentlichten deutschen Uebersetzung seines Werkes S. 312 lauten seine Auslassungen über Brouwer's Entdeckung so: „Der Canal und das Land Brouwer war, wie man sagt, im Jahre 1643 von einem holländischen Capitän, Namens Heinrich Brouwer entdeckt worden, der dem Canal, so wie auch dem Lande, welches dessen östliche Küste ausmacht, seinen Namen gegeben hatte. Man weiss noch jetzt nicht, ob es mit einem festen Lande zusammenhängt, oder ob es eine Insel ist, welches Letztere wahrscheinlich ist" etc. Viele glaubten also noch länger als ein Jahrhundert nach Brouwer an einen Canal und an ein Festland zu dessen Seite im Osten.

Karte zu Brouwer.
(Hierzu Tafel VII.)

Das Bild Nr. VII ist einer Karte von Amerika der Niederländer Gerhard und Leonard Valk entnommen. Sie ist eine der zahlreichen Karten, auf welchen die „Brouwer's-Strasse", deren Nichtexistenz man später erkannte, verzeichnet und benannt wurde.

Sie findet sich in dem Atlas: „Nova telluris geographica totius projectio. Edita per Gerardum Valk. Amstelodami Anno 1706," und trägt den Titel: „America aurea, pars altera Mundi. Auctoribus Gerardo et Leonardo Valk". (Das goldene Amerika, der andere Theil der Welt, gezeichnet von Gerard und Leonard Valk.)

Die Gebrüder Valk waren Mitglieder einer bekannten niederländischen Kupferstecher-Familie. Sie haben im Anfange des

---

[*]) S. „Groot Algemeen Historisch-Geographisch Woordenboek van David von Hoogstraten en van J. L. Schuer". Amsterdam 1733. Artikel „Brouwer".

18. Jahrhunderts viele Karten gezeichnet und publicirt, welche durch ihre Ausführung beweisen, dass ihre Urheber fleissig studirten und sich in den Besitz alles zur Zeit vorhandenen Materials zu setzen suchten. — Auch auf der hier mitgetheilten Karte der Südspitze Amerika's haben sie Alles verzeichnet, was man damals von diesen Gegenden entdeckt hatte oder zu wissen glaubte.

Der Name Magellan's spielt auf der Karte eine grosse Rolle, wie dies bei vielen Kartenzeichnern und Geographen jener Zeit und auch noch bei späteren der Fall gewesen ist. Die ganze südliche Halbinsel Amerikas, unser „Patagonien", wird mit „Terra Magellanica" (Magellan's-Land) benannt. Das Meer im Süden, Südwesten und Südosten des Feuerlandes, das wir jetzt auf der einen Seite dem Atlantischen, auf der anderen dem Stillen Ocean zutheilen, wird unter dem Namen „Mare Magellanicum" zusammengefasst. Ich bemerkte schon gelegentlich, dass der berühmte Name Magellan's sich in neuerer Zeit wieder in viel bescheidenere Grenzen zurückgezogen hat.

Die Hafennamen auf der Ost- und Westküste Patagoniens bieten nicht viel Interessantes. An der Magellan's-Strasse selbst sind die Namen „Nombre de Jesus" und „Cabo de S. Filipe" bemerkenswerth als fortdauernde Erinnerungen an die von Sarmiento dort im Jahre 1583 gestifteten spanischen Colonien. Der Name seiner bald wieder verschwundenen Philipps-Stadt (Ciudad del Rey Filipe) war zur Zeit der Anfertigung unserer Karte schon auf ein Cap oder einen Berg übergegangen: „Cabo de San Filipe", der noch heutigen Tages zur Erinnerung an jene Colonie „Mount S. Felipe" heisst. Unser Bild zeigt, wie solche Traditionen sich von Karte zu Karte übertragen haben. Auch an der Südküste des Feuerlandes sind noch einige spanische Traditionen oder Namen hängen geblieben. So das „Cap S. Alfonso", eine Verdrehung des Namens „Cabo de S. Ildefonso" (oder Ilefonso), den der Spanier Nodal dem Cap Hoorn gab. Daneben befindet sich auch der richtige und gültige holländische Name „C. Hoorn".

„Pepys I." ist eine der vielen Inseln, welche Seefahrer in der Umgegend der Malouinen gesehen haben wollen, die aber unter der geographischen Breite, welche sie ihnen gaben, gar nicht existirten. Der Name der Pepys-Insel rührt von dem Capitän Cowley her, mit dem Wilhelm Dampier im Jahre 1683 um Süd-Amerika herum in die Südsee fuhr, und der diese Insel als mit Holz und guten Häfen versehen und unter 47° S. Br. gelegen beschreibt. Cowley gab ihr diesen Namen zu Ehren des Herrn Samuel Pepys, des „Patrons der Seefahrer" und Secretärs Sr. Königl. Hoheit James, Herzogs von York, als dieser Ober-Admiral von England war. Sie figurirt seitdem auf vielen Karten, obgleich in Wirklichkeit

Taf. VII

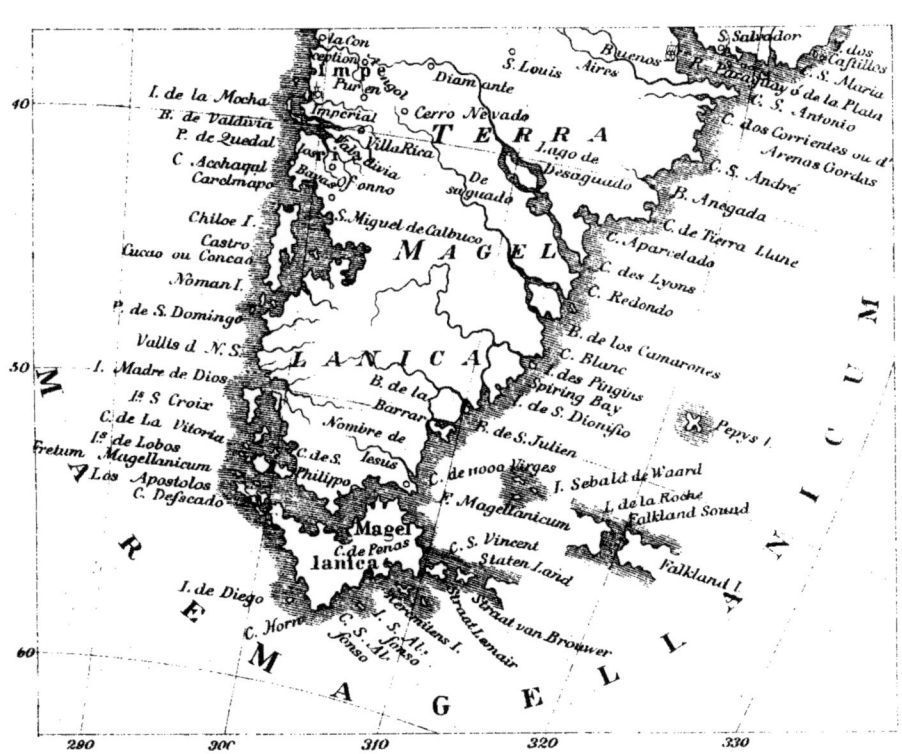

Karte zu Brouwer's Reise. 1706.

keine Insel an der ihr angewiesenen Stelle vorhanden ist. Sie steht auch auf unserer Karte in der von Cowley bezeichneten Breite. Nichtsdestoweniger ist man in Verlegenheit, zu sagen, welche Insel hier gemeint sein könne. In der ganzen Nachbarschaft findet sich auf unseren heutigen Karten keinerlei Insel*).

Cowley sagt, von der „Pepys-Insel" sei er zu den Sebaldinen-Inseln in $51^0\ 25'$ S. Br. gefahren**). Auf unserer Karte finden wir dieselben in der angezeigten Breite unter dem Namen „I. Sebald de Waard". Diese kleinen Inseln im Westen der Malouinen entdeckte, wie ich oben erzählte, im Jahre 1599 der Holländer Sebald de Weert, der Begleiter des Cordes. Von ihm erhielten sie den Namen „Sebald de Weert's-Inseln" oder „die Sebaldinen". Jetzt heissen sie „Jason-Islands".

„Falklands-I.". Die Falklands-Inseln waren zu der Zeit, in welcher unsere Karte gemacht wurde (1706), schon von vielen Seefahrern gesehen. Aber erst im Jahre 1690 wurden sie von dem Engländer John Strong näher untersucht. Er entdeckte und durchsegelte auch den breiten Canal, der sich mitten durch diese Inseln hindurchzieht und den er zu Ehren seines Gönners, des Lord Falkland, „Falkland-Sound" nannte. Dieser Canal, von dem auch die ganze Inselgruppe ihren heute allgemein gültigen Namen bekam, ist deutlich auf unserer Karte bezeichnet und genannt. Doch haben die Inseln auf beiden Seiten noch unbestimmte und unfertige Umrisse.

Das für uns Wichtigste auf unserer Karte ist aber das als völlig gelöste Insel dargestellte „Staatenland" und die bei ihr vorübergeführte „Straat van Brouwer" (Brouwer's-Strasse). Schon im Jahre 1643 segelte, wie ich oben erzählte, Hendrick Brouwer im Osten um das Staatenland herum und bewies die Insularität des Staatenlandes. Er selbst oder jedenfalls seine Zeitgenossen glaubten nicht, dass er diese Umseglung, wie es wirklich der Fall war, durch das freie offene Meer bewirkt habe. Weil sie noch an einem zum Staatenlande heranragenden grossen Südland festhielten, so meinten sie, dass hier nur ein neuer Canal, ähnlich wie die Le Maire's-Strasse, gefunden sei und nannten dieselbe nach Brouwer. Diesen phantastischen Canal findet man auf unserer Karte deutlich gezeichnet, dazu im Osten auch ein Stück Land von unbestimmten Umrissen, vermuthlich um anzudeuten, dass es noch eine Halbinsel des grossen Süd-Continents sein

---

*) S. über Pepys-Island: Burney, History of the discoveries in the South Sea. Vol. IX. pag. 137 ff.

**) S. hierüber John Harris, Complete Collection of Voyages etc. I. London 1744. pag. 79

könne. Auch noch von mehren Nachfolgern des Brouwer, die im Osten um das Staatenland herumkamen, wurde geglaubt und gesagt, dass sie „durch die Brouwer's-Strasse vom Atlantischen Ocean in die Südsee hinausgekommen seien." Erst durch wiederholte Seefahrten in diesen Gegenden im Anfange des 18. Jahrhunderts verschwand dieses Phantasiestück aus den Reiseberichten und von den Seekarten völlig.

Man kann sagen, dass die von Columbus eingeleitete Reihe von Fahrten zur Auffindung einer Strasse durch die südlichen Länder Amerika's zum Stillen Ocean mit der Brouwer's-Strasse endigten. Zuerst suchte Columbus eine solche Strasse im Hintergrunde des Caraibischen Meeres und liess sie auch auf Karten verzeichnen. Bald nach ihm suchten sie Pinzon und Solis in verschiedenen Buchten und Baien Brasiliens, im Hafen von Rio Janeiro, in der Mündung des La Plata-Stromes. Darnach fand eine solche Strasse Magellan im Süden Patagoniens. Später entdeckte Le Maire eine zweite im Osten des Feuerlandes und zuletzt Brouwer wieder eine sogenannte Strasse im Osten des Staatenlandes, die aber dann längere Zeit nach ihm mit dem grossen Ocean verschmolz.

2) Narborough (1669).

Wie die Unternehmung L'Hermite's zur Eroberung Peru's und Chile's, so war also auch die Expedition Brouwer's zur Anknüpfung von Verbindungen mit den Eingebornen dieser Gegenden gescheitert. Da die Spanier mittlerweile auch grössere Kriegsflotten in der Südsee hielten und ebenfalls trachteten, ihre Südsee-Häfen besser zu befestigen*), so dauerte es denn einige Jahrzehnte, bis ein Mal wieder eine bedeutende Expedition aus dem Atlantischen zum Stillen Ocean hinüberging. Die Magellan's-, so wie auch die Le Maire's-Strasse geriethen darüber wieder ziemlich in Vergessenheit. Erst im zweiten Jahrzehnt des 17. Jahrhunderts wurden jene Gegenden von Neuem der Dunkelheit, in die sie abermals in ähnlicher Weise wie zu Drake's Zeit verfallen waren, entrissen.

Der König Karl II. von England und sein Bruder, der Herzog von York, der damals „High Admiral" war, entschlossen sich, die Idee, die der Holländer Brouwer gehegt, aber nicht glücklich ausgeführt hatte, nämlich den Plan, die Eingebornen Chile's zu einem Handelsverkehr mit dem Nichtspanischen Europa anzuregen, wieder aufzunehmen und zum Vortheil Englands auszubeuten. Ausserdem sollten auch Entdeckungen gemacht, namentlich nach einer Meeresstrasse im Norden von Amerika von der Südsee (von Californien)

---

*) S. hierüber: Relacion del ultimo viage etc. S. 264.

zum Nord-Atlantischen Ocean nach dem Plane von Francis Drake gesucht werden*). Es wurden zwei Schiffe ausgerüstet und mit allem sowohl für den Handel mit den Indianern als für eine Entdeckung im Norden Nöthigen versehen und die Führung derselben dem Capitän John Narborough, der früher schon verschiedene Meere der Welt durchsegelt hatte, übergeben.

Narborough fuhr den 26. September 1669 mit beiden Schiffen von England aus, wurde aber von einem derselben, welches ein Capitän Bachelour befehligte, schon sehr bald in einem Sturme in der Nähe der Küste Brasilens „in feiger und verrätherischer Weise" in Stich gelassen. Da dieses Schiff gerade alle für die im Nordwesten Amerika's beabsichtigte Entdeckung nöthigen Materialien, Instrumente, reichliche Lebensmittel und eine kleine Entdecker-Sloop an Bord hatte und damit nach England zurückkehrte, so konnte aus der weiten Fahrt nach Californien etc. nichts werden. Narborough segelte mit dem einen ihm gebliebenen Schiffe „the Sweepstakes" (dem Preis-Gewinner) weiter und seine Reise ist nur für die Magellan's-Strasse und für Patagonien bedeutsam geworden.

Er ging von Brasilien längs der Ostküste Patagoniens hinab, sprach, wie die Meisten seiner Vorgänger in Port Desire und in Port San Julian vor und segelte dann in die Magellan's-Strasse ein, in welcher seit den Brüdern Nodal kein Seefahrer, wenigstens kein namhafter, wieder gewesen war. Warum er diesen alten Weg und nicht den neuen durch die Le Maire's-Strasse wählte, wird nicht gesagt. Er kam glücklich durch die Magellan's-Strasse hindurch und hielt sich dann bei ihrem westlichen Ausgange nördlich umkehrend, so viel als möglich in der Nähe der Küsten und Inseln Patagoniens, auf die ja eine seiner Hauptabsichten gerichtet war. Er entdeckte hier einige Häfen, landete auf verschiedenen Inseln und gab mehren Punkten Englische Namen. Einige dieser Namen sind bis auf unsere Zeit haften geblieben. So: „Noman's Island", eine kleine Insel, im Süden von Chiloe, bei den Indianern „Huafo" genannt, dessgleichen „Narborough's Island", eine kleine Insel, bei den Indianern „Ypeen" genannt in 44° 40' S. Br.

Narborough kam nordwärts bis Valdivia hinauf, war aber hier in seinen commerciellen und politischen Unterhandlungen mit den Spanischen Colonisten und ihren Indianischen Unterthanen sehr wenig erfolgreich. Er war zwar ein erfahrener Seemann, aber kein geschickter Diplomat und verliess Valdivia und Chile mit demselben Misserfolge, wie sein Vorgänger, der Holländer Brouwer.

---

*) S. hierüber: Burney, History of the discoveries to the South Sea. Vol. III. pag. 318 ff.

Am 21. December 1670 kehrte er von Valdivia zur Magellan's-Strasse zurück, die er nun abermals forschend und beobachtend durchfuhr. Von dieser erlangte er daher eine gute Kenntniss. Die Karte, welche er von ihr damals entwarf, diente allen späteren Englischen Karten derselben Strasse zur Grundlage*). Daher mag es auch kommen, dass mehre der von ihm in der Magellan's-Strasse ausgetheilten Namen noch heutzutage Gültigkeit haben. Er war es, der am westlichen Eingange der Strasse den kleinen merkwürdigen Felsen-Inseln, welche die alten Spanier „las Evangelistas" genannt hatten, den modernen Namen „Direction-Islands" (die Orientirungs-Inseln) gab, weil er sie als ein vortreffliches Merkzeichen für die Magellan's-Strasse erkannte. Von ihm rührt ebenfalls die noch heute gebräuchliche Benennung der grossen Insel auf der Südseite des westlichen Eingangs der Strasse her, die er ihres traurigen öden Anblicks wegen „Desolation-Island" nannte, und eben so der Name der kleinen Inseln auf der Nordseite der Strasse, deren westlichste das berühmte Victoria Cap trägt, und welche auf den Englichen Seekarten „Sir John Narborough's Isles" heissen. Von ihm wurde auch beim östlichen Ende der Strasse die grösste Insel des Feuerlandes zu Ehren seines königlichen Gönners und Patrons „King Charles Southland" genannt. Auch in der mittleren Partie der Strasse gab er mehre noch dauernde Namen, so z. B. das noch jetzt oft genannte „Cape Quod" oder „Quad", — die „Westminster-Insel", die er so nannte, weil ihre wunderlich gestalteten und hohen Felsen ihn an die Westminster-Halle in London erinnerten, — den „Crooked Reach" (eine gekrümmte und verwickelte Partie der Strasse). — Dass er es auch, wie ein trefflicher Spanischer Autor**) zu verstehen giebt, gewesen sei, der zuerst den Namen „the long Reach" (Spanisch „la Calle larga") für eine sehr bekannte mittlere Partie der Strasse in die Geographie eingeführt habe, bezweifle ich. Ich glaube, dass dieser Name schon früher bei den Englischen Seefahrern existirte***).

In Narborough's Berichten findet man die erste etwas eingehende Schilderung des riesigen und berühmten fucus der Magellan's-Strasse (fucus giganteus). Nach den Englischen Forschern King und Fitzroy wäre er auch der erste gewesen, der die Anwesenheit von Papageien bei der Magellan's-Strasse erwähnt hätte. Doch habe ich schon gesagt, dass bereits Sarmiento und Andere das so weit südliche Vordringen dieser Vögel beobachtet haben.

---

*) Burney l. c. p. 376.
**) Relacion del ultimo viage. S. 265.
***) S. darüber oben.

Wie Narborough selbst, so verfasste und publicirte auch einer seiner Begleiter John Wood einen Bericht über diese Reise. Da er in demselben seinen Chef Narborough nie nennt, so hat diess mehre Geschichtschreiber der Magellan's-Strasse, unter andern den trefflichen Verfasser des Buchs: „Relacion del ultimo viage etc.", zu dem Irrthum verleitet, eine eigene von Wood befehligte Expedition anzunehmen, während seine und Narborough's Reisen dieselben gewesen sind*).

Man sagt, dass König Karl II. auf so grosse Erfolge und Vortheile von dieser Reise gehofft hätte, dass er, von Narborough's Ankunft in den Dünen (im Juni 1671) hörend, selbst in seiner königlichen Jacht auf der Themse ihm entgegengeeilt sei, um ihn zu begrüssen und seine Berichte zu empfangen. Er erhob ihn auch zur Belohnung seines Dienst-Eifers in den Ritterstand.

3) Vea (1675).

Wie im 16. Jahrhundert nach der Fahrt des Drake, so setzten sich auch nun wieder nach dem Auftreten Narborough's an der Küste von Chile die dortigen Spanischen Machthaber in Bewegung und suchten den Fremden an der Magellan's-Strasse entgegen zu treten. Der damalige Vice-König von Peru Don Baltasar de la Cueva liess einige Jahre nach Narborough (1675) eine Expedition von einem Schiffe und zwei grossen Barken unter Don Antonio de Vea von Callao bei Lima zur Magellan's-Strasse ausgehen.

Vea untersuchte auf seinem Wege dahin hauptsächlich den Irrgarten von Inseln, Halbinseln und Canälen auf der Westseite von Patagonien, die Umgegend der Insel Chiloe, den Archipel von Chonos, die Lagune von Candelaria etc. und nahm hier alles wieder für den König von Spanien in Besitz, wie es hundert Jahre zuvor schon Sarmiento gethan hatte. Nachdem er eine seiner Barken vor dem Eingange der Magellan's-Strasse auf den Felsen der berühmten Evangelisten-Inseln verloren hatte, kehrte er ohne die Strasse selbst befahren und ohne der geographischen Kenntniss dieser Gegenden viel hinzugefügt zu haben, nach Callao in Peru zurück**).

4) Sharp. — Cowley. — Woodes Rogers. — Dampier.

Das Verdienst, den phantastischen grossen Continent im Süden Amerika's gänzlich beseitigt und hier sowohl südwärts als auch ost- und westwärts weit und breit den freien Ocean entdeckt oder doch der ganzen Welt offenbar gemacht zu haben, gebührt, wie es

---

*) S. hierüber Eyries in Michaud's Biographie Universelle. Tome XLV. S. 55.
**) S. Relacion del ultimo viage etc. S. 267.

scheint, den wiederholten Fahrten der gegen Ende des 17. Jahrhunderts aufgetretenen sogenannten Flibustier oder Bukkaniere, welche bei ihren Unternehmungen von ihren Haupt-Quartieren in West-Indien über den Isthmus von Panama zur Südsee und von dieser zurück zum Atlantischen Meere häufig die Südspitze Amerika's umsegelten und allmählig die dortige freie Schifffahrt in Gang brachten. Ich will die bedeutendsten dieser wilden Seefahrer, die auf wiederholten Excursionen allmählig die alten Vorurtheile und Irrthümer völlig zerstörten, nennen.

Einer der ersten war der Engländer Capitän Bartholomaeus Sharp. Derselbe war im Jahre 1680 mit einer Gesellschaft von Flibustiern von Westindien aus über den Isthmus von Panama in die Südsee gegangen, hatte sich dort auf einem den Spaniern abgenommenen Fahrzeuge eingeschifft und war seeräubernd mit ihm längs der Küste Peru's weit nach Süden herabgekommen. Als er aber dort sein Räubergeschäft für beendigt ansah und mit Schätzen beladen um das Cap Hoorn in's Vaterland zurückkehren wollte, führten ihn die West- und Nordwest-Winde und Strömungen, wie diess auch Anderen schon früher begegnet war, weiter nach Südosten hinab, als es seine Absicht war. Von 58° S. Br. nach Norden segelnd, fand er sich auf einmal im Atlantischen Ocean, ohne recht zu wissen, wie er von der Südsee hineingekommen sei, jedenfalls aber ohne weder die Magellan's- noch die Le Maire's-Strasse, noch auch einen „Brouwer's-Canal" passirt zu haben. Der Schluss, dass er das Staatenland im Südosten umsegelt habe, und dass dieses Staaten-Land nur eine kleine Insel und nicht „ein grosses bis Afrika sich erstreckendes Land" sei, war für ihn mithin ein sehr natürlicher. Sharp, der vermutlich von der früheren Umseglung dieser Insel durch Brouwer nichts wusste, glaubte sich berechtigt, derselben einen neuen Englischen Namen zu geben. Er nannte sie zu Ehren seines Gönners, des Herzogs Christopher von Albemarle, eines Sohnes des berühmten General Monk, „Albemarle Island", welcher Name jedoch, dem alten Holländischen Platz machend, wieder verschwunden ist[*]).

Der erste, der nach Brouwer und Sharp die Entdeckung, dass das Staaten-Land eine Insel sei, dass Atlantischer und Stiller Ocean sich hier weit und breit mit einander verbänden, bestätigte, war der Flibustier-Capitän Cowley. Derselbe reiste im Jahre 1683 aus Virginien ab, um in John Cook's und William Dampier's Begleitung zur Südsee zu gehen. Sie wollten die Le Maire's-Strasse passiren, fanden vor derselben aber eine so starke Brandung, dass sie, um alle Gefahr zu vermeiden, beschlossen, „durch den

---

[*]) S. hierüber Harris, Collection of Voyages. Vol. I. pag. 79.

Canal zu gehen, den im Jahre 1681 Sharp und Dampier auf ihrer Rückreise aus der Südsee entdeckt hätten". Sie kamen hindurch, d. h. um die Ostküste des Staaten-Landes (oder „der Albemarle-Insel") herum und segelten dann im Süden des Cap Hoorn westwärts weiter*)..

Viel mehr freies Meer im Süden und Osten der Süd-Spitze Amerika's erblickte ein anderer Bukkanier der Capitän Edward Davis, der im Jahre 1688 mit einer Partie seiner wilden Genossen aus der Südsee in den Atlantischen Ocean hinauskam. „Sie passirten das Cap Hoorn ohne irgend welches Land zu sehen, begegneten unterwegs mehren Eisinseln, segelten erst eine weite Strecke östlich, bevor sie es wagten, nordwärts zu steuern, thaten diess endlich, glaubten noch immer in der Südsee zu sein, stiessen dann aber auf einmal, als sie nach Westen umdrehten, auf die Küste des nördlichen Patagoniens". Bis dahin hatten sie von der Insel Mocha in Chile gar kein Land, sondern nur überall Wasser gesehen**).

Die Fahrten der Bukkaniers, die dem Gesagten nach nicht wenig zur Entdeckung des freien Oceans im Süden Amerika's beigetragen hatten, hörten im Anfange des 18. Jahrhunderts auf, zu welcher Zeit die Seemächte in Folge des Friedens von Ryswick dem Treiben dieser wilden Gesellen ein Ende machten. Doch gab der bald wieder ausbrechende Spanische Erbfolgekrieg neue Veranlassung zu weitgehenden Seefahrten, die man zum Theil auch als geographische Entdeckungs-Reisen betrachten kann.

Zur Zeit des Anfangs jenes Krieges (im Jahre 1703) rüsteten einige Englische Kaufleute zwei Schiffe aus, die sie unter das Commando des oft genannten Capitän Dampier stellten, „um gegen die Spanier in der Südsee zu kreuzen". Und wenige Jahre später, während der Fortdauer desselben Krieges, rüsteten einige Kaufleute von Bristol wiederum zu demselben Zwecke zwei Schiffe aus, die sie dem Capitän Woodes Rogers übergaben. Ihn begleitete, wie früher den Capitän Sharp und auch den genannten Capitän Cowley, abermals der berühmte Dampier***). Sie segelten zu den Falklands-Inseln und von diesen nach Südwesten, wahrscheinlich auch in der Absicht, durch die Le Maire's-Strasse, den gewohnten und den einzigen damals als ganz sicher allgemein bekannten Weg, in die Südsee einzupassiren.

Sie fanden sich aber am 15. Januar 1709 auf einmal wider Erwarten unter dem 56. Breitengrade bereits mitten in der Südsee und hatten das Feuer- und Staaten-Land und das Cap Hoorn und alle

---

*) Burney, History of the Buccaniers of Amerika. London 1816. pag. 132 ff.
**) S. Burney, History of the Buccanier's pag. 211.
***) S. über diese Reise: Burney l. c. pag. 457 ff.

Länder und Inseln der Südspitze Amerika's in weitem Abstande umsegelt, ohne eine der gewöhnlichen Strassen passirt zu haben.

Aus dem Journal, welches Rogers und Dampier über ihre Reise führten und publicirten, musste es dann endlich wohl Jedem, der es las, deutlich werden, was beide als eins der merkwürdigsten End- Ergebnisse ihrer Reise erklärten, nicht nur dass das Staaten-Land in der That eine Insel sei, sondern auch dass hier zwischen den Südspitzen Amerika's und Afrika's kein Continent, sondern weit und breit freies Meer existire.

Da der berühmte und kühne Reisende William Dampier die meisten Umseglungen Süd-Amerika's der Flibustiers und ihrer nächsten Nachfolger nicht nur mitgemacht, sondern auch am besten beschrieben hat, so kann man vermuthlich ihm bei der Erkenntniss freien Wassers im Süden Amerika's, und bei der Verbreitung dieser Erkenntniss durch die Welt das meiste Verdienst zuschreiben. Der grosse Süd-Continent, dessen Bild unter dem Namen „Brasilia inferior" zuerst auf der Karte Schöners und anderer Kosmographen des 16. Jahrhunderts gezeichnet worden war, verschwand nun in der Geographie und auf den Welt-Karten, oder zog sich doch weit nach Süden in die Nähe des antarktischen Poles zurück.

Diese Entdeckung freien Meeres war für Handel und Schifffahrt fast noch wichtiger, als die der Magellan's- und Le Maire's-Strasse. Wenigstens eine Zeit lang. Denn so lange die Segel-Schifffahrt dauerte, fuhr man lieber durch das freie obwohl stürmische Gewässer im Süden von Cap Hoorn, als durch jene gefahrvollen Meerengen. Erst die Dampfschifffahrt, welche widrige Winde und Strömungen weniger zu fürchten braucht, hat in unserer Zeit der Magellan's-Strasse ihre Bedeutung für Schifffahrt und Welt-Verkehr zurückgegeben. Von unsern Dampfschiffen wird sie jetzt wieder, wie zur Zeit Karl's V, als die willkommenste und kürzeste Verbindung zwischen dem östlichen und westlichen Meere betrachtet und benutzt.

Schluss-Capitel.

Eine kurze Uebersicht der Fahrten und Forschungsreisen, welche im Verlaufe des 18. und 19. Jahrhunderts zu den Magellanischen Ländern und Meeren unternommen wurden.

Obwohl ich die Absicht hatte, in der vorliegenden Abhandlung nur die eigentliche geographische Entdeckungs-Geschichte der Magellan's-Strasse und Umgegend, d. h. diejenigen Unternehmungen, welche dabei die rohe Hauptarbeit thaten, eingehender darzustellen und nicht auch die Geschichte der späteren speciellen geographischen, naturhistorischen, geologischen etc. Forschungsreisen zu jenen Gegenden, so will ich doch hier zum Schluss auch auf diese einen flüchtigen Blick werfen und die vornehmsten Data, so wie auch die Namen der Reisenden, die sich dabei ein hervorragendes Verdienst erwarben, in Kürze erwähnen und die von ihnen gewonnenen Resultate überschaulich zusammenstellen, weil dabei auch auf das früher Geschehene, auf das eigentliche Thema meiner Abhandlung, manches neue Licht fallen wird.

Franzosen.

Nach den Holländern, deren Macht und Rührigkeit seit dem Anfange des 18. Jahrhunderts nicht mehr so gross war, wie früher und nach den Bukkaniers, deren Raubzügen im Anfange des Jahrhunderts ein Ende gemacht wurde, zum Theil auch schon gleichzeitig mit diesen, kamen französische Seefahrer zum südlichen Ende Amerika's herab. Die Seemacht der Franzosen erreichte damals (unter der Regierung ihres grossen Königs Ludwigs XIV.) eine bisher noch nicht gekannte Höhe. Zu derselben Zeit, in welcher sie im Norden Amerika's das grosse Gebiet des Lorenzo-Stromes besassen und das weite Mississippi-Land entdeckten und beherrschten und dabei Engländer wie Spanier fast überflügeln zu wollen schienen, waren sie auch im Süden bei Patagonien, das bisher ein von ihnen noch gar nicht betretener Schauplatz gewesen war, besonders thätig.

De Gennes (1695).

Die erste grössere und offizielle französische Regierungs-Expedition gelangte zu jenen Gegenden im Jahre 1695 unter Mr. de Gennes. Sie wurde auf Antrag der Bukkaniers unternommen und war gegen die dortigen spanischen Colonien in der Südsee gerichtet. Die französische Jugend und auch viele hochgestellte Personen waren begeistert für eine solche Fahrt, die von Spaniern, Engländern und Holländern schon oft ausgeführt, aber in Frankreich noch etwas ganz Neues war.

Mit 6 Schiffen und 720 Leuten fuhr Herr von Gennes von La Rochelle aus zur Magellan's-Strasse und segelte durch sie hin bis in ihre westliche Partie. Hier traf er aber auf ungünstiges Wetter und widrige Winde. Im Kampfe mit ihnen verlor er die Geduld, kehrte wieder um und fuhr, ohne irgend welche Entdeckung gemacht zu haben, zum Atlantischen Ocean und nach Frankreich (La Rochelle) zurück. Die Namen, welche er in der Magellan's-Strasse ausgetheilt hatte: „Baie Française", „Rivière de Gennes" etc. sind spurlos verschwunden, wiewohl einer seiner Begleiter, ein Monsieur Froger, eine umständliche, mit vielen Karten geschmückte Schilderung der Reise herausgab.

Beauchesne.

Obgleich die Reise des Herrn de Gennes so wenig erfolgreich war, unternahmen die Franzosen einige Jahre darauf doch wieder eine andere Expedition zur Magellan's-Strasse und Südsee. Es hatte sich im Jahre 1697 in Frankreich eine „Südsee-Compagnie" gebildet, welche die Absicht hegte, „in der Südsee in von Europäern noch nicht besetzten Localitäten, Inseln und Küstenstrichen Colonien zu gründen". Diese Compagnie rüstete vier Schiffe aus und stellte sie unter den Befehl des Marine-Capitäns Beauchesne Gouin, der wie sein Vorgänger de Gennes die Magellan's-Strasse zur Durchfahrt benutzte. Er kam im Juni 1699 in dieselbe hinein und nach vielen Widerwärtigkeiten im Januar 1700 westwärts in die Südsee hinaus. Er gab vielen Punkten, Häfen, Vorgebirgen und Baien in der Strasse französische Namen, von denen sich aber keiner in der Geographie behauptet hat. In der Südsee an der Küste von Chile und Peru, wo ihn Verhandlungen mit den Spaniern beschäftigten, blieb er fast ein Jahr lang und segelte dann, weil er den westlichen Eingang der Magellan's-Strasse nicht wieder finden konnte, in weitem Bogen um das Cap Hoorn, Staatenland und die Falklands-Insel herum und kam im August 1701 wieder in Frankreich (La Rochelle) an, ohne für die Förderung der geographischen Entdeckung viel ausgerichtet zu haben.

Frezier. — Marcant.

Seitdem im Jahre 1701 ein französischer Prinz als König Philipp V. den spanischen Thron bestiegen hatte, wurden die Unternehmungen der Franzosen nach Peru und Chile um die Südspitze Amerika's herum sehr häufig[*]. Einige von ihnen sind für die Förderung der geographischen Kenntniss dieser Gegenden wichtig geworden, namentlich die des Capitän Marcant und die des französischen Reisenden A. F. Frezier.

Marcant war der Capitän einer „Tartane" (eines kleinen Schiffes), welche „St. Barbara" hiess. Er segelte im Frühling 1713 aus, um, wie damals so viele französische Seefahrer, in Peru Handel zu treiben. Weil er für sein schwaches Schiff die wilden Stürme und Wogen des Caps Hoorn fürchtete, fuhr er in die Magellan's-Strasse, suchte in dieser, über die er

---

[*] Burney in seiner: Chronological history of the voyages in the South Sea. Vol. IV. pag. 487 führt die meisten von ihnen auf.

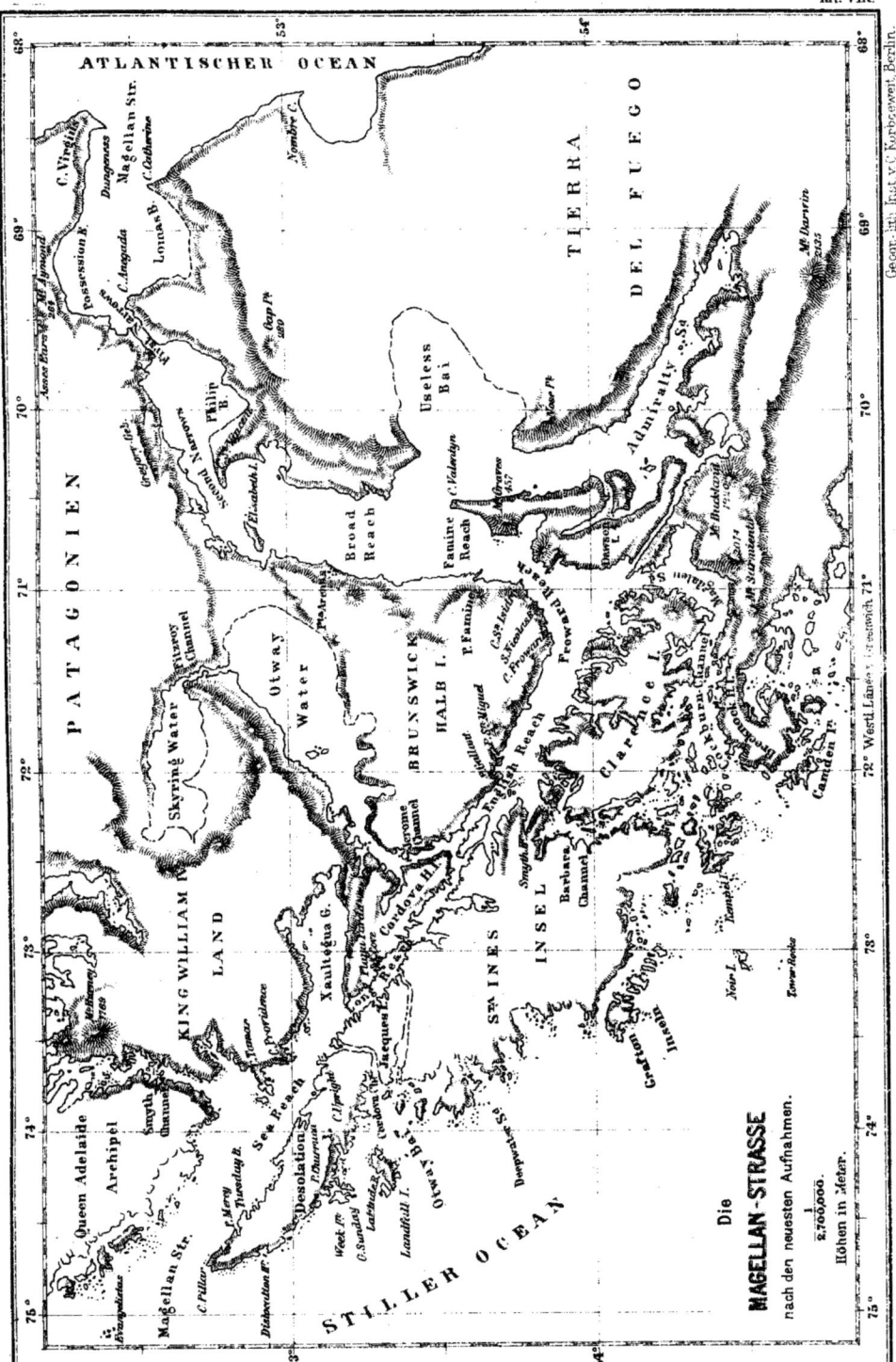

nicht gut unterrichtet gewesen zu sein scheint, nach dem Ausgang in die Südsee und gerieth dabei in einen bisher noch nicht befahrenen Arm derselben, der ihn in südlicher Richtung in kurzer Zeit zum Ocean hinausführte und der nach seinem Schiffe „der Barbara-Canal" genannt wurde. Derselbe ist eine der vornehmsten südlichen Abzweigungen der Magellan's-Strasse, die von unseren Seefahrern unter Umständen benutzt werden kann und er trägt noch heutzutage jenen Namen, welchen er von einem französischen Schiffe erhielt.

A. M. Frezier bereiste im Auftrage der französischen Regierung in den Jahren 1712, 1713 und 1714 alle Küsten und Länder der südlichen Partie Süd-Amerika's und die spanischen Colonien in Chile und Peru. Er beschrieb seine Reise in einem umständlichen Werke, dem er eine Karte von der Südspitze Amerika's beifügte und das er seinem Könige Ludwig XIV. überreichte. Neue Länder, Inseln oder Meerbusen wurden nicht von ihm entdeckt. Doch enthielt seine Karte, die in Frankreich längere Zeit als eine Haupt-Autorität betrachtet wurde, hie und da einige Berichtigungen früherer Darstellungen, namentlich an der südlichen Küste des Feuerlandes. Viel weniger interessant als die Reise Frezier's war die eines anderen Franzosen Le Gentil de la Barbinais, der ungefähr zu derselben Zeit in den Gewässern bei der Südspitze Amerika's gesegelt haben will, dessen Berichte aber ungeschickt geschrieben und voll von Dunkelheiten sind.

Shelvock. — Roggeveen.

Nach diesem letztgenannten Reisenden und nach dem Frieden von Utrecht, der den Franzosen einen Theil ihrer amerikanischen Besitzungen kostete und das Uebergewicht Englands in Amerika und Europa begründete, waren französische Unternehmungen zum Süden Amerika's nicht mehr so zahlreich. Dagegen folgten nun wieder einige englische und holländische Expeditionen, namentlich die des englischen Capitäns Shelvock, der im Jahre 1719 durch die Le Maire's-Strasse ging, und des holländischen Weltumseglers Jacob Roggeveen, der im Jahre 1722 ebenfalls in diesen Gewässern erschien. Doch führten beide Reisen für unsere Gegenden zu keinerlei neuen Resultaten. Roggeveen's Reise ist für uns nur etwa dadurch einigermassen interessant, dass er den Falklands-Inseln, die ihm etwas ganz Neues waren, abermals einen andern Namen gab. Er nannte sie „Belgia Australis" (Süd-Belgien).

Anson.

Auch die grosse Reise um die Welt des Engländers George Anson, der im Jahre 1740 mit einem Kriegsgeschwader von acht

Schiffen zu einem Angriff auf die spanischen Besitzungen in der Südsee ausging und dabei das Cap Hoorn umsegelte, hat für uns nur einiges Interesse durch den berühmten Schiffbruch des „Wager", eines der acht Schiffe Anson's, das an der Westküste Patagoniens im Süden von Chiloe scheiterte und dessen Offiziere und Mannschaften zum Theil mit Hülfe der Spanier gerettet und nach England zurückgeführt wurden. Unter den geretteten Offizieren war der damals junge, nachher so berühmte Weltumsegler John Byron, der in einer eigenen Schrift: „Narrative of John Byron. London 1748" seine und seiner Gefährten auf der Ostküste Patagoniens, in dem Golf von Peñas, bei der Peninsula de Tres Montes, in dem Chonos-Archipel etc. bestandenen Abenteuer, Drangsale, Bootfahrten und dabei zugleich die Natur und Beschaffenheit dieser Länder und Meere schilderte.

Quiroga.

Des Engländers Anson Expedition alarmirte die Spanier nicht wenig und veranlasste sie abermals zu einer Unternehmung nach Patagonien, welche den Zweck hatte, zu erforschen, wie und bei welchen Küstenpunkten dieses Durchgangsland zur Südsee vermittelst Anlage von Festungen und Colonien gegen die Engländer gesichert werden könne. Ein Schiff, der „San Antonio", wurde gerüstet und ausgesandt. Auf ihm schiffte sich der gelehrte und treffliche Jesuit Pater Joseph de Quiroga, „ein starker Mathematiker und Marine-Verständiger", ein. Derselbe segelte mit jenem Schiffe, das der Capitän Joachim de Olivarez commandirte und dem die Aufgabe gestellt war, die ganze Ostküste Patagoniens zu befahren und aufzunehmen, dabei namentlich auch mit den Eingebornen in Verbindung zu treten, um zu constatiren, in wie weit sie christlichen Bekehrungszwecken geneigt wären und wo man Kirchen bauen und Colonien anlegen könnte, im Jahre 1745 von Buenos Ayres südwärts hinab. — Alle Buchten und Häfen der Ostküste Patagoniens wurden auf dieser Reise von neuem recognoscirt und besser als zuvor erkannt und bestimmt, auch mehre kleine aber nicht sehr weit gehende Streifzüge von der Küste aus in's Innere des Landes gemacht, welche namentlich von den kühnen und sprachkundigen deutschen Jesuitenvätern Strobl und Kardiel, Quiroga's Begleitern, ausgeführt wurden. Die Beobachtungen, Schilderungen und Karten Quiroga's und seiner Genossen wurden bald darauf in Madrid gedruckt, publicirt und auch in andere Sprachen übersetzt[*]).

---

[*]) S. hierüber: M. Dobrizhoffer, Geschichte der Abiponer. Wien 1783. I. pag. 194.

Falkner.

Noch wichtiger aber als Quiroga's Reise für die Kenntniss der Magellanischen Länder und Völker wurden die Wanderungen und Forschungen eines andern Jesuiten, des Engländers Thomas Falkner. Derselbe ging, von den Jesuiten wegen seiner Geschicklichkeit in der Chirurgie und Arzneikunde geschätzt und eingeladen, bald nach dem Jahre 1730 zu den La Plata-Ländern hinüber. Er hielt sich viele Jahre lang in Süd-Amerika auf, das er in allen Partien und Richtungen bereiste, kehrte nach Aufhebung des Jesuitenordens nach England zurück und publicirte dann dort im Jahre 1774 sein berühmtes Werk über Patagonien unter dem Titel: „A description of Patagonia and the adjoining parts of South-America, containing an account of the soil etc., an account of the language of the Moluches, with a map of the country." Es ist dies die werthvollste und lehrreichste Schilderung Patagoniens, welche das 18. Jahrhundert erzeugt hat, und die Ansichten und Beobachtungen des Pater Falkner werden von unseren Reisenden und Geographen noch jetzt häufig beachtet und citirt.

Byron. — Wallis. — Carteret. — Cook.

Bald nach seiner Thronbesteigung und nach der Beendigung des siebenjährigen Krieges benutzte König Georg III. die nun eintretende Friedenszeit zur Aussendung mehrer rasch auf einander folgender und berühmt gewordener Weltumseglungen und Forschungsreisen. Die englischen Seefahrer Byron, Wallis, Carteret, Cook liefen seit dem Jahre 1764 einer nach dem anderen in kurzen Zwischenpausen aus. Wie alle Weltumsegler mussten auch sie unsere Erdgegenden und Gewässer berühren und sie verbreiteten dabei manches neue Licht über dieselben. John Byron, der, wie ich oben sagte, schon als Schiffbrüchiger im Jahre 1740 die Archipele der Westküste Patagoniens kennen gelernt und beschrieben hatte, besegelte nun (1764—65) auch als Expeditions-Chef die ganze Magellan's-Strasse und untersuchte mehre ihrer Häfen.

Auch Wallis und Carteret passirten gleich nach Byron (1766) die Magellan's-Strasse, in der sie sich aber nicht lange aufhielten. Die Entdeckungen, welche ihre Fahrt berühmt gemacht haben, bezogen sich auf einige Inseln der Südsee.

Cook's Reisen dagegen wurden für diese Erdgegend wieder bedeutender, seine erste (im Jahre 1769) namentlich dadurch, dass er die grossen Naturforscher Banks und Solander bei seiner Durchseglung der Le Maire's-Strasse zur Küste des Feuerlandes brachte, wo diese beiden hochbegabten Beobachter in kurzer Zeit viele bisher unbekannte Naturprodukte aus der Thier- und

Pflanzenwelt sammelten und untersuchten. Von Cook und seinen Begleitern wurde auch zum ersten Male die geographische Länge der genannten Strasse und des Caps Hoorn, über welche die Angaben bisher noch weit mehr geschwankt hatten, als über die Breite, besser bestimmt*). Endlich erwarb sich Cook auf seiner zweiten grösseren Weltfahrt (in den Jahren 1772 bis 1775), grosse Verdienste um die Erkenntniss der Beschaffenheit und Grösse des australischen oder antarktischen Continents; Cook schob ihn dabei noch weiter südwärts hinaus und brachte ihn in noch engere Grenzen, als seine Vorgänger. Er befreite, so zu sagen, das ganze Meer im Süden Amerika's und Afrika's von phantastischen Festländern. In unserem Jahrhundert wurde dann auf den Reisen von Dumont d'Urville, Wilkes und James Ross, die bis zum 78.° S. Br. herabkamen, der Süd-Continent, der einst vor der Phantasie der Völker so gewaltig und verlockend dagestanden hatte, als ein verhältnissmässig kleiner, so zu sagen verkrüppelter, um den Südpol zusammengeschrumpfter, in Eisbänke eingeschlossener Länder- und Inselcomplex erkannt.

Bougainville.

Auch den französischen Weltumsegler L. A. de Bougainville haben seine wiederholten Seefahrten mehremale in die Magellan's-Strasse geführt. Zuerst war er schon im Jahre 1763 von den Malouinen oder Falklands-Inseln, wo er eine französische Colonie begründen wollte, ein wenig in die Magellan's-Strasse hineingekommen, um in den dortigen Wäldern für seine waldlosen „Malouinen" Holz zu fällen. Dann wieder durchfuhr er auf seiner grossen Weltumseglung, die er im Wetteifer mit den Engländern Byron, Carteret und Cook unternahm, im Jahre 1766 die ganze Strasse bis in's Südmeer hinaus.

Viedma. — Villarino.

Nach jenen Fahrten der Engländer und Franzosen zu den Magellanischen Gegenden setzten sich auch die Spanier von Neuem in Bewegung. Ganz besonders aber wurden sie durch die Ansichten und Aussprüche des englischen Jesuiten Falkner zu Besorgniss und Thätigkeit angetrieben. Falkner hatte auf den grössten Fluss Patagoniens, den Rio Negro, aufmerksam gemacht und die Meinung verbreitet, dass derselbe als ein sehr schiffbarer Canal quer durch Patagonien gehe und dass derselbe, weil er unbeschützt sei, eben so gut wie die Magellan's-Strasse von Fremden zu einem

---

*) S. hierüber: J. Hawkesworth, Account of the voyages, performed by Byron, Carteret, Wallis and Cook. Vol. II. pag. 66.

Vordringen in die Südsee benutzt werden könne. Hierdurch wurde das spanische Gouvernement veranlasst, diesen Fluss und daneben noch einige andere Flüsse Patagoniens näher untersuchen zu lassen, so wie zugleich auch Quiroga's Project, alle Hauptpunkte der patagonischen Küste mit Colonien und Befestigungen zu versehen, wieder aufzunehmen. Unter der Oberleitung des Capitäns Antonio de Viedma wurden daher seit dem Jahre 1778 mehre Küstenfahrten und Forschungsreisen in's Innere unternommen, welche die geographische Kenntniss Patagoniens nicht wenig förderten.

Viedma selbst ging im Jahre 1782 vom St. Julians-Hafen aus westwärts bis zum Fusse der Anden, wo er den nach ihm benannten grossen „Viedma-See" entdeckte. Und in demselben Jahre wurde der Capitän D. Basil Villarino ausgesandt, um den Rio Negro zu untersuchen. Er schiffte den ganzen grossen Fluss in Böten bis an den Fuss der Anden zu einem Punkte, der nur 60 englische Meilen von dem Südsee-Hafen Valdivia entfernt war, hinauf, wo er in der Nähe des Sees Nahuel Huapi auf die Ruinen ehemaliger Missionen spanischer Jesuiten stiess, die im Anfange des 18. Jahrhunderts von Chile her so weit ostwärts vorgedrungen waren. Villarino gilt als der eigentliche Entdecker oder Erforscher des Rio Negro, obwohl, wie ich schon erwähnte, es sehr wahrscheinlich ist, dass bereits gegen die Mitte des 16. Jahrhunderts Rodrigo de Isla, der Offizier Alcazava's, auf seinem abenteuerlichen Marsche quer durch Patagonien eben dahin gekommen war.

Bald nach diesen Expeditionen Viedma's und Villarino's wurden an mehren Küstenpunkten und Buchten Patagoniens, namentlich bei der Mündung des Rio Negro, in der Bucht San José, bei Port Desire und bei San Julian Ansiedlungen und Forts angelegt, die indessen nicht behauptet werden konnten und nach vier oder fünf Jahren alle wieder aufgegeben wurden, mit einziger Ausnahme der an der Mündung des Rio Negro begründeten und „Patagones" oder „Carmen" genannten Colonie, welche Bestand hatte und noch jetzt in Patagonien der bedeutendste Platz ist.

Ueber alle diese Unternehmungen Viedma's und Villarino's wurden umständliche Berichte aufgesetzt, die Herr P. de Angelis in seinem bekannten Sammelwerke: „Coleccion de obras y documentos relativos a la historia antigua y moderna de las provincias del Rio de la Plata etc. Buenos Ayres 1836" publicirt hat. Ich mache besonders folgende namhaft:

„Antonio de Viedma, Diario de un viage a la costa de Patagonia, para reconocer los puntos en donde establecer poblaciones etc." (Tagebuch einer Reise zur patagonischen Küste, um die

Punkte zu erforschen, bei denen man Ansiedlungen machen könnte.) (Angelis Vol. VI.)

„Antonio de Viedma, Descripcion de la costa meridional del Sur, llamada Patagonica, de sus terrenos, producciones, Indianos, que la habitan, desde el Punto de Santa Elena hasta la boca del Estrecho de Magellanes." (Beschreibung der Südküste, „die patagonische" genannt, ihres Terrains, ihrer Produkte und der sie bewohnenden Indianer vom Vorgebirge der heiligen Helena bis zur Mündung der Magellan's-Strasse.) (Angelis Vol. VI.)

„Informe de D. Basil Villarino, Pilote de la Real Armada sobre los puertos de la costa Patagonica en el año 1782." (Bericht des Don Basil Villarino, Pilot der Königlichen Marine über die Häfen der patagonischen Küste.) (Angelis Vol. V.)

„Diario del Reconocimiento que hizo del Rio Negro en la costa oriental de, Patagonia D. Basil Villarino el año 1782." (Tagebuch der Reise, welche im Jahre 1782 D. Basil Villarino zur Erforschung des Rio Negro auf der östlichen Küste Patagoniens machte)*). (Angelis Vol. VI.)

Cordoba.

Allen jenen spanischen Reisen zur Erforschung des Innern von Patagonien folgte auch bald wieder eine spanische Recognoscirung der Magellan's-Strasse selbst. Sie wurde in den Jahren 1785 und 1786 auf Befehl des aufgeklärten und für Wissenschaften lebhaft sich interessirenden Königs Karl's III. unternommen. Derselbe liess zwei Schiffe ausrüsten und sandte sie unter Leitung des gebildeten und erfahrenen Marine-Capitäns und Ingenieurs Don Antonio de Cordoba zur Magellan's-Strasse aus. Cordoba befuhr und untersuchte von neuem die ganze Meerenge und schilderte sie in einem sehr geschätzten Werke: „Relacion del ultimo viage al Estrecho de Magellanes de la Fregata de S. M. Santa Maria de la Cabeza en los años 1785 y 1786. Madrid 1788." Diesem Werke war auch eine Geschichte der früheren Unternehmungen zur Magellan's-Strasse beigefügt, die viele neue aus den spanischen Archiven geschöpfte Notizen ans Licht brachte. Unter anderen sehr glücklichen Resultaten hatte diese Reise auch das Verdienst, dass bei ihr die armen wilden Anwohner der Magellan's-Strasse, die Patagonier und die Feuerländer, einer sorgfältigen und menschenfreundlichen Aufmerksamkeit gewürdigt wurden.

---

*) Ich entlehne die Titel dieser Schriften der von Prof. Wappäus in seinem Werke: „Handbuch der Geographie und Statistik des ehemaligen spanischen Mittel- und Süd-Amerika". Leipzig 1863—1870" im Anhange zu S. 894 gegebenen Uebersicht der geographischen Literatur Patagoniens.

Cordoba führte diese bisher so wenig gekannten und als „Cyklopen" oder als „Menschenfresser" oder „Halbaffen" verschrieenen Völker zum ersten Mal, so zu sagen, in den Kreis der übrigen Menschheit ein, indem er zeigte, dass sie natürliche Anlagen zu Familien- und Vaterlandsliebe, Wohlwollen, Gefühl für Recht und Billigkeit, Neu- und Wissbegierde, wie andere Völker besässen*).

Gleich nach der Expedition Cordoba's erfolgten auch wieder zwei Weltumseglungen, die für die Kenntniss der Magellan's-Länder wichtig wurden. Zuerst die des Franzosen Etienne Marchand und dann die des Spaniers Alexander Malaspina.

Marchand. — Fleurieu.

Capitain Marchand reiste im Auftrage eines Französischen Handelshauses, und seine Expedition wurde mehr im Interesse des Handels als zum Zwecke geographischer Entdeckungen unternommen. Für diese wurde sie nur deshalb wichtig, weil der ausgezeichnete französische Geograph Claret Fleurieu sich ihrer annahm und in vier Quartbänden einen Bericht über sie herausgab, den er mit einem grossartigen wissenschaftlichen und geschichtlichen Apparate ausstattete**). Er fügte diesem Werke äusserst gelehrte und scharfsinnige Untersuchungen über einige zweifelhafte Punkte der Unternehmung des Franz Drake, über die erste Entdeckung des Cap Hoorn und andere unser Thema betreffende Gegenstände bei, die manches helle Licht über die Geschichte des Feuerlandes und der Magellan's-Strasse verbreiteten.

Malaspina.

Alexander Malaspina besegelte und untersuchte im Jahre 1793 mit den Schiffen „Descubierta" und „Atrevida" im Auftrage der Spanischen Regierung die Küsten aller Spanischen Besitzungen in Süd-Amerika. Er soll dabei auch die Configuration und geographische Lage vieler Häfen und Baien der Ostküste Patagoniens besser bestimmt haben.

King und Fitzroy.

Bald nach diesen Unternehmungen brachen die politischen Wirren und Kriege, welche die französische Revolution zur Folge hatte, aus. Sie hinderten während des Endes des 18. und des Anfangs des 19. Jahrhunderts die Europäer an wissenschaftlichen

---

*) S. sein oben genanntes Buch S. 322—325.
**) Voyage autour du monde pendant les années 1790—1792, par Etienne Marchand, publié par C. P. Claret Fleurieu. Paris. Ann. VI.

Unternehmungen, weitgehenden, friedlichen Schifffahrten und Entdeckungen wie in andern Erdgegenden, so auch in den Magellanischen Ländern und Meeren.

Als aber nach Napoleon's Sturze der allgemeine Friede hergestellt war, setzten sich die aus jenen Kriegen so mächtig hervorgehenden Engländer wieder in Bewegung, um zu den alten Feldern hydrographischer Thätigkeit und geographischer Entdeckungen (dem Stillen Ocean, den Nordpol-Gegenden und der Südspitze Amerika's) mit kräftigeren Mitteln und vollkommeneren Ausrüstungen und Instrumenten zurückzukehren. Zuerst eröffneten sie (seit 1818) unter ihren berühmten Seefahrern Ross und Parry eine Reihe von Fahrten zum hohen Norden Amerika's und bald darauf griffen sie am entgegengesetzten Ende der Neuen Welt auch die Magellanischen Länder und Meere wieder an, für die sie jetzt ein besonderes Interesse hatten, erstlich weil Englische Walfisch- und Robbenfänger beständig, sowie auch Englische Missionäre zuweilen diese Gegenden besuchten, insbesondere aber weil die aufblühenden freien Republiken Peru und Chile, welche die alten Spanischen Handelsbeschränkungen aufhoben, Aussicht auf einen regen Handel mit der Südsee eröffneten. Es wurde in der Mitte der zwanziger Jahre eine ganz eingehende und umfassende Untersuchung der Küsten Patagonien's, der Magellan's-Strasse und des Feuerlandes angeordnet und von den ausgezeichneten Marine-Capitänen P. P. King und R. Fitzroy in Begleitung des grossen Naturforschers Darwin innerhalb 10 Jahren ausgeführt. Die wichtigen Resultate dieser Unternehmung, die für die Hydrographie und Geographie der südlichsten Partie Süd-Amerika's mehr that, als irgend eine frühere, wurde in dem Werke: „Narrative of the surveying voyages of H. M. Ships Adventure and Beagle between the years 1826 and 1836, describing their examination of the southern shores of South-America. London 1839" der Oeffentlichkeit übergeben.

King und Fitzroy besegelten und durchforschten sämmtliche Küsten, Meeres-Arme, Canäle und Inseln der Südspitze Amerika's und bestimmten ihre Gestaltung und geographische Breite und Länge, welche letztere bei den früheren Expeditionen noch immer mehr oder weniger geschwankt hatte. Sie brachten die Südspitze Amerika's erst in ihre richtige Position und Weltlage. Sie berichtigten und vervollständigten die Entdeckungen Sarmiento's in den Archipelen und Insel-Labyrinthen der Westküste, wo sie alte Namen wieder aufleben liessen und neue ertheilten, und wo sie namentlich in dem von ihnen erforschten, jetzt neuerdings so wichtig gewordenen „Smyth's" und „Sarmiento-Canal" einen ganz neuen und bequemen Auslass aus der Magellan's-Strasse in die Südsee eröffneten. Sie bestimmten ferner die Umrisse der merkwürdigen Halbinseln, mit welchen der Continent Amerika's gegen Süden in die Magellan's-Strasse ausläuft, der „Brunswick-Peninsula", und des „King William IV. Land", indem sie in die kleinen mit der Magellan's-Strasse zusammenhangenden und diese Halbinseln bildenden Binnen-Meere, das von ihnen entdeckte und benannte „Otway-Water" und das „Skyring-Water", eindrangen. Sie vervollständigten auch die in früherer Zeit von den Holländern im Süden des Feuerlandes bei der Nassau-Bay eingeleiteten Entdeckungen, woselbst sie den grossartigen, prachtvollen und nach einem ihrer Schiffe benannten „Beagle-Canal" entdeckten und befuhren, der zwar für Welt-Verkehr und Schifffahrt von geringer Bedeutung, von desto grösserer aber für Geographie und Geologie ist, weil er eben so wie das Thal des Santa Cruz-Flusses und wahrscheinlich auch die Thal-Einschnitte anderer Flüsse Patagoniens wieder einer der von Osten nach Westen gehenden und mit der Magellan's-Strasse parallel laufenden Durchbrüche der Südspitze Amerika's ist. Endlich war auch die von ihnen ausgeführte Erforschung des Patagonischen Santa-Cruz-Flusses von seiner Mündung aufwärts bis an den Fuss der Anden eine wichtige Vervollständigung der Geographie Patagoniens.

Diese wenigen Erinnerungen an die durch King und Fitzroy in die Geographie eingeführten Gegenstände und Namen mögen in unserer flüchtigen Skizze genügen. Um alle Verdienste der Unternehmung dieser Engländer um die Förderung und Vollendung des von Magellan angefangenen Werkes zu würdigen, müsste man eine viel umständlichere Revue anstellen. Ausser dem oben genannten allgemeinen Werke, der Geschichts-Erzählung der Expedition, gingen aus derselben auch noch mehre andere für Patagonien interessante naturhistorische und hydrographische Schriften, Seekarten, „Sailing directions", Darwin's zoologische geologische Untersuchungen etc. hervor, und alle diese Werke zusammengenommen bilden nun die solideste Grundlage unserer jetzigen Kenntniss dieser Erdgegenden, an der spätere Nachfolger nur noch hier und da etwas nachzutragen und zu bessern hatten.

D'Orbigny.

Einige solcher ergänzender und verbessernder Nachträge wurden zum Theil von dem französischen Naturforscher A. d'Orbigny und von den Französischen und Amerikanischen Weltumseglern Dumont d'Urville und Charles Wilkes geliefert. D'Orbigny gelangte fast gleichzeitig mit King und Fitzroy auf seinen in den Jahren 1826—1833 angestellten Reisen in Süd-Amerika auch (im Jahre 1829) nach Patagonien und obgleich er die Ostküste dieses Landes nur flüchtig besuchte, so widmete er ihr doch in seinem

Werke: „Voyage dans l'Amérique Meridionale" ein eigenes Capitel, das aber weniger eigene selbstständige Beobachtungen, als umständliche Auszüge aus King's und Fitzroy's Schriften enthält.

Dumont d'Urville.

Der französische Weltumsegler D'Urville befuhr die ganze Magellan's-Strasse im Jahre 1837 und beschrieb sie sehr umständlich in seinem Werke: Voyage au Pole du Sud pendant les années 1837—1840. Paris 1841. Tome I. pag. 46—167.

Wilkes.

Der Amerikaner Charles Wilkes hielt sich auf seiner Fahrt im Jahre 1839 einige Zeit in der Nassau-Bay im Süden des Feuerlandes auf und theilte in seinem Werke: „Narrative of the United States exploring Expedition during the years 1838—1842." Vol. I. pag. 119—161 manche nützliche Bemerkungen über die südlichen Partieen des Feuerlandes, die dortige Wollaston-Insel, das Cap Hoorn, die Diego Ramires-Inseln und die Bewohner dieser Gegenden mit.

Die Reisen beider genannten Seefahrer wurden jedoch hauptsächlich nur für die Kenntniss der entlegneren antarktischen Gegenden, Inseln und Eismeere wichtig.

Zahlreichere und werthvollere Nachträge zur Vervollständigung der Arbeiten von King und Fitzroy haben eine ganze Reihe von namentlich englischen Seefahrern geliefert, welche im Verlaufe der letzten Jahrzehnte die Magellan's-Strasse befuhren und ihre Beobachtungen zum Theil in dem bekannten englischen „Nautical Magazine" publicirten. Aus der gleich auf King und Fitzroy folgenden Zeit habe ich folgende citirt gefunden:

„Notes, made on His Majesty's ketch Basilisk on her passage through the Strait of Magellan." (Naut. Mag. 1836 pag. 194 ff.)

„Commander-Lieutenant G. G. Macdonald. Abstract-Log of the Schooner Mary-Ann through the Strait of Magellan." (Naut. Mag. 1837 pag. 214 ff.)

„Notes, made during a voyage round Cape Horn to Mexico by Capt. P. Masters of Liverpool." (Naut. Mag. 1837 p. 28.)

Besonders häufig sind diese Besuche der Magellan's-Strasse geworden, seitdem man angefangen hat, dieselbe mit Dampfschiffen zu befahren. Die Einführung der Oceanischen Dampfschifffahrt, mit der man die bösen Strömungen und plötzlichen Sturm-Ergüsse (die sogenannten „Williwas)" leichter überwindet, hat die Magellan's-Strasse erst eigentlich recht nutzbar und von Neuem zu einem der wichtigsten Wasserwege und Verbindungsstrassen zwischen Osten und Westen gemacht.

Das erste Dampfschiff in der Magellan's-Strasse.

Wo nicht das allererste, so doch jedenfalls eines der ersten Dampfschiffe, welches die Magellan's-Strasse passirte, war die englische Königliche Steam-sloop „Virago" unter dem Commando des Capitän Housten Stewart, die im Jahre 1851 durch unsere Meerenge dampfte*). Seitdem sind viele andere Dampfschiffe durch die Strasse gegangen, sowie auch verschiedene englische, brasilische und chilenische Dampfschiff-Gesellschaften zur Verbindung der atlantischen und der Südsee-Häfen ihre regelmässige Route durch die Magellan's-Strasse gelegt haben, worauf denn die lange Zeit in Anspruch nehmenden Fahrten durch die Le Maire's-Strasse und um das Cap Hoorn mehr und mehr aufgehört haben.

Verschiedene Befahrungen der Magellan's-Strasse in neuester Zeit.

Von den englischen Capitänen, welche in der letzten Zeit die auf ihren Fahrten gemachten hydrographischen und geographischen Bemerkungen publicirt haben, muss ich noch folgende erwähnen: die des Commanders F. L. Barnard im Nautical Magazine Jahrgang 1854 pag. 298, — des Commanders Trollope ebendaselbst im Jahrg. 1856, pag. 544, — des Herrn Reid, Masters of the Royal Navy im Jahrg. 1861, pag. 313, — des Capitäns Conolly im Jahrgang 1863, pag. 337, — des Commandors E. A. Porcher: „Remarks on a passage through the Straits of Magellans and Smyth Channel" im Jahre 1865.

Von einigen anderen zu derselben Zeit (kurz nach der Mitte des 19. Jahrhunderts) ausgeführten Forschungen und Reisen in der Magellan's-Strasse und über sie ans Licht getretenen Druckschriften mögen hier noch nachstehende genannt werden:

„W. Parker Snow, A two years cruise of Tierra del Fuego, the Falklands Islands, Patagonia etc. London 1857." (2 Bde. 8.)

„J. Garland Philipps, The missionary Martyr of Tierra del Fuego etc. by G. W. Philipps. London 1861."

„G. Reid, Noticia acerco de los fondeaderos del Estrecho de Magallanes" (Eine Notiz über die Ankerplätze in der Magellan's-Strasse) im Añuario de la Direccion de Hidrografia. Año I. Madrid 1863.

Joaq. Navarro y Morgado, Extracto del diario de navigacion de las fregatas Resolucion y Triunfo y de la Goleta Cavadonga por el Estrecho de Magallanes en Febr. de 1863" (Auszug aus dem Tagebuche der Schifffahrt der Fregatten „Resolucion" und

---

*) S. über diese Fahrt: Nautical Magazine Jahrgang 1853 pag. 245 ff.

„Triunfo" und der Galeot „Cavadonga" durch die Magellan's-Strasse). Daselbst Año II.

„Paso del Estr. de Magellanes por la goleta de helice Vencedora al mando de D. Serafin de Aubarde" (Fahrt durch die Magellan's-Strasse des Schraubendampfers „Vencedora" unter dem Befehl des Don Serafin de Aubarde). Daselbst Año III*).

Eine der wichtigsten und umfassendsten Untersuchungen der Magellan's-Strasse und ihrer Umgegend scheint aber am Ende der sechziger Jahre dieses Jahrhunderts der englische Capitän R. C. Mayne durchgeführt zu haben. Seine Aufnahmen und Vermessungs-Arbeiten begannen im Jahre 1866 und endeten 1869. Sie bezogen sich hauptsächlich auf die westlichen Partieen der Strasse, auf den neuerdings als für Dampfschiffe bequemsten Ausgang zur Südsee so wichtig gewordenen Sarmiento- und Smyth-Canal. Im Jahre 1867 passirten, wie Capitän Mayne constatirt, nicht weniger als 38 grosse Dampfer diesen Weg**).

Von den La Plata-Staaten aus unternommene Expeditionen.

Wie die Engländer und andere Europäer, so hatten denn auch die bei den Angelegenheiten Patagoniens und der Magellan's-Strasse ganz besonders betheiligten Südamerikanischen Nachkommen der Spanier, die der La Plata Staaten im Osten und die der Republik Chile im Westen, Patagonien und seine Flüsse und Meerengen stets im Auge behalten und auch auf ihre Thaten und Arbeiten für diese Gegenden sollten wir hier wenigstens einen flüchtigen Blick werfen.

Das Land im Norden des Rio Negro, welches Magellan und seine Zeitgenossen noch zu ihrem „Patagonien" gerechnet hatten, war schon im 17. und 18. Jahundert von den Spanischen Gouverneuren ihrem La Plata-Gouvernement einverleibt worden, obwohl es eine von den wilden Reitervölkern der Pampas stets viel gestörte Besitzung war. In unserm Jahrhundert unternahm im Jahre 1833 der damals mächtige General Rosas eine grosse Expedition gegen den Süden, um jene Barbaren in ihre südlichen Wüsten zurückzutreiben, was ihm gelang. Mehre auf Anordnung der Argentinischen Regierung gemachte geodätische Vermessungen dieses nördlichen nun als civilisirt betrachteten ehemaligen Patagoniens,

---

*) Die Titel der über diese Expeditionen publicirten Schriften, die mir selber unbekannt geblieben sind, theilt Prof. Dr. J. E. Wappäus in seinem Handbuche der Geographie und Statistik des ehemaligen spanischen Mittel- und Süd-Amerika (Leipzig 1863—1870) im Anhange zu S. 894 mit.

**) S. über die Unternehmungen des Capitäns Mayne: Petermann's Mitth. 1869. S. 385 ff.

das jetzt „die Provinz Buenos Ayres" bildet, waren die Folge davon*).

Der General Rosas schickte auch zu derselben Zeit den Ingenieur Nicolas Descalzi aus und liess durch ihn den untern Lauf des Rio Negro, gründlicher als es im vorigen Jahrhundert durch den Spanier Villarino geschehen war, untersuchen und aufnehmen, wodurch denn die Stärkung, Befestigung und weitere Blüthe der Rio Negro-Mündungsstadt „Carmen" oder „Patagones" und die Begründung anderer kleiner Ansiedlungen längs dieses Flusses gefördert wurde**).

Auch den Plan der Spanischen Könige, die ganze Ostküste Patagoniens mit Ansiedlungen zu versehen, verfolgten die Praesidenten der La Plata-Staaten mit einigem Glücke und Erfolge. Es ist ihnen gelungen, ausser dem oft genannten „Carmen" noch einige andere Colonien dauernd in's Leben zu rufen. So wurde an der Mündung des grossen Chubut-Flusses im Süden des Rio Negro eine Partie Auswanderer aus Wales erfolgreich angesiedelt und ihretwegen von dem Argentinischen „Agrimensor publico Julio V. Diaz" die Umgegend im Jahre 1866 geographisch erforscht und vermessen***).

Auch noch weiter südlich an der Mündung des Santa Cruz-Flusses ganz nahe bei der Magellan's-Strasse haben neuerdings die Argentiner eine feste Ansiedlung und eine militärische Station gewonnen. Es ist dies der südlichste Punkt, bis zu welchem sie vorgedrungen sind, und von dem aus jetzt beständiger Verkehr und Schifffahrt mit der La Plata-Mündung stattfindet.

Von diesen Argentinischen Colonien unterstützt und einigermassen gefördert sind denn in neuester Zeit wieder einige Reisende im Stande gewesen, auch das weitere Innere des Landes in mehren vorher noch nicht berührten Partien zu besuchen. So der Engländer Jones, der in den Jahren 1854—55 den Chubut-Fluss, freilich nicht sehr weit (bis zu den Uttack-Bergen) befuhr. So ebenfalls in den sechziger Jahren dieses Jahrhunderts der Schweizer F. Humziker, der von einer englischen Missionsgesellschaft ausgesandt, einen Patagonischen Indianer-Stamm ein Jahr lang auf seinen

---

*) Ueber die neueren geodätischen und geographischen Arbeiten innerhalb dieser Grenzprovinz Patagoniens giebt ein Aufsatz des ehemaligen Kriegsministers der Argentinischen Konföderation Juan Maria Gutierrez, der in der Berliner Zeitschrift für allgemeine Erdkunde (Neue Folge. III. Band S. 141. ff.) mitgetheilt ist, werthvolle Nachrichten.
**) S. über Descalzis Forschungen und Anfnahmen Petermann's Mittheilungen. 1856. S. 32 ff.
***) Siehe hierüber die Berliner Zeitschrift für Erdkunde II. Band. 1867. Seite 336 ff. und Nautical Magazine. 1871. p. 510.

Streifereien in dem Gebiete des Chubut-Flusses begleitete*). Namentlich aber in der allerneuesten Zeit der kühne Engländer Capitän Musters, der von der Argentinischen Station am Santa Cruz-Flusse im Süden mit Indianern nordwärts durch ganz Patagonien längs des östlichen Fusses der Anden bis zu dem oft genannten Nahuel-Huapi-See und von da im Thale des Rio Negro bis zur Stadt Carmen ritt und marschirte und in seinem Buche: „At home with the Patagonians" ein äusserst lebhaftes und eingehendes Bild von den Patagoniern und ihren Sitten sowie von der Natur ihres Landes entwarf.

Chilenische Unternehmungen.

Noch mehr als am La Plata hat man sich in der Neuzeit in Chile zur Erforschung und Besiedlung des Südens gerührt. Die Republikaner von Chile haben die südlichen Schifffahrten und Entdeckungen ihrer Vorfahren Ladrilleros, Sarmiento, Juan Fernandez etc. sehr eifrig fortgesetzt. Auf die Verdienste dieser ihrer alten Seefahrer und Entdecker gestützt, haben die Chilenen nicht nur die Westseite Patagoniens, sondern sogar auch alle Länder und Meerengen der Südspitze Amerika's für sich in Anspruch genommen und sind allmählig mit ihren Vermessungen, Entdeckungen und Ansiedlungen bis in die Mitte der Magellan's-Strasse selber vorgerückt. Ich kann hier nur auf einige ihrer Unternehmungen, die sie auf dem Wege dahin ausführten, aufmerksam machen.

Zuerst haben sie in den fünfziger Jahren dieses Jahrhunderts von dem tief einschneidenden Busen von Ancud oder von der Bai von Reloncavi aus mehre Expeditionen westwärts unternehmen lassen zu den Quellen des Rio Negro und zu dem oben genannten See Nahuel-Huapi, um dort den so weit aus Osten heraufgekommenen Entdeckungen ihrer Rivalen von Buenos Ayres zu begegnen. Im Jahre 1855 machte Don Vicente Gomez einen Versuch, zu diesem den alten Spanischen Jesuiten-Missionaren schon bekannten See durchzudringen. Er sah ihn aber nur von weitem. Im Jahre 1856 erreichte Dr. Fonk diesen See und die Quellen des Rio Negro zwar wirklich, ohne jedoch die Möglichkeit einer hier gehofften Handelsstrasse und Verbindung zwischen Südsee und Atlantischem Ocean erwiesen zu haben. Sechs Jahre später beschloss Señor Don Gulielmo Coxe von Valdivia aus dieses Problem zu lösen. Er ging im Jahre 1862 von der Bai von Reloncavi im Meerbusen von Ancud westwärts aus, konnte aber

---

*) S. eine Notiz über ihn in der Berliner Zeitschrift für Erdkunde vom Jahre 1867. S. 332.

nicht bis zu demjenigen Punkte am Rio Negro hinabgelangen, bei welchem Villarino's Expedition von Osten her im Jahre 1783 stehen geblieben war. Er machte im folgenden Jahre noch einen zweiten Versuch in dieser Richtung, wurde dabei jedoch abermals durch feindliche Indianer am Weiterkommen gehindert und nach Chile zurückgetrieben*).

Obwohl demnach die Versuche, in dem östlichen Winkel der Bai von Reloncavi, in dem dort sich erschliessenden Durchbruche der Anden, dem See von Nahuel-Huapi und dem Rio Negro eine natürliche Verkehrs-Verbindung, die mit der Magellan's-Strasse rivalisiren sollte, zu entdecken, einstweilen wieder ziemlich erfolglos wären, so behielt doch immerhin diese Partie Patagoniens eine grosse, vielleicht in Zukunft ein Mal besser benutzbare Bedeutung. Die Chilenen erkannten diess dadurch an, dass sie hier im Jahre 1861 die neue südliche „Provinz von Blanquihué" mit der Hauptstadt „Puerto Montt", einer ursprünglich von Deutschen begründeten und blühenden Colonie, in's Leben riefen.

Die Haupt-Aufmerksamkeit der Chilenen ist jedoch immer auf die Magellan's-Strasse gerichtet geblieben, und sie haben mehre Untersuchungen der Seewege dahin ausführen lassen. Unter andern hat der Direktor ihres nationalen Observatoriums in St. Jago Carlos Modesta im Jahre 1856 Beobachtungen über die geographische Lage der ganzen Westküste Süd-Amerika's und Patagoniens angestellt, aus denen hervorging, dass unsere Geographen und Hydrographen noch immer bis zu der genannten Zeit diese Westküste etwas zu weit nach Westen verlegten, was, wie ich oben sagte, schon im 16. Jahrhundert ein Irrthum der Geographen war, den Drake zu berichtigen suchte**).

Ganz besonders wichtig aber wurden die Bestrebungen der Chilenen, die Magellan's-Strasse durch Anlegung von Colonien in's Bereich der Civilisation zu ziehen. Sie wählten zu ihren dortigen Ansiedlungen denselben Küstenstrich der Strasse, den schon Sarmiento im Jahre 1579 als den für Städte-Bau geeignetsten bezeichnet hatte, nämlich die vor Weststürmen geschützte, anmuthige und nicht ganz unfruchtbare Ostküste der Brunswik-Peninsula im Centrum der grossen Meerenge. Zuerst gründeten sie hier im Jahre 1843 bei Sarmiento's „Philipp's-Hafen" eine von den Juan Fernandez-Inseln herüber versetzte Colonie von Sträflingen und, nachdem diese durch eine Militär-Revolte zu Grunde gegangen war, nicht weit davon im

---

*) Siehe über die Unternehmungen von Dr. Fonk und Coxe: Petermann's Mittheilungen, Jahrg. 1857. pag. 528 und Jahrg. 1860, pag. 127, — Journal of the Roy. Geographical Society. 1864. pag. 205 ff.

**) S. über Modesta's Beobachtungen: Journal of the Royal Geographical Society. 1858. pag. 333.

Jahre 1853 bei der sogenannten „Punta Arenas" eine freie Ackerbau-Ansiedlung dieses Namens. Mit dieser Chilenischen Colonie „Punta Arenas" ist denn Sarmiento's Traum fast in Erfüllung gegangen. Sie hat sich seit 1853 gehalten, ihre Bevölkerung gemehrt und an Bedeutung gewonnen. Man hat das Land umher urbar gemacht, ein Goldbergwerk, und was noch wichtiger ist, auch eine Steinkohlen-Mine in ihrer Nähe entdeckt und bearbeitet, welche letztere im Stande ist, neben den Wäldern des Feuerlandes und Patagoniens die durchpassirenden Dampfschiffe mit dem nöthigen Feurungs-Material zu versehen. Mit Rücksicht auf diese Colonie und auf die mit ihr zusammenhangenden weiteren Pläne beauftragte die Regierung von Chile im Jahre 1854 einen in nordischen Gewässern bei Grönland geschulten und kundigen Dänen, I. C. Schythe, wiederum die ganze Magellan's-Strasse und namentlich ihr Colonisation's-Territorium zu untersuchen. Derselbe publicirte die Resultate seiner Forschungen in einer Schrift, die er: „El Territorio de Magallanes i su colonizacion" betitelte. Die erste wichtigste Hälfte dieser äusserst lehrreichen Arbeit wurde in's Deutsche übersetzt*).

Deutsche Colonisten und Seefahrer in den Magellanischen Landen und Meeren.

Mit allen jenen und andern Explorationen und Colonisationen der Chilenen sind denn auch die Deutschen neuerdings in die Magellanischen Länder und Meere eingedrungen, haben sich an mehren Punkten derselben angesiedelt und schon manches für die bessere Erkenntniss derselben gethan.

Die Deutschen Colonien in und bei Puerto Montt, an der Bai von Reloncavi im Norden der Ostküste Patagoniens erwähnte ich schon. Seit dem Jahre 1868 sind auch die für die Westküste Patagoniens und Chile's von jeher so wichtigen Juan Fernandez-Inseln in den Besitz einer von der Regierung Chile's begünstigten Deutschen Gesellschaft gekommen**). Auch in der Mitte der Magellan's-Strasse, in der Chilenischen Colonie Punta Arenas haben sich mehre Deutsche niedergelassen, und die Chilenen hoffen auf die Ankunft noch anderer zahlreicher Deutscher Auswanderer zur Fortführung des von ihnen dort angefangenen Acker- und Berg-Baues.

Endlich haben denn auch deutsche Seefahrer, Ingenieure und Marine-Capitäne seit etlichen Jahren begonnen, die Magellan's-

---

*) S. Zeitschrift für allgemeine Erdkunde. Neue Folge. III. Band. 1857. S. 327 ff.
**) S. Zeitschrift der Gesellschaft für Erdkunde. IV. Band. 1869. S. 556.

Strasse zu besuchen und ihre Beobachtungen über sie zu publiciren. Einige dieser Deutschen, namentlich der Capitän-Lieutenant Starcke und der Capitän zur See Freiherr von Schleinitz haben sehr interessante Berichte über die Magellan's-Strasse geliefert. Dieselben wurden in den „Annalen der Hydrographie und maritimen Meteorologie, herausgegeben von der Kaiserlichen Admiralität (IV. Jahrgang 1876. Heft V. S. 184 und 191) publicirt. Nach jenen alten Deutschen und Flämischen „Lombarderos", die, wie ich im Anfange meiner Schrift sagte, vor fast vierhundert Jahren Magellan selbst zu seiner Meerenge mitbrachte, waren diess wohl die ersten deutschen Krieger, die mit Kanonen wieder in diess Gewässer kamen.

Leuchtthürme in der Magellan's-Strasse.

Wie mit Acker- und Bergbau-Colonieen, verbesserten Hafen-Anstalten und einigen bereits aufgerichteten Schifffahrts-Zeichen, so haben die Chilenen jetzt auch den Plan gefasst, die Magellan's-Strasse und die gesammte Westküste Patagoniens und Chile's mit Leuchtthürmen zu illuminiren. Eine von ihnen gebildete und beauftragte Commission unter der Leitung der Fregatten-Capitäne Don Galvarino Riveras und Don Francisco Vidal Gormaz hat die ganze bezeichnete Küstenstrecke in dieser Beziehung untersucht und an ihr 77 und in der Magellan's-Strasse selbst 11 Punkte als für Leuchtthürme geeignet aufgefunden und dem Chilenischen Congress in einem umständlichen Memoir bezeichnet*). Wenn diese Feuer alle brennen werden, so wird Magellan's Name „Feuerland" wieder recht passend erscheinen.

Mit einem Hinblick auf alle diese grossartigen Unternehmungen und Pläne will ich diese Schrift beschliessen. Erst wenn sie alle in's Leben getreten und ausgeführt sind, wird dann der Entdeckung und dem Werke Magellan's die Krone aufgesetzt sein und seine Strasse in der That das werden, was er und sein Nachfolger Sarmiento von ihr hofften, ein bequemer und viel benutzter Verbindungsweg zwischen Osten und Westen, der dann selbst inmitten der vielen mit ihm rivalisirenden Amerikanischen Eisenbahnen und Canäle stets eine grosse Bedeutung behaupten kann.

---

*) S. hierüber die Auslassungen des Freiherrn von Schleinitz in den Annalen der Hydrographie etc. herausgegeben von der Kaiserlichen Admiralität, IV. Jahrgang 1876. Heft V. S. 194.